KB044389

SMART

중등 교육을 위한 스마트 교수·학습 모형

스마트 교육으로 미래 교육을 연다

강성주 | 김현진 | 박영민 | 이동주 | 신재홍 | 권용주 | 김영훈 | 조성화 공저

북스힐

* 이 책은 세종특별자치시에서 지원한 연구 사업인 『스마트 학교 모델 개발 연구』에 기반하고 있음을 밝힙니다.

교실의 “수업” 풍경을 떠올려보라고 하면 대부분의 사람들은 교실 앞 칠판에서 하얀 분필로 판서를 하며 설명하고 있는 선생님과, 딱딱한 책걸상에 앉아 필기를 하고 있는 학생들의 모습을 떠올립니다. 대부분이 이러한 장면을 떠올리는 이유는 학교가 생긴 이래로 이러한 모습이 변함없이 이어지고 있기 때문입니다. 하지만 미래에는 이런 학교에 대한 고정관념이 바뀌어야 할 것 같습니다. 그 새로운 시도가 “스마트 교육”이라는 이름으로 시작되고 있습니다.

이미 일부 학교에서는 학생들이 책과 노트에 연필로 필기하는 것보다 스마트 패드에 전자펜으로 필기하는 것이 더 익숙하며, 선생님의 설명만 듣기보다 인터넷으로 검색하고 친구들과 이야기를 나누며 지식을 형성해가는 과정이 더욱 익숙합니다. 또한 학교 선생님이 아니더라도 유명한 과학자나 사회운동가 등을 인터넷을 통하여 교실에서 선생님으로 만날 수 있고, 교실에서 열심히 공부하고 운동장에서는 뛰어놀기만 했던 과거와 달리 운동장, 복도 어디든 교실이 되어 학습할 수 있는 공간이 되었습니다. 이렇게 스마트 교육이 실현된 학교에서 선생님은 학생들이 어디에서든 지식을 형성할 수 있도록 유연하게 학습 지침을 제공하고 어려운 부분을 도와주는 조력자로서 역할을 하게 됩니다.

이 책은 이러한 청사진을 대한민국의 일반 학교에 앞당기기 위한 시도입니다. 각 과목별 전문가들이 머리를 모아 교실에서 스마트 교육 방법을 활용하여 다양한 방식의 교육을 이끌 수 있는 교수·학습 모형을 연구하고 적용하여, 그 결과물을 이 책에 담았습니다.

혹시 아직까지 최첨단 스마트 기기가 있어야만 스마트 교육을 할 수 있다고 생각하고 있다면, 그것은 오해입니다. 스마트 교육은 첨단 IT 기기를 사용한 교육이라기보다는 학습 환경의 변화에 따르는 교육 방향의 변화라고 이해하는 것이 좋습니다. 선생님들은 이 책에서 제시하고 있는 모델을 바탕으로 각각의 교실 환경과 학생에 맞는 스마트 교육을 진행할 수 있을 것입니다. 이 시도가 우리가 상상하는 멋진 모습의 새로운 학교를 앞당겨주기를 기대합니다.

저자 일동

차례

SMART

1장

스마트 교육의 이해

01 스마트 교육의 개념
02 스마트 교육의 교수 · 학습 모형
03 스마트 교육 교수 · 학습 모형 개발 방향
04 교과별 수업 모형의 특징 및 개요

01 스마트 교육의 개념

1. 스마트 교육의 정의 및 범위

21세기 사회 진입에 따른 사회적 변화와 정보통신 기술의 발달은 새로운 형태의 인재를 요구하고 있다. 이에 따라 정부에서는 2011년 6월 "인재대국으로 가는 길, 스마트 교육 추진 전략"을 세우고, 2012년 3월부터 스마트 교육을 시행하였다.

교육과학기술부(2011)에서는 스마트 교육을 21세기 지식 정보화 사회에서 요구되는 새로운 교육 방법, 교육과정, 평가, 교사 등 교육 체제 전반의 변화를 이끌기 위한 지능형 맞춤 교수·학습 지원 체제라고 정의하고 있다. 즉, 스마트 교육은 교육 환경의 변화에 따른 교육 전 영역을 아우르는 종합적인 변화이며, 미래학교의 교육을 위한 지원시스템을 의미한다.

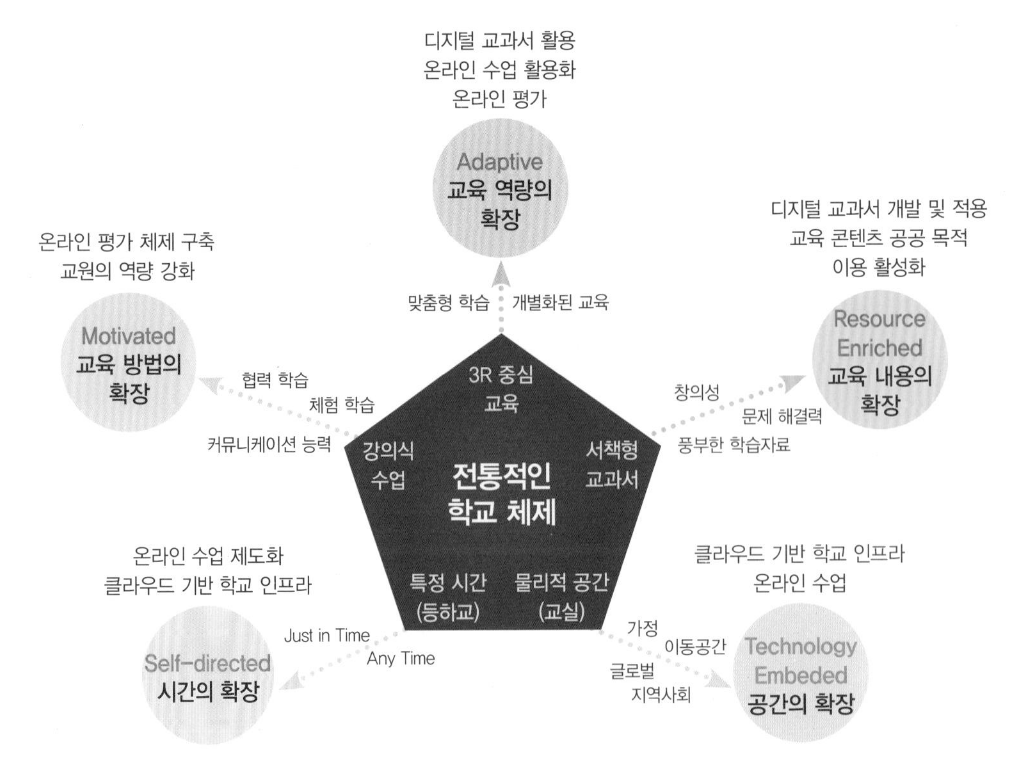

[그림 1] 스마트 교육 개념도(교육과학기술부, 2011)

스마트 교육은 SMART의 각 글자를 첫머리로 한 다섯 가지 특징을 지닌다. 첫째, S(Self-directed, 자기주도적)는 교수·학습자에 관한 인식의 변화로서 학습자는 지식을 수용하는 수동적인 존재가 아니라 지식을 생산하는 적극적인 존재이며, 교수자는 지식을 전달하는 주도적 역할에서 벗어나 학습을 돕는 조력자로서의 역할을 담당한다. 학습자는 온라인 수업과 클라우드 기반의 학교 인프라를 통하여 자신의 학습 성취도를 진단·처방하고, 자신이 원하는 시간과 장소에서 학습함으로써 기존의 교육에서 시간의 제약을 넘을 수 있다.

둘째, M(Motivated, 흥미)은 체험을 기반으로 지식을 재구성할 수 있는 교수·학습 방법의 변화로 창의적 문제 해결과 과정 중심 평가를 지향한다. 이는 기존의 정형화된 교과 지식을 강의식으로 하는 수업에서 협력 학습, 체험 학습, 커뮤니케이션 학습 등의 다양한 교육 방법으로의 확대를 의미한다.

셋째, A(Adapted, 수준과 적성)는 학습자의 수준과 적성을 고려하여 유연하고 개별화된 학습을 제공함을 말한다. 교육 체제의 유연성이 강화되고 개인의 선호가 다양해짐에 따라, 학교는 지식을 대량으로 전달하는 장소에서 수준과 적성에 맞는 개별화된 학습을 지원하는 장소로 진화한다. 이러한 과정에서 스마트 기기, 디지털 교과서 등을 활용할 수 있으며, 이는 다양한 교육 방법을 시행할 수 있는 교육 역량의 확장을 의미한다.

넷째, R(Resource Enriched, 풍부한 자료)은 오픈마켓과 소셜네트워킹 등을 활용하여 공공기관, 민간 및 개인이 개발한 풍부한 콘텐츠와 집단지성, 소셜러닝 등의 다양한 국내외 학습자원을 교육에 활용함을 의미한다. 디지털 교과서를 통해 제공될 수 있는 다양한 종류의 학습 콘텐츠는 기존의 서책형 교과서가 제공하는 제한된 교육 내용의 확장을 의미하며, 학습자가 학습의 흥미와 문제 해결력을 증진하는 데 도움을 줄 수 있다.

마지막으로 T(Technology Embedded, 정보기술 활용)는 학습에 정보기술을 이용하여 학습자의 학습선택권을 최대한 보장하는 교육 환경을 의미한다. 클라우드 기반 학교 인프라와 온라인 수업을 활용하여 기존의 교실 중심 수업에서 벗어나 학습자의 요구에 따라 언제 어디서나 학습할 수 있도록 지원할 수 있는 교육 공간의 확장을 의미한다.

하지만 학자들은 스마트 교육에 대하여 비슷하지만 다른 관점을 보이고 있다. 임병노(2011)는 학습자가 스마트 기기와 소셜네트워크를 활용하여 스스로의 학습 요구를 진단하고 학습과정을 설계하여 최적의 성과를 내는 과정 속에서 자기주도적·창의적 학습 역량을 개발하는 학습 형태라고 정의한다. 임정훈(2011)은 스마트 교육을 지능적·적응적 스마트 기능을 갖춘 첨단 정보통신 기술 기반의 스마트 기기를 활용하여 학습자 개개인이 수준별·맞춤형 개별 학습과 소셜네트워크에 기반한 협력 학습을 통해 이론적·체계적인 형식 학습과 실천적·맥락적인 비형식 학습을 수행함으로써 학습 성과를 최적화하기 위한 학습 체제라고 정의하고 있다. 김현철(2011)은 기존에 분리되었던 교육적 단위들(교과서, 교육자료, 외부 전문가, 학생, 교사, 학교, 교실 등)이 스마트 인프라(클라우드, 무선인터넷, 유비쿼터스, 스마트 기기 등)를 바탕으로 자동 연결되어 새로운 교육적 가치(참여와 공유, 협력, 창의, 융합, 문제 해결력 등)를 발생시키는 것이라고 말한다. 즉, 학자들은 교육에 스마트 기술을 사용하여 교수 방법을 변화시키는 데에 초점을 둔 미시적 관점을 보인다.

스마트 교육에 대한 다양한 관점을 종합한 정의는 김현진(2012)에서 찾아볼 수 있다. 스마트 교육이란 미래교육 대비와 21세기 학습 역량 증진을 위한 교육 패러다임의 변화를 추구하는 교육 지원 체제로서, 이를 위해서 작게는 수업 방법의 개선에서부터 교육 체제의 종합적인 변화까지의 교육 혁신을 말하며, 특별히 첨단 스마트 기술이 이를 효과적으로 지원할 수 있다.

2. 스마트 교육과 21세기 학습자 역량

21세기 사회는 지식 기반 사회로서 반복된 훈련으로 습득한 기술이나 간단한 사고 능력이 필요했던 과거의 산업 사회와 달리 고차원적인 사고와 복합적인 문제 해결력을 요구한다. 따라서 교육도 강의를 반복함으로써 획일화된 기술을 가진 산업 사회형 인재를 대량으로 양산하던 과거의 시스템에서 벗어나 고차원적 능력을 가지고 사고하는 다양한 인재를 양성하는 것으로 변화되어야 한다. 이러한 이유에 따라 21세기 학습을 위한 파트너십(Partnership for 21st century learning)에서는 21세기를 성공적으로 살아가기 위하여 필요한 핵심 학습 능력을 선정하였다. 이 역량은 창의력과 혁신(Creativity and Innovation), 비판적 사고력 및 문제 해결력(Critical Thinking, Problem Solving, Decision Making), 협력(Collaboration)과 의사소통(Communication)이다. 여기에 ACT21S의 skills for living in the world 영역에서 제시한 시민의식(Citizenship)을 추가하기도 한다.

21세기 학습자 능력을 기르기 위한 방법으로 현대 사회에서는 스마트 기기, 클라우드, 무선인터넷 등의 스마트 기술에 주목하고 있다. 스마트 기술은 일상적 삶에서도 의사소통 방식, 정보의 접근과 활용 등에서 큰 변화를 가져왔다. 사람들은 자신의 스마트 기기를 이용하여 다양한 정보에 쉽고 빠르게 접근할 수 있으며, 획득한 정보를 다른 사람과 공유하며 의견을 자유롭게 나누기도 한다. 이러한 스마트 기술의 성격은 스마트 교육이 지향하는 21세기 학습자 역량과 같은 성격을 가진다. 즉, 스마트 기술은 21세기 학습자 역량을 기를 수 있는 효과적인 교육 방법이자 교육 목표가 될 수 있다.

02 스마트 교육의 교수·학습 모형

현장에서 개발된 스마트 교육 사례는 교육과학기술부의 거시적인 측면의 지원 체제이기보다는 교실에서 실천할 수 있는 교육 방법의 변화인 미시적 측면에서 살펴볼 수 있는 사례가 대부분이다. 김현진(2012)에 따라 스마트 교육 사례는 [표 1]과 같이 분류할 수 있다.

1. 교실 중심 협력 학습

교실 중심 협력 학습은 교실에서 가장 보편적으로 사용할 수 있는 모형으로서 기존의 협력 학습에서 스마트 기술을 이용하여 새로운 활동을 추가한 형태다. 이러한 수업은 상대적으로 플랫폼이 부족한 스마트 환경에서도 활용할 수 있으며, 기존의 수업과 많이 다르지 않으므로 스마트 교육에 익숙하지 않은 교사도 쉽게 적용해볼 수 있다.

이 수업의 일반적인 절차는 '문제 상황 제시→문제 확인 및 역할 분담→모둠별 개별 활동→문제 해결안 도출→협력 보고서 작성→해결안 발표→평가 및 성찰'이다. 이때 스마트 기기는 기존에

[표 1] **스마트 교수·학습 사례 모형 분류**

스마트 교육 모형	교육 방법	핵심 학습자 역량	적용 스마트 기술
교실 중심 협력 학습	협력 학습	의사소통, 협력	문서협력도구
지능형 맞춤 학습	개별화 학습	사고력, 협력	OER
증강현실 탐구 학습	체험 학습	창의성	증강현실 애플리케이션
비형식 학습 통합 모형	체험 학습	의사소통, 협력	QR코드
학교 간 프로젝트 학습	협력 학습	의사소통, 협력	원격화상기술
글로벌 프로젝트 학습	협력 학습	협력	원격화상기술
스마트 STEAM 교육	협력 학습	사고력, 협력	SNS
e-교과서 활용 모형	종합	의사소통	e-교과서
의사소통 모형	협력 학습	창의성, 의사소통, 협력	문서협력도구, SNS, 녹음/녹화 기능

김현진(2012). 스마트 교육의 개념과 교수·학습 모형, 청람교과교육포럼, 미발간, 일부 수정.

교사가 일방적으로 강의를 통하여 전달하던 지식을 학습자끼리 협력하여 스스로 지식을 구성할 수 있도록 도와주고, 스마트 기기를 이용함으로써 모둠원 모두가 학습 활동에 적극적으로 참여할 수 있다. 하지만 이 수업 모형은 학습자가 협력을 통하여 지식을 창출하는 형태이므로 학습 방향에 대한 교사의 피드백이 중요하다.

사례: 초등학교 사회과(조기성, 2012)

초등학교 4학년의 사회과에서 적용된 이 수업은 궁궐의 특징을 설명하는 교과서 내용을 바탕으로 하였다. 교사는 e-교과서를 통하여 서울에 있는 궁궐을 제시한 후, '다른 나라 친구에게 궁궐을 소개하기'라는 과제를 부여하였다. 학생들은 교사가 제시한 문제를 해결하기 위하여 모둠원별로 조사할 내용을 나누었다. 학생들은 개인의 스마트 기기를 이용하여 자신이 맡은 부분을 웹에서 검색한 후 메모장에 정리하였다. 메모장에 정리한 내용은 다른 나라 친구들에게 궁궐을 소개하기 위하여 구글 번역기를 이용하여 다른 나라의 언어로 번역한 후, 구글 문서에 정리하였다. 이때 교사는 모바일 구글은 텍스트 환경밖에 지원하지 않으므로 미리 그림과 폰트 설정을 해놓은 문서로 들어가도록 안내해야 한다. 궁궐 소개 보고서가 완성되면, 학생들은 보고서를 SNS에 탑재하고 활동 소감을 공유하였다.

2. 지능형 맞춤 학습

지능형 맞춤 학습은 인터넷의 풍부한 교수·학습 자료를 활용하여 학습자의 수준에 맞춰 개별화한 교수·학습을 말한다. 최근에 '교실 뒤집기'라고 불리는 새로운 수업 방식인 Flipped instruction(Flipped the Classroom, Flipped teaching)이 이 모형에 적당하다. 이 수업의 절차는 학생 스스로 교사가 만든 비디오나 OER(Open Education Resource)로 학습 주제에 대하여 미리 공부한 후, 교실에서는 다른 학생들과 학습한 지식을 적용하여 문제를 해결하는 형태다. 여기서 교사는 학생들의 활동을 안내하는 조력자 역할을 담당한다. 이러한 수업 형태는 수업 시간을 학생들이 상호작용할 수 있는 장으로 활용함으로써 학생들의 활동을 강조하여 한정된 시간을 효율적으로 활용할 수 있다. 또한 개별 스마트 기기를 이용하여 개별적으로 학습하는 형태는 자신의 수준에 맞는 학습 자료를 선택하여 학습 성취도를 높일 수 있다는 장점이 있다. 하지만 학생의 수준에 맞는 학습 자료를 미리 준비해야 한다는 점에서 교사의 부담이 크며, 학습에 흥미가 부족한 학생을 이끌기 위한 장치가 부족하다는 단점도 있다.

사례: 초등학교 학년 통합 교실(블로터닷넷, 2012. 5. 18.)

소규모 학교의 경우 학생수가 적어 한 교실에서 두 학년이 함께 공부하는 경우도 있다. 이러한 경우 이전의 강의식 수업으로는 효과적인 학습을 진행하기가 어렵다. 이러한 환경을 극복하기 위하여 슬레이트 PC를 이용한 교수·학습 활동을 해보았다.

사례의 교실은 5학년과 6학년의 통합 교실로, 수업이 시작되면 학생들에게 교과서를 펴고 슬레이트 PC를 켜도록 했다. 교사는 6학년에게 학습 목표를 소개한 후 교과서를 읽고 스스로 노트를 정리하는 과제를 내준 다음, 5학년들에게는 교과서 내용을 설명해주었다. 그동안 6학년 학생들은 교과서를 읽고 정리하며 모르는 부분은 인터넷을 검색하고 이미지를 캡처하여 정리하였다. 정리한 내용은 블로그에 올려 다른 사람들과 공유하였다. 약 15분이 지난 후, 6학년 학생들은 학습 주제에 대하여 자신이 정리한 내용을 발표하고, 5학년 학생은 배운 내용을 컴퓨터에 정리하고 블로그에 올리도록 하였다.

3. 증강현실 탐구 학습

증강현실 탐구 학습은 스마트 기술의 특징을 잘 살린 모형으로, 증강현실을 교수·학습 방법으로 사용한다. 증강현실은 가상현실의 한 분야로 실제 환경이 가상 사물이나 정보를 합성하여 원래의 환경에 존재하는 사물처럼 보이도록 하는 컴퓨터 그래픽 기법이며(위키피디아, 2013), 스마트 기기에서 미리 제작된 애플리케이션(이하 '앱')을 통하여 이용할 수 있다.

이 모형의 장점은 교실에서 적용할 수 없는 교육을 증강현실을 통하여 현장감 있게 배울 수 있다는 점과 교실 밖의 세상과 연계함으로써 현실세계에서의 지식을 적용한 상황 학습이 가능하다는 점이다. 하지만 증강현실 앱을 수업에서 활용할 수 있는 범위가 제한적이라는 단점이 있다.

사례: 초등학교 과학과(허두랑, 2012)

초등학교 6학년 과학 수업에서 북쪽 하늘에 보이는 별자리를 학습하기 위하여 증강현실 앱을 활용하였다. 'Star Walk'는 증강현실을 통하여 행성의 움직임을 관찰할 수 있는 응용프로그램이다. 학생들은 별자리 앱의 조작 방법을 숙지한 후, 앱을 실행한 스마트 기기를 하늘을 향해 들어 올려 북쪽 하늘의 별자리가 나타나게 하였다. 그리고 스마트 기기에 나타난 북쪽 하늘의 별자리를 관찰한 다음, 학습지에 그렸다. 관찰한 별자리 중 평소에 관심을 가졌던 별자리는 검색을 통하여 별자리에 얽힌 신화나 전설을 간단히 정리한 후 발표할 수도 있다. 마지막으로 학생들은 수업의 결과를 SNS에 자유롭게 정리하여 올렸다.

4. 비형식 학습 통합 모형

비형식 학습(Informal learning)은 교육적으로 의도하지 않은 활동에서 자연스럽게 배우는 학습을 의미한다. 하지만 이 모형의 비형식 학습은 학교 수업의 연장으로 학교 밖인 박물관, 극장, 놀이동산 등에서 일상 중에 배우는 활동을 정리하고 훈련시키는 데에 의의가 있다. 이 모형의 일반적인 절차는 현장을 방문하거나 체험하여 얻은 자료를 보고서 등의 산출물로 내는 형태로 진행된다.

이 모형은 학생들이 학습에 대한 높은 동기를 가지고 자발적으로 참여한다는 점에서 큰 장점이 있지만, 학생의 안전과 통제 면에서 교사들이 큰 부담을 져야 한다는 측면의 단점도 있다.

사례: 고등학교 지구과학과(경남 지구과학 교과교육연구회, 2012)

경남 지구과학 교과교육연구회(2012)에서는 지구과학 중심 STEAM(융합인재교육) 수업을 위한 CRM을 개발하여 시공간의 제약 없이 활용할 수 있는 프로그램을 구성하였다. 지구과학 중심 STEAM 요소를 QR코드로 제작하고 현장에 부착하여, 학생들이 QR코드를 이용하여 능동적으로 체험 학습을 할 수 있도록 계획하였다.

QR코드에는 기관에 대한 소개와 학습 멘토용 안내지(교수·학습 지도안, CRM 소개 및 활동 포인트, QR코드 학습자료 안내), 학생용 체험 활동지, 정리 활동지 등이 포함되어 있으며, 이렇게 개발된 코드는 지역사회의 협조를 얻어 경남 지역의 14개 기관에 부착하였다. 학생들은 체험 활동 기관을 방문했을 때 체험 활동지를 QR코드로 인식하여 학습한 뒤, 학교로 돌아와 정리 활동을 할 수 있으며, 이를 통하여 체험 활동 경험과 지식을 내면화시킬 수 있다.

5. 학교 간 프로젝트 학습

학교 간 프로젝트 학습 모형은 인터넷 및 스마트 기술을 이용하여 교실 내의 친구들뿐만 아니라 도시와 농촌 학교, 본교와 분교와 같은 다른 학교 학생들과 함께 학습하는 모형이다. 이전의 화상 수업의 경우에는 교사가 중심이 되는 설명식 강의가 중심이었으나, 최근의 수업에서는 양쪽 학교 학생들 간의 협력 학습을 포함하기도 한다. 또한 도시와 농촌의 학교 간 프로젝트 학습은 각 지역의 특성을 살려 교육할 수 있기에 현장감 있는 교육이 가능하다.

이러한 수업 모형은 자신의 지역사회뿐만 아니라 다른 지역의 친구를 만날 수 있다는 점에서 학습

화면 공유하기

발표 및 질의하기

[그림 2] **학교 간 프로젝트 수업 사례**(2013년도 스마트 교육 연구학교 연수 및 협의회, 2013)

동기를 불러일으키기에 좋다. 하지만 수업활동을 위한 의사결정이나 자료 수집과 분석, 보고서 작성을 위한 토론이 인터넷 커뮤니티를 통해 진행되므로 면대면 상황보다는 효율적인 대화가 어려울 수 있다.

사례: 근덕초등학교 본·분교 통합 수업(2013년도 스마트 교육 연구학교 연수 및 협의회, 2013)

강원도 삼척시에 위치한 근덕초등학교는 본교를 중심으로 4개의 분교(궁촌분교, 노곡분교, 동막분교, 마읍분교)가 온라인 화상수업을 이용하여 스마트 교육을 하고 있다. 이러한 수업의 경우는 화상 수업에 대한 교사들의 인식 차이와 수업 설계 방법, 비용 및 기술적 문제, 수업 설계 등의 부분에서 어려움이 발생한다. 이러한 문제를 해결하기 위하여 교사들은 미리 수업에 관하여 논의하였다. 우선 수업 주제는 본·분교 간 온라인 화상수업이 당위성을 가질 수 있도록 각 지역의 특성을 살릴 수 있는 6학년 '동물과 함께하는 생활'로 정하고, 다양한 사례를 학습할 수 있도록 학급별로 애완동물이나 경제동물을 기르는 학생을 미리 선정하여 동물을 기른 과정과 느낌을 발표하는 수업 활동을 계획하였다. 이 수업 주제에 맞춰 수업은 교사 1인 주도로 전개하고, 각 학급의 활동 결과를 온라인으로 발표하도록 하였다. 그리고 비용 및 기술적 문제를 극복하기 위하여 본·분교의 교사 PC에 학생 방향으로 웹캠을 설치하여 구글 행아웃 앱을 이용하여 교류하였다. 학생들은 PC와 연결된 TV 화면을 보면서 자신의 경험을 발표하였다.

6. 글로벌 프로젝트 학습

글로벌 프로젝트 학습은 온라인 서비스를 이용하여 진행한 학교 간 프로젝트 학습에서 대상 학교가 다른 나라의 학교로 바뀐다는 점을 제외하면 거의 유사하다. 다른 나라 친구들과 함께 수업을 받는 경험을 통하여 학생들은 외국어 능력을 쌓을 수 있고, 글로벌한 감각을 익힐 수 있다. 하지만 외국어 능력이 부족한 학생들에게는 오히려 어려움이 있을 수 있고 문화 간 충돌이 생길 수 있으므로 학습 전 공감대 형성이 필요하다. 또한 협력 활동의 절차도 복잡하기보다는 흥미롭고 용이한 것으로 선택해야 한다.

사례: 광주교대 부설초등학교 IVECA 운영

광주교대 부설초등학교는 학생들의 국제 감각을 기르기 위하여 2010년부터 IVECA(국제 가상학교 프로그램)를 통하여 미국의 초등학교와 화상수업을 진행하고 있다.

수업 전에 양국 교사는 양국의 교육과정을 분석하여 공통된 교육 내용을 확정하였다. 그리고 수업을 어떻게 진행할 것인지 협의하여 수업 절차를 결정하였다. 또 양국의 학생들에게 수업 주제를 사전에 안내하고 각자 주제에 대하여 조사하게 한 후, 조사 내용을 홈페이지에 탑재하였다. 양국의 학생들은 홈페이지에 올라간 내용을 살펴보며 의견을 교환하였다. 본격적인 수업은 주로 조사 내용을 발표하고 토론하는 내용 위주로 진행되었다. 이때 학생들의 이해를 돕기 위해 한국인 자원봉사자가 통역을 하였다.

7. 스마트 STEAM 교육

스마트 STEAM 교육은 기존의 STEAM에 스마트 기술을 이용한 모형이다. 이 교육은 여러 교과목의 내용이 통합된 형태로 21세기 학습자 능력을 기르기 위하여 교과 내용을 재구성하고 교과를 통합하는 스마트 교육의 목표와도 잘 부합된다. 또한 기존에 개발된 STEAM 교육의 대부분이 강의식 설명이기보다는 학생들이 직접 문제를 해결하거나 체험하는 형태가 많아서 스마트 기술이 효과적으로 기능할 수 있다. 하지만 이 수업 모형은 정규 교과 활동에서는 이루어지기 어렵다는 단점이 있다.

사례: 중학교 STEAM(교육과학기술부, 2012)

이 수업은 중학교 STEAM 교육에서 시도된 사례로, SNS를 활용하여 학생들의 의사소통 과정에 효율성을 높였다. 교사는 지난 시간에 학습한 지진과 내진 설계의 원리를 설명한 후, 학교에서 지난 시간의 학습을 적용해볼 것을 제안하였다. 학생들은 모둠별로 모여 해결해야 할 문제를 정리한 후 역할을 분담하였다. 또한 교사는 모둠별로 지진에 취약한 부분을 찾아 나서기 위하여 찾아갈 곳을 정하는 과정에서 위치가 겹치지 않도록 조정하였다. 학생들은 학교 일대를 돌아다니며 지진에 취약할 것 같은 위치와 이유를 SNS에 올렸다. 학생들은 다른 모둠이 올린 사례를 살펴보며 자신들의 자료를 수집하였다. 교실로 모인 학생들은 다른 학생들의 자료를 살펴보며 토의를 통하여 내진 설계를 어떻게 적용할지 아이디어를 도출하였다. 그리고 마지막으로 자신이 수집한 자료와 의견을 다른 학생들에게 발표하였다. 나머지 학생들은 모둠의 발표가 끝날 때마다 구글 드라이브를 통하여 동료 평가를 하고, 교사는 보완할 점과 잘한 점을 상세하게 설명하였다.

8. e-교과서 활용 모형

e-교과서는 스마트 교육의 5대 중점 추진과제 중 하나인 '디지털 교과서 개발 및 적용'에서 알 수 있듯이 스마트 교육에서 매우 높은 비중을 차지하고 있다. 하지만 현장에서 시도되고 있는 스마트 교육의 대부분은 정부에서 제작한 디지털 교과서가 아니라 교사가 직접 제작한 e-교과서 형태다. e-교과서는 일반인이 저작도구를 이용해 쉽게 제작할 수 있는 e-Book과 같은 형태로서, 교사는 수업에 필요한 웹사이트나 동영상 등의 교수·학습 자료를 e-교과서에 넣어 학생들이 수업 내용에 집중할 수 있도록 도와준다. 하지만 수업을 위하여 직접 교과서를 제작해야 하는 교사의 부담이 증가하는 단점이 있다.

사례: 초등학교 과학과(교육과학기술부, 2012)

초등학교 6학년 과학과에서 e-교과서를 활용해보았다. 학생들은 교사가 미리 제작한 e-교과서를 통하여 '수리부엉이의 습격'이라는 동영상을 감상한 후, 문제를 확인하였다. 문제는 '사람들이 생태계에 미치는 영향과 자연을 보호하기 위한 방법을 조사하여 발표하기'다. 교사는 SNS에 '발표 점검(자료 점검, 발표자 선정, 발표 준비)→발표하기(화면 보고 발표하기, 친구 발표 모습 SNS에 공유하기)→정리하기(정리자료 감상하기, 생각 말하기)'의 학습 활동 절차를 미리 안내하였다. 학생들은 문제를 해결하기 위하여 해당 주제를 e-교과서를 통하여 공부하고, e-교과서에서 안내한 웹을 검색하였다. 검색하여 얻은 자료는 모둠원끼리 공유할 수 있도록 네이버 N드라이브에 탑재하였다. 이때 교사 역시 학생들이 공유한 자료를 점검하고 다른 모둠과 상호작용하도록 안내하였다. 학생들은 발표 자료를 정리해 발표한 후, 서로의 활동 내용을 평가하였다.

9. 의사소통 모형

이 수업은 수업의 효과성을 높이기 위한 다른 수업 모형과 달리 학생들의 태도 향상, 학습 동기 유발의 효과에 초점을 둔 모형이다. 많은 교사들이 스마트 교육을 시도한 이후 가장 달라졌다고 생각하는 점은 잘하는 몇몇 학생의 의견뿐만 아니라 말이 없고 소심한 학생들의 목소리까지 들을 수 있게 되었다는 점이다. 부끄러움이 많아 말을 하지 않던 학생들도 개별 스마트 기기를 이용하면 자신의 의견을 표현할 수 있으며, 교사는 그러한 학생들의 의견을 실시간으로 받아볼 수 있고, 빠르게 의사소통하며 더욱 쉽게 정을 쌓을 수 있다.

하지만 SNS나 앱을 활용하여 수업 시간 이후에도 의견을 나눌 경우 교사 개인의 시간을 들여야 하며, 교사 개인의 계정을 활용할 경우 학생들에게 사생활이 노출될 수도 있다. 이러한 경우 올바

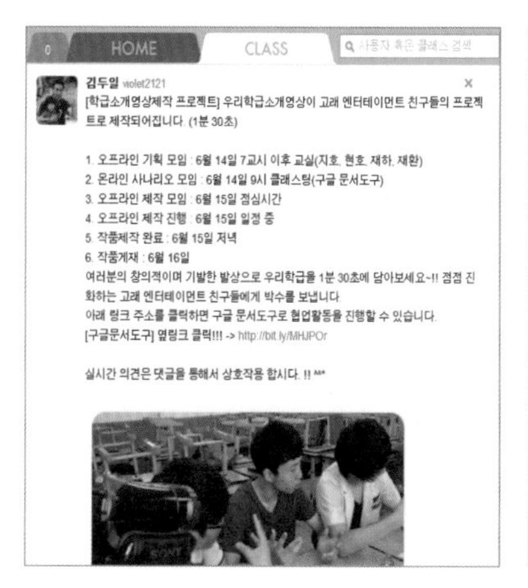

[그림 3] **재량활동 수업 모습**

른 의사소통이 이루어질 수 있도록 사전에 네티켓 교육을 실시하며 학생들이 자발적으로 의사소통에 참여할 수 있도록 독려가 필요하다.

사례: 중학교 재량활동(김두일, 2012)

중학교 재량활동 시간을 이용한 '우리 학급 소개 동영상 제작하기' 사례는 스마트 교육을 이용한 생활지도가 가능하다는 점을 보여주었다. 교사는 폐쇄형 SNS를 활용하여 모둠클래스를 개설한 후, '우리 학급 소개 동영상 제작'이라는 프로젝트 과제를 소개하였다. 학생들은 프로젝트 과제를 수행하기 위하여 구체적인 계획을 세우고 역할을 분담하였다. 학생들의 협의는 오프라인과 SNS를 이용한 온라인에서 모두 이루어졌으며, 시나리오 작업의 경우 온라인 협업이 가능한 경우에는 구글 드라이브를 이용하여 함께 작업하였다. 제작한 학급 동영상은 모든 학생이 함께 볼 수 있도록 클래스에 탑재하였다. 본 사례는 학기 초에 SNS를 활용하여 학생들의 의사소통과 협력을 이끌어냈다는 점에서 의의가 있다.

03 스마트 교육 교수·학습 모형 개발 방향

스마트 교육이 시행되면서 많은 수의 스마트 교수·학습 사례가 현장 교사들의 손에서 개발되었다. 개발된 사례는 다양한 교수·학습 방법을 시도할 수 있는 초등학교급 모형이 대부분이다. 중등학교는 초등학교와 비교할 때 상대적으로 입시 부담이 커, 교과의 전문성을 살리며 다양한 교수·학습 방법을 시도하는 새로운 형태의 교육을 적용하기가 쉽지 않은 까닭이다. 하지만 21세기 학습자 역량을 기르기 위한 교육은 초등학교뿐만 아니라 중등학교급에서도 꼭 필요하다. 그러므로 본 스마트 교육 교수·학습 모형은 초등과 중등의 학교급 특성을 살리면서 과목별 전문성에 맞게 개발하였다.

기존에 개발된 스마트 교육 모형은 모형의 개발 주체에 따라 큰 차이점을 보인다. 학자가 개발한 모형의 경우, 과목에 상관없이 폭넓게 적용할 수 있는 형태로 개발된 모형은(김혜정·김현철, 2012) 스마트 교육의 이점을 활용하여 과목이나 학교급에 상관없이 사용할 수 있지만, 교실에서 과목의 특성에 맞게 활용하기는 어렵다. 반면에 교사들이 개발한 모형의 경우, 교실 환경에 맞춰 쉽게 적용할 수 있도록 현장 중심으로 개발되었다(박선아 외, 2012). 하지만 이런 모형은 학교급과 과목별로 고루 개발된 것이 아니라 일부 학교급과 일부 과목의 모형이 많아 전 과목에 적용하기는 어려운 점이 있다. 본 교재의 스마트 교육 교수·학습 모형은 이러한 상황을 고려하여 양쪽의 장점을 포괄하는 모형을 추구하였다. 기존의 교과별 핵심 모형을 활용하여 이론의 바탕으로 삼되, 교실의 스마트 교육 환경에 적용할 수 있도록 모형을 일부 변형하거나 새로운 모형을 학교급·과목별로 개발하였다.

스마트 교육의 도입 배경이자 지향점은 21세기 학습자 역량을 기르는 것이다. 21세기 학습자 역량은 교육 내용이나 교육 방법 등의 한 가지 변화로만 이루어지지 않는다. 교과에서 학습해야 할 학습 내용을 바탕으로 21세기 학습자 역량을 증진시킬 수 있는 활동과 방법이 꾸준히 이루어져야 한다. 그러므로 본 연구에서는 스마트 교육 교수·학습 모형에 21세기 학습자 역량을 증진시킬 수 있는 다양한 활동을 추가하였다.

기존의 스마트 교육 교수·학습 모형은 교육 방법의 변화라는 미시적 측면에서 개발하여 스마트 기술을 활용하여 혁신적인 교육 방법의 변화는 가져왔지만, 기존의 평가 방식을 이용하여 스마트 교육에서 추구하는 학습 목표를 측정할 수는 없었다. 하지만 본 연구에서 개발한 스마트 교육 교수·학습 모형은 스마트 교육을 거시적 관점에서 바라보는 교육과학기술부의 관점에 따라, 스마트 교육을 교육 방법적 관점에서만 바라보는 것이 아니라 교육과정, 평가, 교사 등 교육 체제 전반의 변화를 이끄는 지원 체제라는 관점을 받아들여 스마트 교육에 적합한 평가 방법을 마련하였다. 그 개발 절차를 정리하면 다음과 같다.

첫째, 기존의 교수·학습 모형의 이론적 근거를 바탕으로 학교급·과목별 특성에 맞는 새로운 스마트 교육 교수·학습 모형을 개발하였다.

둘째, 스마트 교육 교수·학습 모형에 21세기 학습자 역량을 증진시킬 수 있는 다양한 활동과 방법을 추가하였다.

셋째, 교육과학기술부의 거시적 관점에 따라 스마트 교육 교수·학습 모형에 적합한 평가 방법을 마련하였다.

04 교과별 수업 모형의 특징 및 개요

본 교재의 스마트 교육 수업 모형의 대부분은 기존의 수업과 마찬가지로 '동기 유발–활동–정리 및 발표'의 단계를 따르고 있다. 하지만 스마트 교육의 목표인 21세기 학습자 역량 강화를 위하여 문제를 해결하기 위한 협력 학습을 강조했으며, 스마트 도구는 학습자와 학습자 간, 학습자와 교사 간 원활한 의사소통을 뒷받침하는 도구로 활용하였다. 또한 활동 결과를 발표하는 것에 그치던 기존의 수업에서 발전하여, 스마트 도구를 활용하여 활동 중간에도 다른 학습자들의 활동 상황을 공유함으로써 학생 개인이 자신의 활동 상황을 점검할 수 있도록 하였다.

개발된 스마트 교육 교수·학습 모형을 활동 위주로 살펴보면 학교급의 특성이 드러난다. 초등학교 모형에서는 학생의 흥미를 끌기 위하여 이야기 위주로 접근하거나 놀이와 같은 활동을 포함한다. 학생들은 역할극, 노래하기 등 실생활과 연결되는 활동을 통해 자연스럽게 지식을 생성할 수 있다. 또한 스마트 도구는 학생들이 쉽게 사용할 수 있는 검색 엔진의 카페 게시판, SNS, 클라우드나 스마트 기기의 기본 기능인 카메라, 녹음기 등이 이용된다. 중등학교의 경우, 초등학교와 달리 지식을 강화하기 위하여 규칙 도출하기, 지식 생성하기 등의 탐구 활동이 많다. 중등학교 학생은 스마트 기술에 대한 이해도가 초등학생보다 빠르므로 초등학교급에서 사용하는 도구와 GSP, 구글 어스 등 학생들이 평소에 알지 못하던 도구를 이용하여 학습할 수 있다.

본 교재의 스마트 교육 교수·학습 모형을 과목별로 살펴보면 교과별 특징이 드러난다. 국어와 영어와 같은 언어 교과의 경우, 스마트 도구를 이용하여 읽기, 말하기, 쓰기 등의 활동을 모든 학생이 수행할 수 있도록 되어 있다. 사회 교과의 경우, 실시간으로 지식을 검색하고 공유하면서 지식을 획득하는 과정에서 스마트 도구를 이용하였다. 과학 교과의 경우에는 스마트 도구를 활용하여 1인 맞춤형 학습을 구현하였으며, 관찰 과정과 결과를 다양한 방법으로 기록할 수 있는 방법을 제시하고 있다.

[표 2] **스마트 교수·학습 모형의 대표 활동**

<table>
<tr><th rowspan="2"></th><th colspan="3">초등</th><th colspan="3">중등</th></tr>
<tr><th colspan="2">모형</th><th>대표 활동</th><th colspan="2">모형</th><th>대표 활동</th></tr>
<tr><td rowspan="3">국어</td><td rowspan="2">읽기</td><td rowspan="2">협동적
SMART 모형</td><td rowspan="2">광고 분석하기
광고 만들기</td><td>문학</td><td>라인 모형</td><td>인물망 그리기
인물지도 만들기</td></tr>
<tr><td>문법</td><td>모드 모형</td><td>규칙 도출하기</td></tr>
<tr><td>문학</td><td>3RS 문학
학습 모형</td><td>갈등 파악하기
역할극 하기</td><td>쓰기</td><td>그룹 모형</td><td>보고서 작성하기
보조 자료 제작하기</td></tr>
<tr><td rowspan="4">영어</td><td colspan="2">스마트 기본 모형</td><td>날씨 표현하기</td><td colspan="2" rowspan="2">듣기+말하기 통합
의사소통 활동 모형</td><td rowspan="2">초대하는 대화를 듣고 초대 전화하기</td></tr>
<tr><td colspan="2">스마트 과제 중심 모형</td><td>연예인 일정 검색, 표현하기</td></tr>
<tr><td colspan="2">스마트 역할놀이 모형</td><td>역할놀이 하기</td><td colspan="2" rowspan="2">쓰기+말하기 통합
의사소통 활동 모형</td><td rowspan="2">세계 명절 소개글 쓰기</td></tr>
<tr><td colspan="2">스마트 스토리텔링 모형</td><td>소리 내어 읽은 후 과제 수행하기</td></tr>
<tr><td rowspan="7">수학</td><td>측정</td><td>스마트 수학과
추론 모형</td><td>삼각형의 넓이 구하는 방법을 추론하고 공유하기</td><td colspan="2" rowspan="2">개념 형성 모형</td><td rowspan="2">e-Book에서 제공된 동영상을 시청하고 정의와 연결 짓기</td></tr>
<tr><td>확률과
통계</td><td>스마트 수학과
문제 해결 모형</td><td>다문화 학생 수 증가에 관한 그래프 해석하기</td></tr>
<tr><td rowspan="5">측정</td><td rowspan="5">스마트 수학과
스토리 모형</td><td>이야기 도입하기</td><td colspan="2" rowspan="2">개념 응축 모형</td><td rowspan="2">GSP 프로그램으로 그래프 그리기</td></tr>
<tr><td>이야기 탐색하기</td></tr>
<tr><td>이야기 조직하기</td><td colspan="2" rowspan="3">개념 도구화 모형</td><td rowspan="3">상위 수준 문제를 모둠별로 협력하여 해결하기</td></tr>
<tr><td>이야기 돌아보기</td></tr>
<tr><td>이야기 산출하기</td></tr>
<tr><td rowspan="7">과학</td><td colspan="2" rowspan="2">인지 개별 맞춤형
교수·학습 모형</td><td>학습 내용과 관련된 생각 표현하기</td><td colspan="2" rowspan="4">스마트 지식 생성 모형</td><td>관찰 결과 작성하기
(사진, 녹음 등)</td></tr>
<tr><td>인지 갈등 상황에서 처치와 심화 활동 제시하기</td><td>효모 활성이 적용된 사례 검색하기</td></tr>
<tr><td colspan="2" rowspan="2">PEOE 개별 맞춤형
교수·학습 모형</td><td>예상과 관련된 탐구를 하고, 관찰 결과 기록하기</td><td rowspan="2">축약된 보고서 작성하기</td></tr>
<tr><td>수행 결과를 설명하여 과학적 개념 발견하기</td></tr>
<tr><td colspan="2" rowspan="3">역발상 교수·학습 모형</td><td>과제의 일반적인 특징 나열하기</td><td colspan="2" rowspan="3">스마트 지식 설명 모형</td><td>관찰 과정과 결과 기록하기</td></tr>
<tr><td>특징을 뒤집어 아이디어 생성하기</td><td>관찰 방법 고안하기</td></tr>
<tr><td>아이디어 선택 및 실현하기</td><td>과학적 개념에 대해 가치 판단하기</td></tr>
</table>

<table>
<tr><td rowspan="6">도덕
(초등)
사회
(중등)</td><td rowspan="3">SNS 활용
성찰포트폴리오 모형</td><td rowspan="3">SNS로 자기 성찰하기</td><td>구글 어스 이용 학습 모형</td><td>지도를 이용한 위치 찾기</td></tr>
<tr><td rowspan="3">협동 학습 모형</td><td rowspan="3">모둠별로 해안 지역의 변화 파악하기</td></tr>
<tr></tr>
<tr><td rowspan="3">교실탐구공동체 모형</td><td rowspan="3">반성과 관련된 주제를 토론하기</td></tr>
<tr><td rowspan="2">토의 학습 모형</td><td rowspan="2">환경 문제 해결 방안 토의하기</td></tr>
<tr></tr>
</table>

2장

스마트 교수·학습 모형의 실제

중등 국어
중등 영어
중등 수학
중등 과학
중등 사회

스마트 교육을 통한 교실 혁명

중등 국어

국어 교육과 스마트 교수·학습 모형

01 국어 교육과 스마트 교수·학습 모형의 개요

1. 국어 교육과 21세기 학습자 역량

정보통신 기술의 발달에 따라 21세기 현대 사회의 학생들은 디지털 환경에 둘러싸인 채 태어나고 성장한다. 디지털 환경과 인간을 매개하는 휴대용 스마트 기기가 널리 보급되면서 현대 사회의 학생들은 이 기기를 효과적으로 활용하는 것을 넘어 자기 몸의 일부처럼 인식할 정도가 되었다. 그러다 보니 이전 세대와 달리 시각 이미지를 활용한 의미 구성, 의사 표현, 정보 전달 및 수용을 더 선호한다. 또한 스마트 기기를 활용한 여러 가지 사회 관계망 서비스에 몰입함으로써 학생들은 사회적으로 항상 연결되어 있으며 이러한 사회적 관계망 안에서 자신의 자아 정체성을 수립해간다.

이러한 사회 환경의 변화는 곧 교육적 변화로 이어진다. 디지털 환경으로 재편된 21세기의 현대 사회를 살아갈 학생들은 이러한 환경이 요구하는 역량을 갖추어야 하는데, 교육이 바로 그러한 역할을 담당해야 하기 때문이다. 학생들이, 이러한 환경이 요구하는 역량을 갖추지 못한다면 단순히 정보를 수용하는 소비자로 머물 뿐 의미와 가치를 창출하는 유능한 사회인으로 성장하기 어렵다. 국어 교육은 의사소통 활동과 사고 활동을 교과의 본질적 특성으로 삼고 있다. 그러므로 국어 교육에서는 학생들이 현대 사회 및 미래 사회의 유능한 기능인으로 성장하는 데 더욱 효과적인 도움을 줄 수 있다. 국어 교육에서 디지털 환경에 부합하는 교수·학습 방법을 수립하고 논의해야 하는 이유는 바로 이 때문이다.

사회 환경의 변화에 따라 세계 각국에서는 미래 사회에서 요구하는 학생의 핵심 역량이 무엇인지를 탐구하고 그것을 교과 교육과정에 연계하기 위해 노력하고 있다. OECD(2003)에서 추진한 DeSeCo 프로젝트가 그러한 예인데, 이 프로젝트에서는 핵심 역량을 삶의 여러 영역에 공통적으로 적용될 뿐 아니라 모든 개인 누구에게나 중요한 역량을 의미하는 것으로 정의하고 있다. 우리나라 연구로서 이광우 외(2009)에서는 초등·중등 학교 교육에서 강조해야 할 핵심 역량을 열 가지로 제시하였다. 핵심 역량 중 자기관리 능력, 기초 학습 능력, 진로개발 능력은 '개인적 역량'으로, 의사소통 능력, 시민 의식, 국제 사회 문화 이해, 대인관계 능력은 '사회적 역량'으로, 창의력, 문제 해결 능력, 정보처리 능력은 '학습 역량'으로 분류하였다. 이와 유사한 맥락에서 이근호 외(2012)는 교과 전문가들의 의견을 토대로 각 교과에서 중점적으로 계발해야 할 핵심 역량 요소를 제안하였는데, 국어과에서는 의사소통 능력, 기초 학습 능력, 비판적 사고력이 선정되었다. 또한 국어 교육 전문가들의 의견을 폭넓게 조사한 서영진 외(2013)에서는 국어과에서 중시해야 할 핵심 역량을 '의사소통 능력, 문제 해결 능력, 대인관계 능력, 기초 학습 능력, 비판적·창의적 사고력, 정보처리 능력, 문화예술 향유 능력'으로 제시하였다. 이러한 핵심 역량은 국어 교육 전문가들의 의견을 심층적으로 조사하여 얻은 결론이라는 점에서 타당성이 높은 것으로 인정되고 있다. 여기에서 강조된 핵심 역량 중 의사소통 능력, 문제 해결력, 대인관계 능력, 비판적·창의적 사고력, 정보처리 능력은 새롭게 변화된 디지털 환경과 긴밀하게 관련을 맺고 있는 역량이라고 할 수 있다.

전통적인 학교 교육과 대비되는 미래 교육의 뚜렷한 특징은 스마트 기기를 활용한다는 점이다. 스마트 기기는 휴대가 가능한 형태로 보급되면서 학생의 일상생활에 밀착되어 있으며 다양한 형태의 디지털 자료 및 정보를 실시간으로 공간의 제약 없이 다룰 수 있어 학교 교육에서도 이미 널리 활용하고 있다. 학생들에게 친숙한 기기인 만큼 학생들의 적응도 매우 빠르다. 이러한 교육적 변화는 현재 '스마트 교육'으로 불리고 있다. 스마트 교육은 스마트 기기의 활용이 핵심인 것은 맞지만 기기의 활용만을 강조하는 교육이 아니다. 교육과학기술부(2011)가 스마트 교육 추진 전략에서 밝힌 것처럼 스마트 교육은 학습자가 자기주도적으로(Self-directed), 흥미롭게(Motivated), 자신의 수준과 적성에 맞게(Adaptive), 풍부한 자료(Resource Free)와 정보기술을 활용하여(Technology embedded) 공부하는 방법을 일컫는다. 스마트 교육은 교수 매체로서 스마트 기기를 활용하는 것에 그치는 것이 아니라 학습 내용과 방법 면의 전환을 의미한다.

미래 사회에서 요구하는 학생의 핵심 역량과 스마트 교육의 특징을 고려하고 지금까지 전개되어 온 국어과 교수·학습의 이론 및 방법을 고려한다면 미래 사회를 대비하면서도 디지털 환경에 부합하는 발전적인 형태의 교수·학습 모형을 구성할 수 있다. 스마트 교육 환경에서는 다양한 의사소통 상황을 경험하고, 타인과의 소통이 촉진되며, 다양한 학습 자료에 언제 어디서든 접근하면서 학습 내용을 일상생활에 적용할 수 있다는 점이 큰 특징이다. 그러므로 국어 교육의 특성에 맞게 스

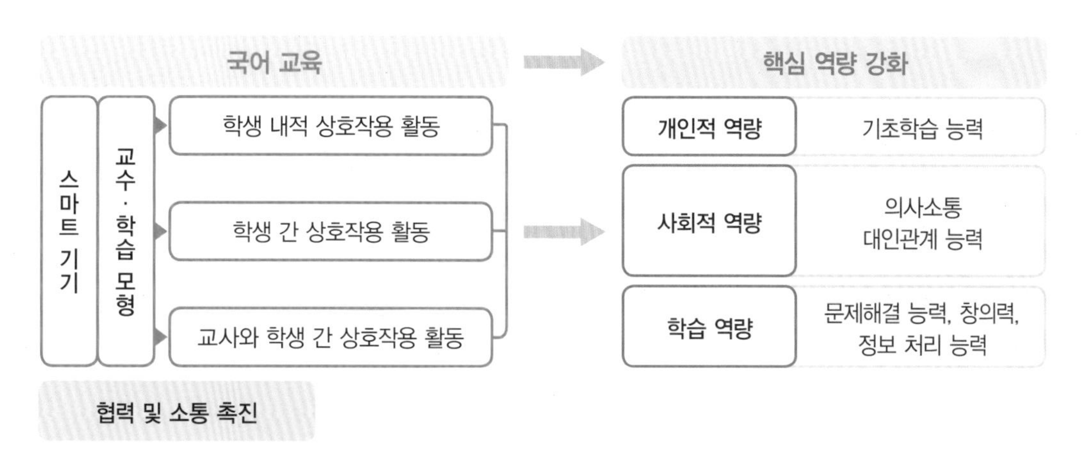

[그림 1] 국어 교육에서 스마트 기기 활용을 통한 협력 및 소통 활동의 촉진

마트 교육을 실현하기 위해서는 협력 및 의사소통 중심의 상호작용을 강조하는 데 초점을 맞추어야 한다.

국어과 교수 학습에서 스마트 기기를 활용한 소통 방식은 '학생 내적 상호작용 활동, 학생과 학생 간 상호작용 활동, 교사와 학생 간 상호작용 활동'으로 나눌 수 있다. 이렇게 변화하고 확대된 세 층위의 상호작용은 순차적으로 이루어지는 것이 아니라 수업 과정 중에 동시적으로 이루어진다. 이처럼 스마트 기기를 통한 상호작용의 활성화는 국어 교육에서 요구되는 핵심 역량 강화를 도모함으로써 미래 사회의 창의적 인재를 육성하는 데 기여할 것이다. 이를 도식화하면 [그림 1]과 같다.

2. 국어 교육에서의 스마트 교수·학습 모형의 개략

교수·학습 모형		수업 단계	주요 교수·학습 전략	활용 도구	핵심 학습자 역량
문학	라인모형 LINE model	배경지식 활성화하기 Leading with scheme	지식이나 경험 떠올리기 읽기 목적 설정하기	OKmindmap	의사소통, 대인관계 능력
		연상하기 Imagining	작품 관련 이미지 떠올리기 인물망 만들기	인터넷 카페	
		기록하기 Noting	복식 기재 일지 쓰기 인물 일지 쓰기	인터넷 카페	
		설명하기 Explaining	책 광고 만들기, 책 추천하기 인물이나 사건 지도 만들기 줄거리를 그림으로 표현하기	프레지	
문법	모드 모형 MODE model	가설 세우기 Making a hypothesis	관련 지식 및 개념 익히기 문제 분석 및 확인하기	클래스팅	의사소통, 문제 해결력, 정보 처리 능력
		근거 찾기 Obtaining supporting evidence to answer	문제 해결 방법 찾기 자료 모으기 각 자료 검토하기 공통된 규칙 찾기	포털 사이트, 클라우드 서비스	
		발견하기 Discovering	공통된 규칙 정리하기 예외적인 사실 정리하기 결론 도출하기	클라우드 서비스	
		검토하기 Evaluating	발표 및 평가하기 활동 소감 정리하기	클라우드 서비스, VoiceThread	

<table>
<tr><td rowspan="5">언어
기능
(쓰기)</td><td rowspan="5">그룹 모형
GROUP
model</td><td>생각 모으기
Gathering</td><td>화제와 관련된 자료 탐색
수집한 자료를 범주별로 정리
관심 분야에 따라 모둠 편성</td><td>QR코드,
포털 사이트</td><td rowspan="5">의사소통,
정보 처리 능력,
문제 해결력,
창의력</td></tr>
<tr><td>초고 쓰기
wRiting a draft</td><td>화제에 대한 지식이나 생각 정리
개인별 초고 쓰기
초고 공유</td><td>구글 드라이브</td></tr>
<tr><td>조직하기
Organizing</td><td>개요 작성
모둠별 상호 평가</td><td>구글 드라이브</td></tr>
<tr><td>활용하기
Utilizing</td><td>복합 양식 자료 수집 및 활용평가
결과를 수합하여 글 수정하기
자신이 쓴 글 점검한 후 올리기</td><td>구글 드라이브</td></tr>
<tr><td>발표하기
Presenting</td><td>발표 및 평가
활동 소감 정리하기</td><td>프레지,
전자칠판</td></tr>
</table>

02 스마트 모델 1: 라인 모형

1. 교수·학습 모형 설명

이 모형은 과정 중심 읽기 모형을 바탕으로, 스마트 기기를 활용하여 문학 감상 능력의 신장을 촉진하기 위해 구안되었다. 과정 중심 읽기 모형은 읽기 과정을 '읽기 전, 읽는 중, 읽은 후'로 나누고 각 과정에서 필요한 기능이나 전략을 지도하는 교수·학습 모형이다. 주로 읽기와 문학 영역에서 많이 활용되는데, 한철우·김명순·박영민(2002)은 읽기 과정별로 문학 읽기를 위한 활동 전략을 제시한 바 있다.

과정 중심 읽기 모형은 글을 읽는 방법을 가르쳐줄 수 있고, 학생들이 읽기 활동에 적극적으로 참여할 수 있다는 점 외에도 학생들의 개인차를 더욱 자세하게 파악할 수 있으며, 학생들 간의 상호작용을 촉진할 수 있다는 장점이 있다(이재승, 2009). 이러한 특성은 스마트 기기를 통해 더욱 활성화될 수 있을 것이다. 스마트 기기를 통해 개인별 활동에 대해 동료 학생과 교사가 쉽게 접근하여 피드백을 할 수 있기 때문이다. 과정 중심 읽기 모형과 이 연구에서 개발한 라인 모형의 관계, 라인 모형의 각 단계별 상호작용 양상을 정리하면 [그림 2]와 같다.

라인(LINE) 모형은 '배경지식 활성화하기(Leading with scheme)', '연상하기(Imagining)', '기록하기(Noting)', '설명하기(Explaining)'의 머리글자를 따 이름 붙였는데, 원래의 의미에서도 일정한 과정에 따라 이루어지는 활동임을 연상할 수 있다.

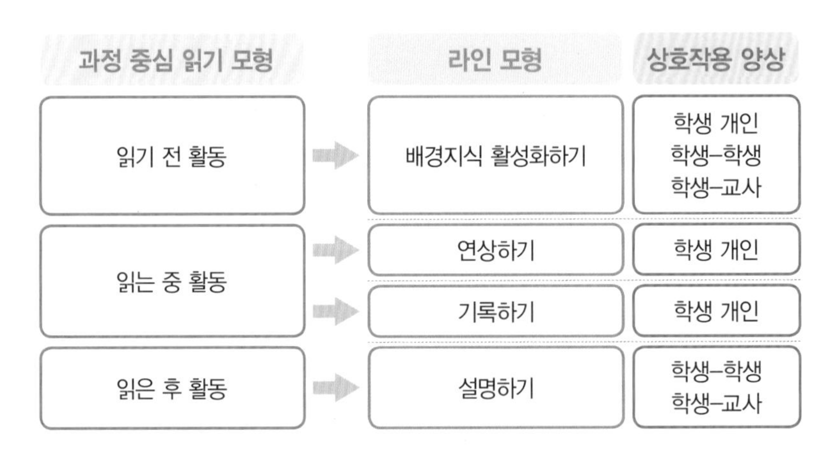

[그림 2] 라인 모형의 단계별 상호작용 양상

배경지식 활성화하기 단계는 '읽기 전' 활동이다. 이 단계에서 작품의 화제나 주제, 주요 개념에 대한 학생들의 배경지식을 조성하거나 활성화할 수 있다. 이를 위해 교사는 학생들에게 자신이 이미 알고 있는 지식이나 경험했던 일을 떠올려보고 스마트 기기를 활용하여 필요한 정보를 검색해보도록 안내한다. 이러한 활동들은 작품 속 사건과 인물에 대한 이해와 감상을 확장시키고, 문학 작품에 대한 심미적인 반응을 심화한다.

연상하기 단계와 기록하기 단계는 '읽는 중' 활동에 해당한다. 읽는 중 활동에서는 학습자와 작품 사이의 활발한 상호작용이 필요한데, 교사는 학생들에게 한 편의 작품을 집중하여 읽고 작품에 드러난 사건, 인물, 주제의식 등에 대해 반응하도록 해야 한다. 이 밖에도 학생이 흥미 있어 하고, 의미 있게 찾은 것들을 확인하는 활동이 필요하다. 연상하기 단계에서는 작품에 대한 반응을 활성화하기 위해 작품 내용과 관련된 이미지 떠올리기, 인물망 만들기 등의 활동을 한다.

기록하기 단계에서는 복식 기재 일지 쓰기, 인물 일지(Character Journals) 쓰기 등의 활동을 한다. 인물 일지 쓰기에서는 이야기 속 사건에 관한 느낌을 기록할 때 주인공의 목소리를 가정하여 기록한다. 이 활동을 통해 학생들은 인물의 행동, 동기, 감정을 이해하게 된다. 학생들의 개인적 기록은 주인공의 목소리와 구별하기 위해 괄호 안에 넣을 수 있다. 학생들은 인물의 관점과 자신의 관점에서 사건을 생각해봄으로써 자신의 가치와 이상에 대한 통찰을 얻을 수 있다. 학생들은 또 스마트 기기를 활용하여 시간에 얽매이지 않고 작품에 대한 감상, 인물에 대한 느낌, 자신이 읽은 다른 작품과 비교되는 내용, 이해가 어려웠던 장면 등 작품 감상과 관련된 내용들을 기록할 수 있다.

설명하기 단계는 '읽은 후' 활동이다. 읽은 후 활동은 학생의 읽기 행위뿐만 아니라 읽기에 대한 관점 형성에도 영향을 미친다. 이 단계에서는 책 광고 만들기 또는 책 추천하기, 인물이나 사건 지도 만들기, 줄거리를 그림으로 표현하기 등의 활동을 할 수 있다.

이 모형을 적용하기 위해 다음 성취 기준을 선정하였다.

문학 (5) 작품의 세계가 누구의 눈을 통해 전달되는지 파악하며 작품을 수용한다.

문학 작품은 대개 이야기 형식으로 독자에게 전달·제시되므로 문학 작품을 감상할 때는 서술자를 이해해야 한다. 문학 작품에 형상화된 세계가 누구의 눈을 통해 독자에게 전달되는지를 파악함으로써 작품의 구조적 특징을 이해하고, 작품을 깊이 있게 수용할 수 있다. 이러한 활동은 의사소통과 대인관계 능력을 신장하는 데 기여할 수 있다.

2. 사용되는 스마트 기술

도구명	활용 화면	활용 용도	대안 도구
스마트 패드		각종 애플리케이션(이하 '앱')을 이용하여 멀티 콘텐츠를 개별 학생들에게 제공할 수 있고, 학생은 작업한 결과를 학습자 계정의 클라우드 저장소를 이용하여 시공간의 제약 없이 접근할 수 있으며, 여러 사용자가 자료를 공유할 수 있다. 마인드맵 그리기, 카페나 블로그에 글 올리기 등에 활용할 수 있다.	스마트폰
클래스팅		교사와 학생들의 특성을 고려하여 교육 목적으로 만들어진 교육용 SNS다. 프로필 기능, 멘트 기능, 글의 분류, 클래스 활용, 알림장, 답글, 비밀상담방 등 멘토와 멘티의 인터페이스가 가능하다. 교사가 배포해야 할 학습 정보, 학습 자료, 알림장을 공유함으로써 실시간 소통이 가능하다.	페이스북, 네이버 밴드
OKmindmap		40명까지 실시간 협업이 가능하며, 웹에 게시할 수 있다. 트위터, 페이스북 등 SNS 서비스의 정보를 가져올 수 있으며, 매시업 서비스를 이용하여 구글 검색 내용을 직접 연결할 수 있다. 읽기 전 활동으로 배경지식을 활성화하기 위해 마인드맵을 그림으로써 제시어에 대한 브레인스토밍 활동을 할 수 있다.	Mind42
프레지		플래시 기반으로 제작된 프레젠테이션 도구로서 하나의 공간에 아이디어를 표현할 수 있다. 웹 기반의 지도처럼 줌인·줌아웃 방식으로, 학생들이 공동으로 프레젠테이션 자료를 제작할 수 있다.	

3. 교수·학습 과정안

1) 교수·학습 과정안 요약

학교급	중학교	학년	2학년	차시	2차시
교과	국어	대단원	2. 내가 말하는 소중한 사람	소단원	(2) 일가
학습 목표	작품 속의 세계를 전달하는 서술자를 파악할 수 있다. 시점과 주제를 파악하며 소설을 감상할 수 있다.				
스마트 활동	정보 검색, 실시간 기록, 프레젠테이션 자료 생성				
학습자 역량	의사소통, 대인관계 능력, 국제사회 문화 이해				
수업 진행	1단계 배경지식 활성화하기 → 2단계 연상하기 → 3단계 기록하기 → 4단계 설명하기				
준비물	교사	스마트 패드, 전자칠판, 스쿨박스, 앱			
	학생	스마트 패드, 앱			

2) 교수·학습 과정안

- 1차시: 배경지식 활성화하기 및 연상하기

수업 단계	교수·학습 활동		시간(분)	활용 도구
	교사	학생		
도입	학습 목표 제시 학습 동기 유발	학습 목표 인지 학습 동기 유발	5	
전개	배경지식 활성화 • '일가'의 사전적 의미를 설명하고 '일가'에 대한 의미 지도를 그리도록 안내한다.	배경지식 활성화하기 • 자신에게 '일가'가 갖는 의미를 생각해보고, 의미 지도를 그린다.	10	okmindmap

수업 단계	교사	학생	시간(분)	활용 도구
	■ OKmindmap ① 제시어에 대해 브레인스토밍을 하면서 마인드맵을 생성한다. ② 생성된 마인드맵을 이미지로 저장하거나 교사에게 발송한다. ③ 교사는 수합된 마인드맵 중 일부를 전자칠판에 띄워 피드백을 한다. • 웹에 접속하기가 어렵거나 스마트 기기가 갖추어지지 않은 경우에는 공책이나 별도의 용지를 이용하여 마인드맵을 그리도록 한다. 학생이 작성한 마인드맵을 교사가 사진으로 찍어 그 이미지를 전자칠판에 띄우도록 할 수도 있다.			
	작가 및 작품 소개 연상하기 안내 • 모둠 내에서 각 등장인물을 나누어 맡도록 한 후, 작품을 읽으며 마인드맵 형식으로 각자 맡은 등장인물의 특성을 정리하도록 한다.	작품에 대한 기본지식 이해 연상하기 • 인물망 작성을 위해 역할을 분담한다. • 작품을 읽으며 자신이 맡은 인물에 대한 인물망을 작성한다.	25	프레젠테이션, 스마트 패드, OKmindmap
	■ OKmindmap을 활용한 마인드맵 그리기 ① 모둠장이 '일가'를 핵심어로 마인드맵 창을 연다. ② 모둠 내에서 각자 역할을 나누어 '나(한희창)', '어머니', '아버지', '아저씨'의 노드를 생성하여 인물망을 작성한다. ③ 각 노드마다 색을 다르게 하여 다른 인물과 구별한다. ④ 그림으로 묘사할 경우, 각자 맡은 인물을 그린 후 스마트 패드로 찍어서 마인드맵에 이미지로 삽입한다.			
	발표 지도 및 피드백 • 모둠별로 작성된 인물망을 카페에 올리도록 한다. • 모둠별 인물망을 전자칠판에 띄운 후 활동 과정 및 결과에 대한 피드백을 한다.	인물망 확인하기 • 자기 모둠과 다른 모둠에서 작성된 인물망을 확인한다.		전자칠판
정리	차시 예고		5	

활용 도구 스마트 패드 스마트폰 전자칠판

활용 앱 프레젠테이션 OKmindmap

● 2차시: 기록하기 및 설명하기

수업 단계	교수·학습 활동		시간(분)	활용 도구
	교사	학생		
도입	학습 목표 제시 전시 학습 환기	학습 목표 인지 전시 학습 확인	5	프레젠테이션

<table>
<tr><td rowspan="3">전개</td><td>인물 일지 쓰기 안내
• 1차시와 다른 등장인물을 택하여 인물 일지를 작성하도록 한다.
• 모둠 내에서 등장인물의 감정과 상황이 가장 잘 드러난 일지를 선정하도록 한다.
• 모둠별로 선정된 우수작은 스마트 패드로 입력한 후 카페에 올리도록 한다.</td><td>인물 일지 쓰기
• 각자 학습지에 인물 일지를 작성한다.
• 모둠 내에서 작성된 인물 일지를 돌려 읽고 우수작을 선정한다.</td><td rowspan="2">20</td><td rowspan="2">[스마트 패드 아이콘] [네이버 카페 아이콘]</td></tr>
<tr><td colspan="2">■ 인터넷 카페
① 교사는 카페를 개설한 후 학급별 폴더를 생성한다.
② 학생들이 학번과 실명(예: 0220고남순)으로 카페에 가입하도록 한다.
③ 각자 학습지에 작성한 후 모둠별 우수작을 선정하거나, 모둠에서 협의하면서 스마트 패드로 일지를 작성하여 카페에 바로 올릴 수도 있다.
④ 활동 결과물이 게시되면 그 글에 대한 자신의 생각이나 느낌, 질문 등을 댓글로 달도록 할 수도 있다.

• 학습지에 작성된 내용을 스마트 패드로 찍어서 올릴 수도 있다. 그러나 식별이 어려울 수도 있으므로 이러한 경우에는 진한 필기구를 사용하도록 하는 등 별도의 안내가 필요하다.
• 인물 일지를 학습지에 작성하거나 스마트 패드를 이용하여 구글 드라이브에 올리도록 할 수도 있다. 또는 자신이 맡은 인물에 대한 가상 페이스북을 작성하고, 다른 인물의 페이스북에 댓글(자신이 맡은 인물이 쓰는 것처럼)을 달도록 할 수도 있다.</td></tr>
<tr><td>발표 지도
• 모둠별 우수작을 전자칠판에 띄운 후 발표하도록 한다.
• 발표 내용 및 학생 활동 과정에 대해 적절한 피드백을 한다.

시점의 특성과 역할 설명하기
• '나(한희창)'의 인물 일지와 '어머니', '아버지', '아저씨'의 인물 일지를 비교하며 시점의 효과를 이해할 수 있도록 설명한다.

읽기 후 활동 안내
• 인물에 대한 감상을 중심으로 인물 지도를 작성하도록 안내한다.</td><td>발표하기
• 모둠별로 발표한다.

시점의 특성과 역할 이해하기
• 시점의 종류와 효과를 정리한다.

인물 지도 만들기
• 인물에 대한 자신의 감상을 중심으로 인물 지도를 작성한다.</td><td>17</td><td>[전자칠판 아이콘] [프레젠테이션 아이콘]</td></tr>
<tr><td>정리</td><td>차시 예고</td><td></td><td>3</td><td></td></tr>
</table>

활용 도구 스마트 패드 전자칠판

활용 앱 프레젠테이션 네이버 카페

3) 교수·학습의 고려사항 및 유의점

(1) 교수·학습 내용상의 고려사항

- 소설의 시점에 대한 이론 중심의 학습이 이루어지지 않도록 유의한다.
- 개별 작품에서 말하는 이의 특징과 효과를 말할 수 있도록 지도한다.

(2) 교수·학습 방법상의 고려사항

- 일지를 이용할 때는 의사소통을 강조하는 것이 중요하므로 철자, 구두점, 구문을 교정하는 것을 너무 강조하지는 않도록 한다. 대신 학생이 기록한 내용에 반응하면서 감상 내용을 구체적으로 정리할 수 있도록 지도한다.
- 인물 일지 외에 복식 기재 일지를 작성하는 활동을 할 수도 있다. 스마트 기기가 없을 경우 다음과 같은 방식으로 활동하도록 안내한다.
  ① 작품에 대한 감상을 구체적으로 정리하도록 하기 위해 공책의 한가운데에 세로선을 긋도록 한다.
  ② 공책의 왼쪽 칸에는 흥미 있는 정보를 요약하여 정리하거나 자신에게 의미 있는 문장이나 단락을 골라 옮겨 적고, 쪽 번호도 기록한다.
  ③ ②의 오른쪽 칸에는 해당 지문에 대한 생각이나 느낌 등을 적는다.

(3) 스마트 기기 활용 방법 및 유의점

네이버 카페

- 교사가 수업 참여 상황을 잘 파악할 수 있도록 수업과 관련된 카페에는 학번과 실명으로 가입하도록 지도한다.
- 카페에 글을 올릴 때에는 상대방을 배려하고 존중하는 언어를 사용하도록 지도한다.

OKmindmap

- 모둠장이 마인드맵을 만든 후 모둠의 그룹을 생성하여 모둠원들을 등록한다.
- 그룹은 비밀번호 입력이나 승인 후 가입하는 방식으로 한다.
- 협력하여 마인드맵을 작성하는 경우 노드별로 역할 분담을 하게 하고, 다른 친구가 맡은 노드의 내용을 보충하거나 수정할 때에는 글자색을 다르게 하여 작성하는 등의 규칙을 세우는 것이 효과적이다.
- 익스플로러의 경우 로딩 속도가 느려 수업을 진행하는 데 어려움이 있을 수 있으므로, 크롬이나 파이어폭스 등 용량이 작고 빠른 프로그램을 이용하는 방안을 고려해볼 수도 있다.
- 구체적인 실행 방법은 다음과 같다.

① 상단 좌측 메뉴바에서 '기본기능 > 맵 > 새마인드맵'을 클릭한 후 제목을 입력하고, '만들기'를 클릭한다.

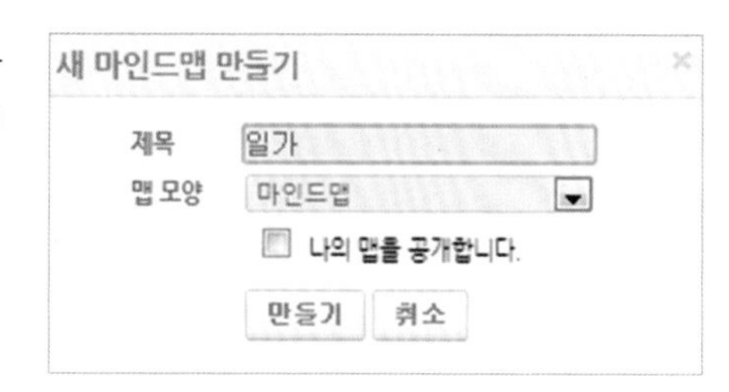

② 마인드맵 제목으로 노드가 생성된다. 노드 위에서 마우스 오른쪽 버튼을 클릭하면 메뉴창이 뜬다.

〈**마디 만들기, 지우기, 수정하기, 옮기기**〉

㉠ 마디 만들기: 마디를 선택하고 'insert' 또는 'tab'을 누르면 자식 마디가 생긴다.

㉡ 빈칸에 내용을 입력하고 'enter'를 누른다.

㉢ 마디를 선택하고 'enter'를 누르면 형제 마디가 생긴다.

㉣ 빈칸에 내용을 입력하고 'enter'를 누른다.

㉤ 마디를 두 번 클릭하거나 선택된 상태에서 'F2'를 누르면 마디의 내용을 변경할 수 있다.

㉥ 마디 위에 마우스를 놓고 누른 후 끌어서 다른 장소로 이동할 수 있다.

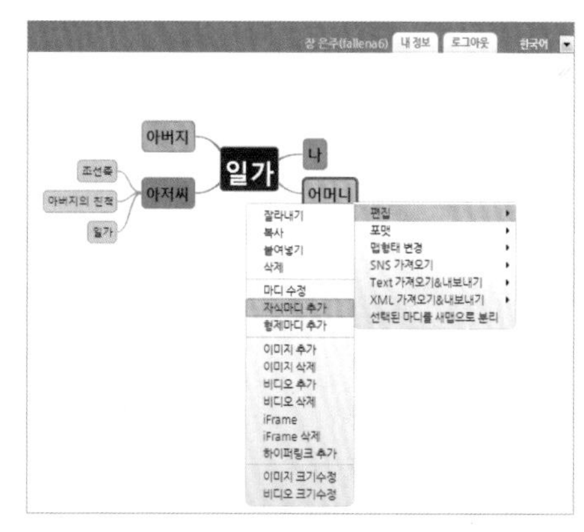

③ 모둠원과 맵을 공유하기 위해 메뉴바에서 '변환과 공유 > 맵 공유 > 그룹관리'를 클릭한다.

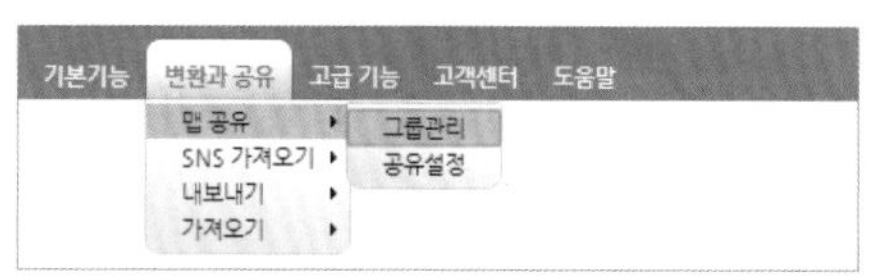

④ 마인드맵을 공유할 때 '보기'만 설정할 경우 그룹 내 다른 사람들은 현재 상태와 변화(타임라인) 내용만 확인할 수 있다. 협업을 위해서는 '보기'와 '수정' 모두 클릭한다.

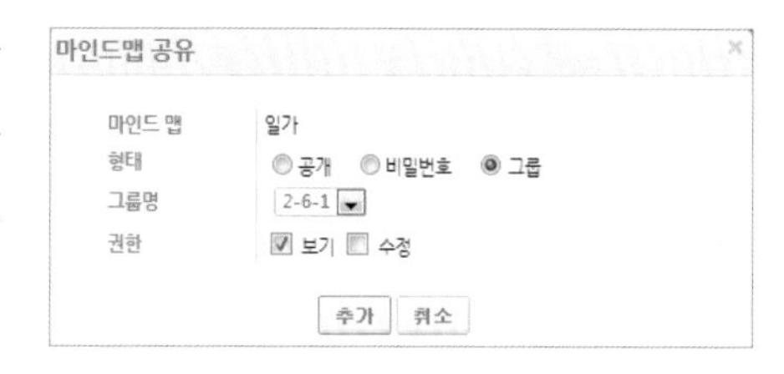

⑤ 이름이나 아이디를 검색하여 모둠원을 추가한다.

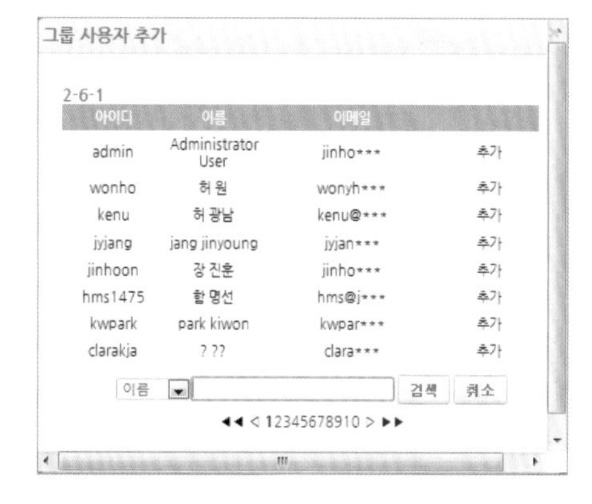
그룹 사용자 추가

2-6-1

아이디	이름	이메일	
admin	Administrator User	jinho***	추가
wonho	허 원	wonyh***	추가
kenu	허 광남	kenu@***	추가
jyjang	jang jinyoung	jyjan***	추가
jinhoon	장 진훈	jinho***	추가
hms1475	함 명선	hms@j***	추가
kwpark	park kiwon	kwpar***	추가
clarakja	? ??	clara***	추가

이름 검색 취소

◀◀ < 12345678910 > ▶▶

⑥ 모둠원이 OKmindmap을 실행한 후 '그룹공유맵'에서 모둠의 맵을 클릭한다.

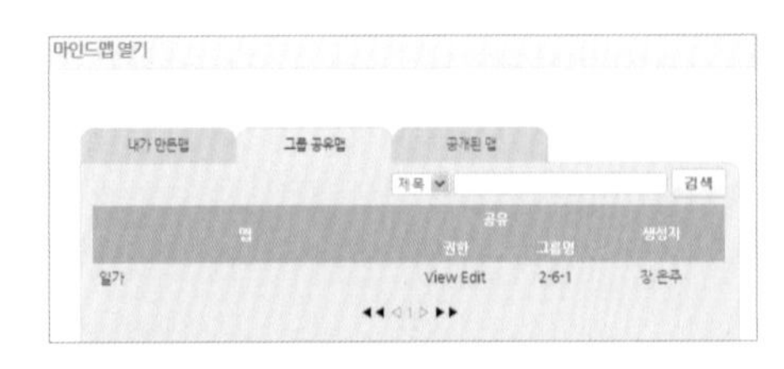

⑦ 모둠원이 맵을 열면 함께 맵을 편집하거나 우측 하단의 채팅창을 열어 토의를 할 수도 있다.

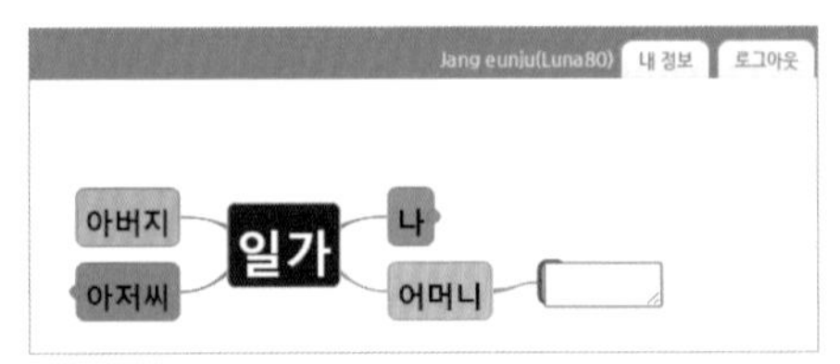

4) 교수·학습 자료

(1) 평가 기준(문학)

평가 범주		수행 내용	배점	평가 근거
참여도	상	학습하기 위하여 동료들과 의견을 나눈 댓글이 10개 이상이다.	30	댓글 개수
	중	학습하기 위하여 동료들과 의견을 나눈 댓글이 5개 이상, 9개 이하다.		
	하	학습하기 위하여 동료들과 의견을 나눈 댓글이 4개 이하다.		
내용 이해	상	등장인물의 성격과 상황에 따른 등장인물의 심리 변화를 파악한다. 시점의 개념과 종류, 시점 변화에 따른 효과를 이해한다.	40	학습지
	중	등장인물의 성격 또는 심리 변화를 파악한다. 시점의 개념과 종류를 이해한다.		
	하	등장인물의 특징을 파악하는 데 미흡하다. 시점에 대한 이해가 부족하다.		
인물 심리 표현	상	등장인물의 감정과 상황이 잘 드러나도록 인물 일지를 작성한다. 등장인물의 성격에 맞는 이미지나 이모티콘, 스티커 등을 적절하게 활용한다.	30	(등장인물에 대한) 가상 페이스북 또는 인물 일지
	중	등장인물의 감정이나 상황이 드러나도록 인물 일지를 작성한다. 등장인물의 성격에 맞는 이미지나 이모티콘, 스티커 등을 활용한다.		
	하	등장인물 일지에 인물의 감정이나 상황이 잘 드러나지 않는다.		
			100	

(2) 웹사이트 리스트

- OKmindmap www.okmindmap.com
- 마인드맵42 mind42.com

(3) 학습지

국어	2. 내가 말하는 소중한 사람 (2) 일가(一家)	2학년 반 번 이름:

〈미리 생각해보기〉

1. '일가'에 대해 생각나는 대로 적어보자.

〈인물망 만들기〉

2. 자신이 선택한 인물에 ∨표를 한 후, 그 인물에 대한 인물망을 만들어보자.
(모둠원들이 가급적이면 각자 다른 인물을 선택하도록 한다.)

□ 나 □ 어머니 □ 아버지 □ 아저씨

3. 자신이 읽었던 다른 작품이나 주변 인물 중 위 인물과 비슷한 인물이 있는가? 있다면 그 이유는 무엇인지 정리해보자.

〈작품의 구성 단계〉

발단	미옥이에게 편지를 받음 '일가'라는 아저씨가 집으로 찾아옴
전개	아저씨의 이야기를 듣느라 '나'는 편지를 읽어보지 못함 아저씨는 좋은 느낌을 주지 못함
위기	아저씨는 떠나지 않고, 일꾼처럼 일하며 눌러살 기색을 보임 엄마는 미옥이의 편지 압수 사건으로 아버지와 싸움을 함
절정	부부 싸움 끝에 엄마가 집을 나감 아저씨는 자신 때문에 엄마가 집을 나간 것이라며 아버지에게 미안해 함
결말	아저씨가 떠나고 '나'는 아저씨 생각에 눈물을 흘림

〈인물 일지 쓰기〉

4. 다음 중 한 인물을 골라 인물의 상황과 감정이 잘 드러나도록 그 인물의 일기를 써보자. (인물망 작성 시 선택했던 인물은 제외한다.)

☐ 나 ☐ 어머니 ☐ 아버지 ☐ 아저씨

쪽수	상황 요약	~의 일기

03 스마트 모델 2: 모드 모형

1. 교수·학습 모형 설명

이 모형은 탐구 학습을 바탕으로, 스마트 기기를 활용하여 국어에 대한 이해를 신장시키기 위해 구안되었다. 국어과에서는 김광해(1992)를 시작으로 문법 영역에서 탐구 학습에 대한 논의가 이루어졌다. 문법이라고 하면 문법 지식에 관한 주입과 암기를 강조해왔기 때문에 교수·학습 방법에 관한 특별한 반성이나 검토가 부족했다. 김광해(1992, 1995) 등의 연구와 문법 수업에서 탐구 학습을 사용해야 한다는 교육과정상의 지침에도 불구하고, 실제로 수업에서 탐구 학습은 제대로 이루어지지 않고 있다(이관규, 2001). 많은 교사가 탐구 학습의 필요성을 인식하고 있더라도 학급당 인원 수, 수업 시간의 제약 등에서 현실적인 어려움이 있을 뿐만 아니라, 교과서에 탐구 학습에 대한 언급이 충실하지 않고, 탐구 학습을 하는 데에 많은 시간과 노력이 필요하기 때문이다.

그러나 실제 언어 자료를 사용하여 자기주도적으로 규칙을 도출하고 일반화시키는 경험은 국어 전반에 대한 관심 및 학습에 대한 관심을 높일 것으로 기대할 수 있다. 학생 스스로 규칙을 도출하는 귀납적인 교수·학습 과정을 제공하되 수업 목표에 수월하게 도달하기 위해서는 개념 획득 모형을 적용할 수도 있다. 개념 획득 모형은 어떤 개념을 설명하기 위해 실례와 비실례를 사용하는데, 교사와 학생 간, 그리고 학생 간 상호작용에 중점을 둔다(Eggen & kauchak, 2001). 조창규(2012)에 따르면 탐구 학습 모형은 시간과 노력이 많이 들고 특정한 지식이나 기능을 명시적으로 가르치는 데 어려움이 있지만, 개념 획득 모형은 그 절차나 과정, 효과는 탐구 학습 모형과 비슷하면서도 학생들이 더 쉽게 학습할 수 있다. 즉, 교사가 잘 구성된 예시를 제시한 후 이를 통해 학생들이 가설을 설정하고 교사가 제공하는 다른 예시를 기반으로 가설을 검증하고 일반화하는 과정을 통해 보다 쉽게 문법적 지식을 탐구할 수 있다. 이러한 탐구 학습을 실현하기 위해 스마트 기기를 활용한다면, 시간과 공간의 제약을 극복하고, 학습 내용을 깊이 있게 이해하도록 할 수 있다. 특히, 탐구 학습을 하기 위해서는 학생들이 자유롭게 생각하고 발표하는 것이 중요하다. 스마트 기기의 활용은 학생과 학생, 교사와 학생 사이에서 활발한 의사소통을 촉진함으로써 탐구 학습을 위한 학습 환경을 조성하여 학습자들이 언어 지식을 만들어가는 과정을 체험하는 데 기여할 것이다.

탐구 학습 과정과 이 연구에서 개발한 모드 모형의 관계, 모드 모형의 각 단계별 상호작용 양상을 정리하면 [그림 3]과 같다.

[그림 3] **모드 모형의 각 단계별 상호작용 양상**

모드(MODE) 모형은 '가설 세우기(Making a hypothesis)', '근거 찾기(Obtaining supporting evidence to answer)', '발견하기(Discovering)', '검토하기(Evaluating)'의 머리글자를 따 이름 붙였는데, '모드'란 특정한 작업을 할 수 있는 상태를 의미하는 용어로 그 의미에서도 의사소통 및 지식 형성을 촉진하기 위한 스마트 환경을 연상할 수 있다.

모드 모형의 첫 번째 단계인 가설 세우기 단계에서는 탐구 분위기를 조성하고, 관련된 지식이나 개념을 확인한다. 이를 위해 교사는 동기 유발을 목적으로 하여 학습 내용과 관련된 질문을 제시한다. 스마트 기기를 활용한 의사소통 상황에서 학생들은 구어로 이루어지는 의사소통 상황에 비해 각자 생각을 숙고할 시간을 얻을 수 있다. 또한 가설을 세우는 과정에서 학생들은 서로 협력할 수 있고 다른 학생들이 제시한 다양한 가설을 공유하고 기록할 수 있다.

근거 찾기 단계에서는 가설을 검증하기 위한 자료들을 수집하여 각 자료들을 검토하는 활동을 한다. 스마트 기기의 활용은 학생들이 시간과 공간에 구애 없이 일상생활에서 다양한 자료들을 수집하도록 돕는다.

발견하기 단계에서는 공통된 규칙과 예외적인 사실을 정리하고 결론을 도출한다.

검토하기 단계에서는 활동 결과를 발표하고, 가설을 세우고 문제를 해결하는 과정에 대한 소감을 정리한다.

이 모형을 적용하기 위해 다음 성취 기준을 선정하였다.

문법 (4) 음운 변동의 규칙성을 탐구하고 자연스러운 발음의 원리를 이해한다.

이 성취 기준에서 제시한 음운의 변동은 '표준어 규정'의 '표준 발음법'과 깊은 관련을 맺고 있다. 음운의 변동 중 허용되는 것만을 규범화한 것이 표준 발음법이기 때문이다. 맞춤법이나 표준 발음법에 어긋난 표기와 발음 등 구체적인 사례를 바탕으로 음운 변동을 탐구하는 활동을 통해 학생들은 언어 지식을 구성하는 경험을 할 수 있다. 스마트 기기를 활용하여 일상생활에서의 다양한 형태의 언어 자료를 수집하고, 이들 자료에서 나타나는 규칙을 파악함으로써 음운 변동의 원리를 이해할 수 있다. 음운 변동을 탐구하여 발견한 지식은 자연스럽게 표준 발음법에 대한 이해와 실천으로 연결할 수 있다. 이러한 활동은 의사소통, 문제 해결력, 정보 처리 능력을 신장하는 데 기여할 수 있다.

2. 사용되는 스마트 기술

도구명	활용 화면	활용 용도	대안 도구
스마트 패드		각종 앱을 이용하여 멀티 콘텐츠를 개별 학생들에게 제공할 수 있고, 학생은 작업한 결과를 학습자 계정의 클라우드 저장소를 이용하여 시공간의 제약 없이 접근할 수 있으며, 여러 사용자가 자료를 공유할 수 있다. 인터넷 검색을 통해 자료를 수집하고 학습 내용을 공유하는 데 활용할 수 있다.	스마트폰
클래스팅		스마트폰, 스마트 패드, 컴퓨터 등에서 공유가 가능하므로 글을 올리고 공유하기가 용이하다. 특히 지정된 그룹 내에서만 자료를 공유할 수 있으며 멘트와 관련한 알림 기능을 설정할 수도 있다. 교사가 수업 전에 동기 유발 자료를 제공하여 학습 흥미를 유발하고 차시 과제를 제공하는 데 활용할 수 있다.	트위터, 페이스북
구글 드라이브		설정된 집단 내에서 사진, 파일, 동영상 등을 공유하고, 투표를 실시할 수 있다. 모둠별로 각 음운의 변동에 대해 탐구를 하면서 음운 변동 현상이 나타나는 단어들을 찾아 정리하고 공유하는 데 활용할 수 있다.	에버노트, 학습지
VoiceThread	Back 2013년 2월 7일 Edit 2013년 2월 7일 Share Bookmark Vote About this VoiceThread (no description) Create Search Home Updates Account	문자, 오디오 파일 업로드가 가능하며 게시된 자료에 대한 코멘트를 남길 수 있는 슬라이드 저작 도구다. 웹상에서 제작하며, Moderation을 설정하면 개별 학생에 대한 평가도 가능하다. 제시된 단어나 구절을 직접 녹음하여 공유하는 데 활용할 수 있다. 음운 현상에 대해 탐구한 결과를 녹음하도록 할 수도 있다.	윈도우 녹음기, 네이버 밴드

3. 교수·학습 과정안

1) 교수·학습 과정안 요약

학교급	중학교	학년	2학년	차시	2차시
교과	국어	대단원	6. 우리말이 있는 풍경	소단원	(1) 음운의 변동
학습 목표	음운 변동의 규칙을 탐구하여 국어 발음의 원리를 이해할 수 있다. 표준 발음의 중요성을 알고 올바른 발음으로 말할 수 있다.				
스마트 활동	자료 검색 및 공유, 음성 파일 생성 및 공유				
학습자 역량	의사소통, 문제 해결력, 정보 처리 능력				
수업 진행	준비: 과제 선택 → 1단계 가설 세우기 → 2단계 근거 찾기 → 3단계 발견하기 → 4단계 검토하기 → 정리: 탐구 결과 공유 ㉠ 음절의 끝소리 규칙 ㉡ 구개음화 ㉢ 자음동화 ㉣ 된소리되기 ㉤ 음운의 축약 ㉥ 음운의 탈락 발표 및 공유				
준비물	교사	전자칠판, 스마트 패드, 전자 교과서			
	학생	스마트 패드, 전자 교과서			

2) 교수·학습 과정안

● 도입

수업 단계	교수·학습 활동		시간 (분)	활용 도구
	교사	학생		
도입	학습 목표 제시 전시 학습 확인 • 이전 학년에서 학습했던 '음운'의 개념을 상기시킨다. 학습 동기 유발	학습 목표 인지 주요 개념 환기 • 말의 뜻을 구별해주는 소리의 가장 작은 단위 학습 동기 유발	10	

받아쓰기를 틀린 예(이미지), 잘못 발음한 예(동영상/음성)를 제시한다.

클래스팅

① 교사는 사전에 음운의 변동과 관련된 이미지나 동영상 등의 자료를 첨부하여 글을 올린다.

② 학생들이 교사의 글을 읽고 첨부 자료에 대한 다양한 생각들(잘못된 부분이 무엇인지, 어떻게 수정해야 하는지, 궁금한 점은 무엇인지 등)을 답글로 남긴다.

③ ①, ②를 활용하여 '음운의 변동'에 대한 학습 동기를 유발한다.

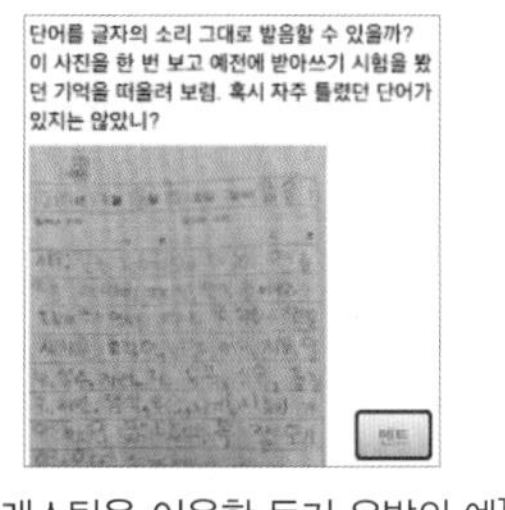

[클래스팅을 이용한 동기 유발의 예]

활용 도구 전자칠판

활용 앱 프레젠테이션 클래스팅

● 전개

수업 단계	교수·학습 활동		시간(분)	활용 도구
	교사	학생		
가설 세우기	탐구 과제 선택 • 모둠별로 여섯 개의 그림 중 하나를 골라 그 음운의 변동에 대해 탐구하도록 한다.	탐구 과제 선택 ㉠ 음절의 끝소리 규칙 ㉡ 구개음화 ㉢ 자음동화 ㉣ 된소리되기 ㉤ 음운의 축약 ㉥ 음운의 탈락	10	프레젠테이션
	• 학생들이 기초 개념에 대한 이해가 부족하거나 복습이 필요한 경우, 교사는 카페나 블로그, 클라우드 등 이전 학습 자료가 저장된 곳을 안내하여 학생들이 참고할 수 있도록 한다. • 탐구 과제(음운의 변동)는 총 6개로 모둠별로 각각 하나의 탐구 과제를 선택하도록 하거나 모둠 내에서 각자 서로 다른 탐구 과제를 선택하여 학습한 후 모둠에서 설명하도록 할 수 있다. 상황에 따라 '음절의 끝소리 규칙'과 '자음동화', '음운의 축약'과 '음운의 탈락'을 통합하여 학습하도록 할 수도 있고, 교사가 하나의 탐구 과제를 학습하는 과정을 시범 보인 후 나머지 다섯 과제를 학생들이 탐구하도록 제시할 수도 있다.			
	문제 분석 및 확인하기 • 모둠별로 맡은 음운의 변동은 무엇인지, 어떤 가설을 세웠는지 발표하도록 한다(모둠별 과제와 가설을 칠판에 적는다).	문제 분석 및 확인하기		
	활동 1: 제시된 자료들을 바탕으로 하여 가설을 세워봅시다. 음운의 변동이 어떻게 일어나는지 한 문장으로 정리합니다.			
	㉠ 제시된 단어를 발음해보고, 조사를 붙여 발음해보도록 한 후 음절 끝에서 발음되는 소리들의 특징을 써보도록 한다. ㉡ 두 영상에서 서로 다르게 발음한 단어를 찾아보고, 구개음이 발음되는 경우를 써보도록 한다(대본 보기).	㉠ [받, 옫, 낟, 낟], [바치, 오시, 나치, 낮이] ㉡ (가): [터빠테], [가치] (나): [터빠체], [가티]		

	ⓒ 학생이 말하는 단어를 써보고, 표기와 발음을 비교해보도록 한 후, 인접 자음에 따라 어떤 자음이 바뀌는지 써보도록 한다. ⓓ 대화를 듣고 된소리로 발음된 단어를 써보고, 된소리로 발음되는 상황을 써보도록 한다. ⓔ 두 음운이 합쳐져 거센소리로 발음된 단어를 찾아보고, 거센소리로 발음되는 상황을 써보도록 한다. ⓕ 용언의 활용에서 탈락한 음운을 찾아보고, 어떤 상황에서 음운이 탈락하는지 써보도록 한다.	ⓒ 국물[궁물], 짓는[진는], 밥물[밤물], 담력[담녁], 신라[실라], 칼날[칼랄] ⓓ 눈살[눈쌀], 버스[뻐쓰](과도하게 된소리로 발음한 예) ⓔ 놓고[노코] ⓕ '나았어(낫(다)'의 'ㅅ' 탈락) '담가둔(담그(다)+두(다)'의 'ㅡ' 탈락)		
근거 찾기	활동 2: 제시된 단어들을 발음해보고, 어떤 음운이 달라지는지 생각해봅시다. 인터넷 검색을 통해 자료를 찾아 학습지에 정리합니다.		25	
	근거 찾기 ㉠ 종성이 같은 단어끼리 묶은 후 제시된 단어의 발음을 써보고, 종성이 같은 단어를 더 찾아보도록 안내한다. ㉡ 구개음으로 발음되는 예를 찾도록 한다. '밭이', '같이'와 음운 환경이 유사한 단어를 찾아보도록 한다. ㉢㉣㉤㉥ 제시된 단어들의 발음을 써보고, 음운 환경이 비슷한 단어들을 더 찾아보도록 한다.	근거 찾기 • 제시된 단어들을 발음해보도록 한다. • 국어사전 앱을 이용하여 필요한 단어를 검색하고 발음을 확인하며 자료를 수집한다.		
	■ 스마트 패드 표준국어대사전이나 한국어 발음 따라잡기 등의 사이트에 접속하거나 국어사전 앱을 이용하여 다양한 단어 및 정확한 발음을 검색하도록 한다.			
발견하기	활동 3: 수집된 자료들에서 어떤 공통점이 있는지 생각해봅시다. 그 공통점을 바탕으로 모둠에서 맡은 음운의 변동은 어떤 규칙이 있는지 학습지에 정리합니다.		20	
	수집된 자료 정리 ㉠ 받침이 있는 단어들을 찾고, 뒤에 '-이', '-은', '과', '도' 등 형식형태소나 '안', '아래' 등 실질형태소를 붙여서 발음해보도록 한다. 겹받침인 경우, 발음되는 자음들 간의 공통점을 찾도록 안내한다('옷'과 같이 'ㅅ' 받침인 경우, '옷이[오시]'와 '옷안[옫+안→오단]'을 비교해본다). ㉡ 제시된 예문에서 구개음화가 일어난 부분을 찾고, '꽃이'의 경우 왜 구개음화가 아닌지 생각해보도록 한다. 발음기관과 모음사각도를 참고하여 구개음화가 일어나는 이유가 무엇인지 추론한다.	수집된 자료 정리 • 스마트 패드를 이용하여 학습지(구글 문서)에 접속하여 학습지 내용을 작성한다(규칙을 도출하기 위한 토의 과정은 네이버 밴드나 카카오톡 등을 이용하도록 할 수도 있다). • 스마트 패드가 모둠별로 한 대일 경우에는 스마트 패드를 검색용으로 활용하고, 학습지는 유인물로 배부한 후 작성하도록 한다. • 예외적인 현상이 있는 경우 또는 교사가 예외적인 현상을 제시한 경우에는 가설 및 규칙과 비교하여 별도로 정리하도록 한다.		

	ⓒ 방향(순행, 역행, 상호)과 정도(완전, 불완전)에 따라 분류하도록 안내한다. '생산량, 상견례, 입원료' 등 실제 발음을 고려하여 'ㄹ'을 [ㄴ]으로 발음한 경우를 별도로 정리하도록 한다. ⓓ 예사소리가 이어나는 경우, 울림소리에 예사소리가 이어나는 경우를 구분하여 정리하도록 한다. 이 외에 불필요하게 된소리로 발음하는 예를 찾아보도록 할 수도 있다. ⓔ 거센소리되기의 예를 정리한 후, 모음이 축약되는 구체적인 예를 찾아 유형화하도록 안내한다([똥그라미], [꼬추]는 표준발음에 맞을까? 이렇게 된소리로 발음하는 이유는 무엇일까?). ⓕ 어간과 어미의 개념을 설명한 후 용언을 활용한 예를 들어보도록 한다. 원형대로 발음한 것과 축약하여 발음한 것을 비교하여 발음의 편이를 위해 축약이 일어남을 이해할 수 있도록 한다('흔치, 부삽, 며느님'은 어떤 음운이 탈락한 것일까?).			
검토하기	탐구한 내용 정리 안내 • 표준발음법을 찾아보고, 탐구한 내용과 비교해봅시다. ㉠ 8-11항 ㉡ 17항 ㉢ 18-20항 ㉣ 23-28항 ㉤ 12, 29항 ㉥ (해당항목 없음) • 탐구한 내용들을 정리해봅니다. 다른 모둠에서도 충분히 이해할 수 있도록 음운 변동의 예와 원리를 정리해봅니다.	탐구한 내용 정리 • 표준발음법 확인 • 탐구 과정을 정리(17쪽)한다. 탐구 주제(음운의 변동), 예측한 내용(가설), 수집한 근거, 정리한 규칙, 소감 • 정리한 내용을 구글 드라이브에 올린다.	20	

활용 도구 스마트 패드 컴퓨터 활용 앱 동영상 프레젠테이션 구글 드라이브 국어사전

● 정리

수업 단계	교수·학습 활동		시간 (분)	활용 도구
	교사	학생		
정리	차시 예고 • 모둠별 탐구 과정 및 결과 발표 과제 제시 • 제시된 예문을 소리 내어 읽고 녹음하여 웹 게시판에 올리기·녹음 자료를 듣고 댓글(잘못된 부분, 음운 변동 현상의 종류 등) 달기	과제 이해	5	

활용 도구 전자칠판 활용 앱 클래스팅 VoiceThread

3) 교수·학습의 고려사항 및 유의점

(1) 교수·학습 내용상의 고려사항

- 이전 학년에서 학습한 '음운'의 개념을 환기하도록 한 후, 음운의 속성을 바탕으로 하여 음운 변동의 원리를 이해할 수 있도록 한다.
- 일상생활에서 사용하는 표현 중 표기법과 실제 발음이 다른 경우를 중심으로 사례를 찾아보도록 한다.
- 이 과정안은 활동의 연속성을 위해 블록수업으로 작성되었다. 수업 상황에 따라 2~3차시로 운영할 수도 있다.

(2) 교수·학습 방법상의 고려사항

- 교과서의 단원 구성 방식이 탐구 학습보다는 설명식 수업을 하기에 적합한 경우가 많으므로 탐구 학습을 유도할 수 있도록 교과서를 재구성할 필요가 있다.
- 학생들이 새로운 문제 제기를 할 경우, 간단한 것은 명확하게 대답을 해주고, 복잡한 것은 탐구 과제로 내주거나 다음 시간에 진행하는 것으로 한다.
- 교사는 탐구의 결과뿐만 아니라 탐구의 과정을 중요시하여, 학습자들이 탐구 과정에서 어떤 활동을 하는지 살펴보고, 각 과정에서 적절한 도움을 준다.
- 학생들이 자유롭게 질문을 하고 가설을 제시할 수 있는 환경을 만든다.

(3) 스마트 기기 활용 방법 및 유의점

VoiceThread

- 계정 생성 후 로그인하여 'Create'–'Upload from'을 클릭한다.

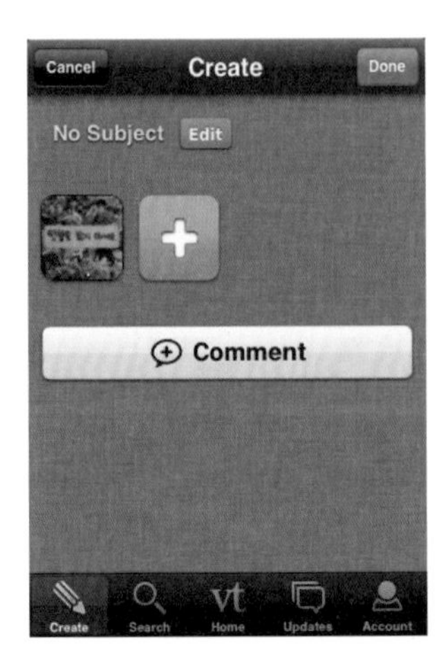

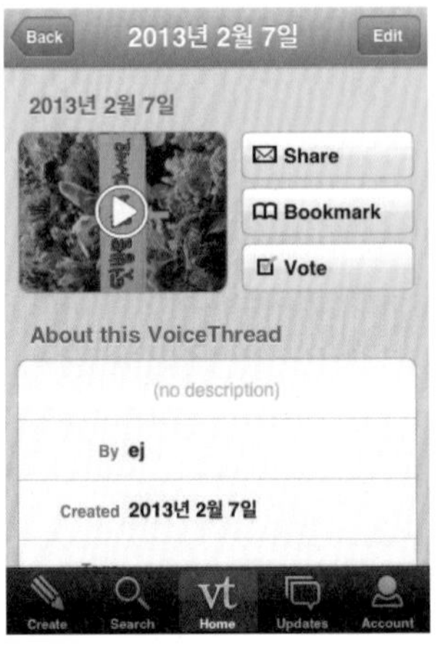

[그림 4] 스마트폰 활용 예시

[그림 5] **컴퓨터 활용 예시**

- 스마트폰을 이용하여 녹화하거나 이미지를 삽입한 후 녹음한다(컴퓨터일 경우, 웹캠을 이용하여 녹화하거나 'my computer'를 클릭해 이미지를 삽입한 후 녹음한다).
- 교사가 과제를 작성한 후 링크를 공지하여 학생들이 각자 과제를 수행하도록 한다.
- 학생들은 교사가 제공한 링크에 접속하여 로그인한 후 'Comment'를 클릭하여 과제를 수행한다.
  ① 적절한 성량으로 명확하게 발음할 수 있도록 지도한다.
  ② 말할 내용을 충분히 숙지한 후 영상을 녹화하도록 한다.

4) 교수·학습 자료

(1) 평가 기준(문법)

<table>
<tr><th>평가 범주</th><th colspan="2">수행 내용</th><th>배점</th><th>평가 근거</th></tr>
<tr><td rowspan="3">지식 구성</td><td>상</td><td>자료 검색을 통해 올바른 발음을 확인하고, 다양한 예시를 수집한다.
수집된 자료를 바탕으로 하여 문법 현상의 원리를 파악한다.
타당한 근거를 들어 가설을 수정하고, 탐구한 내용을 효과적으로 정리한다.</td><td rowspan="3">55</td><td rowspan="3">학습지</td></tr>
<tr><td>중</td><td>자료 검색을 통해 근거를 뒷받침할 자료를 수집한다.
수집된 자료를 바탕으로 하여 문법 현상의 원리를 이해한다.
가설을 적절하게 수정하며, 탐구한 내용을 성실하게 정리한다.</td></tr>
<tr><td>하</td><td>가설을 뒷받침할 근거를 수집하는 데 미흡하다.
제시된 자료의 특징을 잘 파악하지 못한다.
가설 수립·수정·정리가 미흡하다.</td></tr>
<tr><td rowspan="3">수행</td><td>상</td><td>제시된 자료를 표준발음법에 맞게 읽을 수 있으며, 일상생활에서도 올바른 발음을 할 수 있다.</td><td rowspan="3">30</td><td rowspan="3">녹음 자료</td></tr>
<tr><td>중</td><td>제시된 자료를 표준발음법에 맞게 읽을 수 있는 편이며, 일상생활에서도 올바르게 발음하기 위해 노력한다.</td></tr>
<tr><td>하</td><td>제시된 자료를 표준발음법에 맞게 읽는 데 어려움이 있으며, 올바른 발음의 필요성을 이해하지 못한다.</td></tr>
<tr><td rowspan="3">참여도</td><td>상</td><td>학습하기 위하여 동료들과 의견을 나눈 댓글이 10개 이상이다.</td><td rowspan="3">15</td><td rowspan="3">댓글 개수</td></tr>
<tr><td>중</td><td>학습하기 위하여 동료들과 의견을 나눈 댓글이 5개 이상, 9개 이하다.</td></tr>
<tr><td>하</td><td>학습하기 위하여 동료들과 의견을 나눈 댓글이 4개 이하다.</td></tr>
<tr><td colspan="3"></td><td>100</td><td></td></tr>
</table>

(2) 웹사이트 리스트

- 한국어발음따라잡기 korean.kbs.co.kr/speak
- 국립국어원 표준국어대사전 www.korean.go.kr
- VoiceThread voicethread.com

(3) 학습지

국어	6. 우리말이 있는 풍경 (1) 음운의 변동	2학년 반 번 이름:

〈가설 세우기〉

1. 영상에서 어떤 발음이 잘못되었는지 찾아보고, 바르게 고쳐보자.

	(가)	(나)
잘못된 발음		
올바른 발음		

2. 어떤 상황에서 구개음이 발음되는지 써보자.

( )

〈발견하기〉

3. 구개음화의 규칙을 정리해보고, 구개음화가 일어나는 이유는 무엇인지 설명해보자.

(1) 구개음화의 규칙을 정리해보자.

[ ] + [ ] → [ ]

[ ] + [ ] → [ ]

(2) 구개음화가 일어나는 이유는 무엇인지 정리해보자.

( )

(3) 다음 〈보기〉에서 구개음화가 일어나지 않는 이유를 정리해보자.

〈보기〉		
느티나무	잔디	텃밭에

( )

04 스마트 모델 3: 그룹 모형

1. 교수·학습 모형 설명

이 모형은 쓰기 워크숍을 바탕으로, 스마트 기기를 활용하여 쓰기 수행 능력을 신장시키기 위해 구안되었다. 쓰기 워크숍이란 학생으로 하여금 실제 필자가 되어, 교사와 동료 학생으로 이루어진 쓰기 공동체 내에서 필요 적절한 협의와 도움을 받으며, 과정으로서의 글쓰기를 이행하고 결과물로서의 작품을 발표해내는 일련의 활동을 통해 쓰기를 배우거나 쓰기 능력을 향상시키려는 쓰기 교수·학습의 한 방법이다(박영민 외, 2013; 황재웅, 2008).

쓰기 워크숍은 학생이 초고를 쓴 뒤 스스로 검토하고, 동료 학생이나 교사의 비평 혹은 조언을 종합하고 수정하여 글을 완성해가는 글쓰기 방식이다. 실제 독자를 고려하여 글을 쓰고, 출판의 과정을 거치면서 의사소통 능력을 향상시키고 글쓰기에 대한 흥미와 성취감을 제공할 수 있다는 장점이 있다. 이러한 특성은 스마트 기기를 통해 더욱 활성화될 수 있다. 쓰기 워크숍의 구성 요소와 이 연구에서 개발한 그룹 모형의 관계, 그룹 모형의 각 단계별 상호작용 양상을 정리하면 [그림 6]

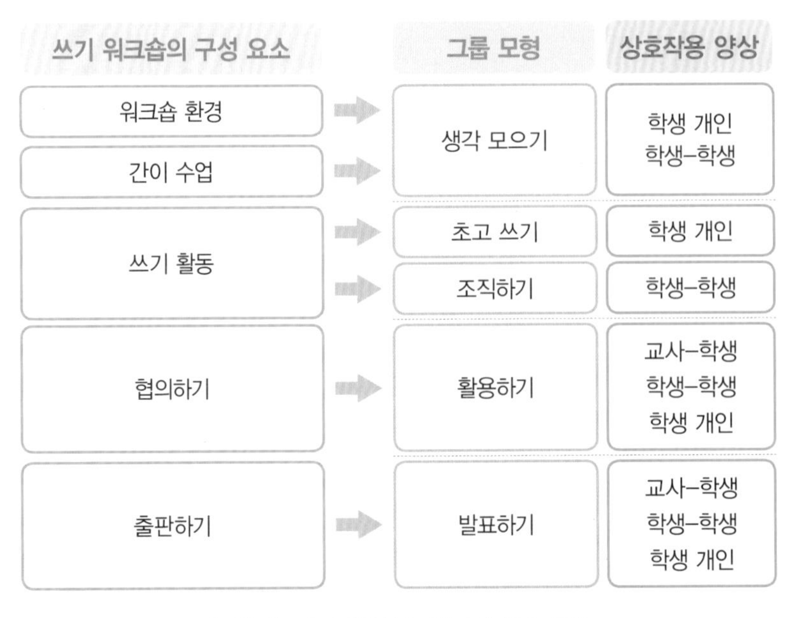

[그림 6] 그룹 모형의 단계별 상호작용 양상

과 같다.

그룹(GROUP) 모형은 '생각 모으기(Gathering)', '초고 쓰기(wRiting a draft)', '조직하기(Organizing)', '활용하기(Utilizing)', '발표하기(Presenting)'의 머리글자를 따 이름 붙였는데, 원래의 의미에서도 소집단 중심으로 이루어지는 활동임을 연상할 수 있다.

생각 모으기 단계에서는 화제와 관련된 자료를 탐색하는 활동을 한다. 이경화(2001)는 정보 탐색, 정보 검색, 웹 활동으로 나누어 국어 교육에서 인터넷을 활용하는 방안을 설명한 바 있다. 이 설명에 따르면, 교사는 학생들에게 특정 사이트를 제시하거나 학생들이 원하는 정보를 탐색하기 위한 계획을 세우고 탐색을 세분화해나가는 등의 사고 활동을 촉진할 수 있어야 한다. 또한 교사는 학생들에게 과제를 부여하고 이에 따른 일정표도 제공한 뒤 학생들이 일정에 맞춰 활동을 진행하고 결과를 보고하게 해야 한다.

초고 쓰기 단계에서는 수집된 자료, 화제나 주제에 대한 지식이나 생각 등을 바탕으로 하여 개별적으로 초고를 쓰는 활동을 한다. 기존의 수업에서는 개인별 쓰기 과정을 점검하기 어렵고, 개개인이 수집한 자료를 공유하는 데 시간적·공간적·물리적 한계가 있었으나, 스마트 기기를 활용하면 이러한 어려움을 해소하고 자기주도적인 학습을 촉진할 수 있다. 또한 학생 간 활동의 결과물과 수집한 자료의 공유를 활성화하고, 협업을 통한 글쓰기 활동을 촉진할 수 있다.

조직하기 단계에서는 모둠별로 글의 개요를 작성하거나, 모둠별 상호 평가를 하는 활동을 한다.

활용하기 단계에서는 수집된 자료와 스마트 기기를 활용하여 글을 다듬는 활동을 한다. 이미지, 음성, 하이퍼링크 등 복합양식의 자료를 수집하고 복합양식으로 결과물을 작성하여 내용을 효과적으로 전달할 수 있도록 한다.

발표하기 단계에서는 각자 또는 각 모둠별로 결과물을 발표하고 난 뒤 상호 평가 및 자기 평가를 한다. 이때 결과물은 웹상에 공개하여 학급 내에서는 물론 학급 간, 학년 간에서도 공유할 수 있도록 한다. 이를 통해 학생들에게는 성취감을 부여할 수 있으며, 공개된 결과물은 다른 학생들이 동일하거나 유사한 과제를 수행하는 데 예시 자료로 활용할 수 있다.

이 모형을 적용하기 위해 다음 성취 기준을 선정하였다.

쓰기 (3) 관찰, 조사, 실험한 내용을 절차와 결과가 드러나게 보고하는 글을 쓴다.

이 성취 기준에서 제시한 보고하는 글쓰기는 학교나 직업 세계에서 매우 강조되는 활동이다. 보고하는 글의 내용은 사실에 근거하여 내용을 마련하고 결론을 도출해야 하며, 다양한 매체 자료를 활용하고 글쓰기의 관습에 맞게 작성해야 한다. 스마트 기기를 활용함으로써 학생들은 자신의 관심 분야에 대해 기록하는 습관을 들이고 정보를 수집하는 능력을 기를 수 있다. 또한 정보를 수집하고 결과물을 공유하는 과정에서 쓰기 윤리를 준수하려는 태도도 기를 수 있다. 이러한 활동은 창의력, 의사소통 능력, 정보 처리 능력을 신장하는 데 기여할 수 있다.

2. 사용되는 스마트 기술

도구명	활용 화면	활용 용도	대안 도구
QR코드		공간의 제약으로 충분한 정보를 전달할 수 없을 때 QR코드를 이용하여 인터넷 사이트, 이미지, 동영상 등 자료를 간편하게 제공할 수 있다. 보고서의 실제 사례 등 학생들이 참고할 만한 구체적인 자료들을 보여주거나 참고문헌 작성 방법, 스마트 기기 활용 방법 등 세부적인 안내 사항을 제시할 수 있다.	드롭박스, 네이버 N드라이브, 다음 클라우드, 구글 드라이브
구글 드라이브		워드프로세서, 스프레드시트, 프레젠테이션 등이 포함된 온라인 협업 문서 작성 도구다. 클라우드를 통해 다양한 기기에서 실시간 작업이 가능하다. 프레젠테이션 등의 파일을 두고 여러 명의 사용자들이 함께 토론하고 피드백을 받는 활동을 지원하여 마인드맵, 스토리보드 작성, 모둠별 발표자료 제작 등에 활용 가능하다. 설문 조사를 수행하고, 설문 결과를 정리하는 데 활용할 수 있다. 개인별로 자료를 수집하여 범주별로 정리하기 위한 도구로 활용할 수도 있다.	에버노트
Mind42		협업이 가능하며 티스토리 블로그에 삽입도 가능한 마인드맵 사이트다. 개별적인 브레인스토밍 활동에 활용할 수 있다.	OKmindmap
전자칠판 및 스마트 패드		컴퓨터와 프로젝션 텔레비전의 기능에 멀티 터치 기능과 영상 입력 및 촬영 등이 더해져 상호작용성을 높인다. 기본적인 활동으로 보여주기, 판서하기, 강조하기, 조직하기 등이 있다. 학생들이 스스로 작성한 결과물을 화면에 제시하여 발표할 수 있다.	

3. 교수·학습 과정안

1) 교수·학습 과정안 요약

학교급	중학교	학년	2학년	차시	4차시
교과	국어	대단원	5. 생각의 나무를 키우다	소단원	(3) 청소년 잠을 꿈꾸다
학습 목표	보고서의 특성을 파악할 수 있다. 절차와 결과가 드러나게 보고서를 쓸 수 있다.				
스마트 활동	정보 검색, 협력적 글쓰기				
학습자 역량	자기 관리 능력, 의사소통, 문제 해결력, 정보 처리 능력				
수업 진행	1단계 생각 모으기 → 2단계 초고 쓰기 → 3단계 조직하기 → 4단계 활용하기 → 5단계 발표하기				
준비물	교사	전자칠판, 스마트 패드			
	학생	학습지, 스마트 패드, 앱(Quick Scan)			

2) 교수·학습 과정안

- 1차시: 생각 모으기

수업 단계	교수·학습 활동		시간(분)	활용 도구
	교사	학생		
도입	학습 목표 제시 학습 동기 유발	학습 목표 인지 학습 동기 유발	5	
전개	보고서 쓰기의 절차와 방법 설명 • 보고서 쓰기의 사례 예시를 통한 보고서의 절차와 방법을 설명한다. • QR코드를 통해 실제 보고서를 참고할 수 있도록 안내한다.	보고서 쓰기에 대한 이해 • QR코드를 통해 보고서 쓰기에 관련된 자료를 찾아 참고한다.	15	
	■ QR코드 ① 교사는 이미지, 웹사이트 등 QR코드로 생성할 자료나 링크 주소를 마련한다. ② 네이버 등을 이용하여 QR코드를 생성한다. ③ 생성된 QR코드의 이미지를 저장한 후 학습지에 삽입한다. ④ 학생들은 스마트 패드(또는 스마트폰)에 있는 앱으로 QR코드를 인식하여 참고자료를 이용한다.			
	개인별 브레인스토밍 지도 • 마인드맵이나 브레인스토밍을 통해 화제에 대한 배경지식을 활성화하도록 안내한다.	개인별 브레인스토밍 • 브레인스토밍을 통해 자신의 관심사를 떠올려보고, 탐구할 만한 주제를 선별한다.	20	

	모둠별 활동 안내 • 모둠 구성원 각자의 관심 분야를 비교해보고 모둠별로 보고서 쓰기를 위한 주제를 선정하거나, 교사가 모둠별로 핵심어를 제시하여 주제를 선정하도록 한다. 모둠별 주제 공유 및 피드백 • 각 모둠에서 선정한 주제를 공유한다.	모둠별 활동 • 각자 선정한 주제를 비교해보고, 모둠별로 탐구할 주제를 선정한다. • 모둠별 주제를 확인한다.		
정리	차시 예고 및 과제 제시 • 화제와 관련된 자료를 추가로 수집하고, 필요한 경우 조사 및 실험을 하도록 안내한다.	학습 내용 정리	5	

활용 도구 스마트 패드 활용 앱 프레젠테이션 구글 드라이브 QR코드

● 2차시: 초고 쓰기 및 조직하기

수업 단계	교수·학습 활동		시간 (분)	활용 도구
	교사	학생		
도입	학습 목표 제시 학습 동기 유발 전시 학습 환기	학습 목표 인지 학습 동기 유발 전시 학습 확인	5	
전개	개인별 쓰기 활동 안내 • 모둠별로 선정된 주제에 대해 각자 간단한 초고를 작성하도록 안내한다.	개인별 쓰기 • 자기 모둠의 주제에 대한 자신의 생각을 간단히 정리한다.	15	
	모둠별 활동 안내하기 • 조사나 실험 계획 수립의 방법 및 유의점을 설명한다. • 다른 모둠의 탐구 주제 및 역할 분담 내용을 읽고 알고 있는 지식이나 생각을 댓글로 올리도록 지도한다.	모둠별 활동 • 조사/실험 계획을 수립한다. • 역할을 분담한다. • 협의 내용을 정리한다. • 자료를 수집한다. 개요 짜기 • 수집한 자료를 공유한다. • 모둠별 보고서 개요를 쓴다. • 정리된 내용을 올린다. 모둠별 상호 평가 및 조언하기 • 설문지가 있을 경우, 온라인 공간을 통해 설문에 응답한다.	20	
정리	차시 예고 및 과제 제시 • 화제와 관련된 자료를 추가로 수집하고, 필요한 경우 조사 및 실험을 하도록 안내한다.	학습 내용 정리	5	

활용 도구 스마트 패드 컴퓨터

활용 앱 프레젠테이션 구글 드라이브 네이버 카페 네이버 밴드

● 3차시: 활용하기

수업 단계	교수·학습 활동		시간(분)	활용 도구
	교사	학생		
도입	학습 목표 제시 학습 동기 유발 전시 학습 환기	학습 목표 인지 학습 동기 유발 전시 학습 확인	5	
전개	보고서 작성 안내 • 모둠별로 작성된 개요에 대해 피드백을 준다. • 보조 자료 제작 관련 안내를 한다.	보고서 작성하기 • 수집한 자료 및 댓글 내용을 참고하여 보고서를 작성한다(문서 및 프레젠테이션). • 필요한 경우 보충 자료를 수집한다. • 보고서에 포함할 보조 자료를 제작한다(도표, 사진, QR코드 등). • 완성된 보고서를 검토한 후 게시판에 올린다.	35	
정리	차시 예고	학습 내용 정리	5	

활용 도구 스마트 패드 컴퓨터

활용 앱 프레젠테이션 구글 드라이브 네이버 카페 네이버 밴드

● 4차시: 발표하기

수업 단계	교수·학습 활동		시간(분)	활용 도구
	교사	학생		
도입	학습 목표 제시 학습 동기 유발	학습 목표 인지 학습 동기 유발	5	
전개	발표 및 보고서 평가 안내 활동 평가하기 안내	모둠별로 보고서 발표하기 • 보고서를 요약 발표한다. 활동 평가하기 • 보고서 쓰기 활동을 평가한다.	35	
정리	차시 예고	학습 내용 정리	5	

활용 도구 스마트 패드 전자칠판 활용 앱 프레젠테이션

3) 교수·학습의 고려사항 및 유의점

(1) 교수·학습 내용상의 고려사항

• 보고서 쓰기는 설명문 쓰기, 소논문 쓰기와 같은 활동에 적용할 수 있으며, 사회나 과학 교과와 연계하여 지도할 수 있다.

- 결과물을 작성하는 과정에서는 출처 표기 방법을 안내하여 저작권 및 쓰기 윤리를 준수할 수 있도록 지도한다.

(2) 교수·학습 방법상의 고려사항

- 보고서 쓰기의 유용성을 강조하고, 학생들이 작성한 실제 사례들을 제공함으로써 학습 동기를 유발한다.
- 각자 흥미나 관심 분야를 정리해보게 한 다음 흥미나 관심 분야가 비슷한 학생들끼리 모둠을 편성할 수도 있다.
- 에버노트나 구글 드라이브 등을 활용하여 학생이 전자 포트폴리오(e-portfolio) 형태로 평상시에 관심 분야에 대한 자료를 수집하거나 자신의 생각이나 느낌을 작성하여 보고서 쓰기에 활용하도록 할 수 있다.
- 보고서의 내용을 효과적으로 전달하기 위해 이미지, 동영상 등 다양한 자료를 활용하여 발표자료를 구성하되, 내용에 적합한 매체 양식을 선택하여 재구성하도록 지도한다.
- 활동이 종료된 후에는 결과물을 전자책 형태로 출간하거나 카페나 홈페이지 등을 통해 공개하여 학생들로 하여금 학습 성취감을 느낄 수 있도록 한다.
- 다른 모둠의 탐구 주제 및 개요에 대한 댓글을 올릴 경우 가산점을 제공하는 등 학생 참여를 유도하기 위한 방법을 마련할 수도 있다. 댓글을 달 경우에는 단순한 소감에 그치지 않도록 교사가 적절하게 안내를 해주어야 한다.
- 클라우드에 올린 자료가 서버 손상으로 손실될 수 있으므로 수시로 백업을 하도록 지도한다.
- 인터넷상에서 자료를 생성할 때 개인 정보가 노출되거나 저작권이 침해되는 자료가 없도록 주의 지도한다.

(3) 스마트 기기 활용 방법 및 유의점

QR코드 활용 방법

① 스마트 패드나 스마트폰에 있는 앱(Quick Scan 등)을 이용하여 QR코드를 인식한다.

② 인식이 완료되면 QR코드에 등록된 웹 사이트, 동영상(YouTube), 이미지 자료 등으로 연결된다.

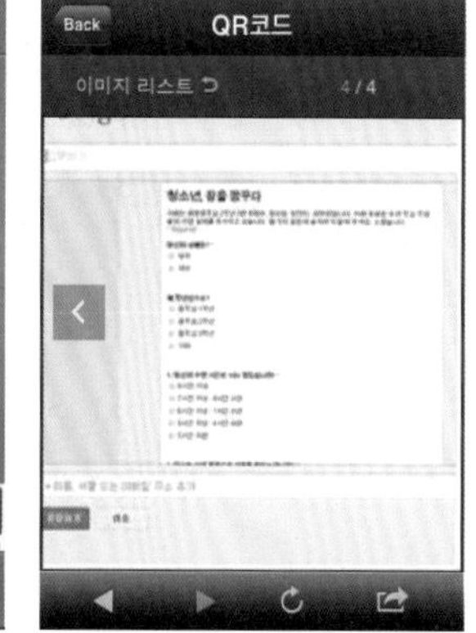

구글 드라이브: 설문지 작성하기

① 구글 드라이브에서 '양식'을 클릭한다.

② '양식'의 제목을 입력하고, 안내문을 쓴 후 질문을 작성한다.

③ 응답자의 전자우편으로 발송하거나 블로그에 글을 올린다. 조사를 종료한 후에는 설문 자료에 연결된 엑셀 파일을 통해 응답의 수치를 파악한다.

Mind42

Mind42는 회원 가입을 하면 무료로 이용할 수는 있으나 앱으로 제공되지는 않으므로 스마트 패드나 컴퓨터를 이용하여 해당 사이트에 접속 후 이용한다.

① '+'를 클릭하면 마인드맵을 생성하는 창이 뜬다. 제시어를 마인드맵의 이름으로 지정하여 입력하고 'Create'를 클릭한다.

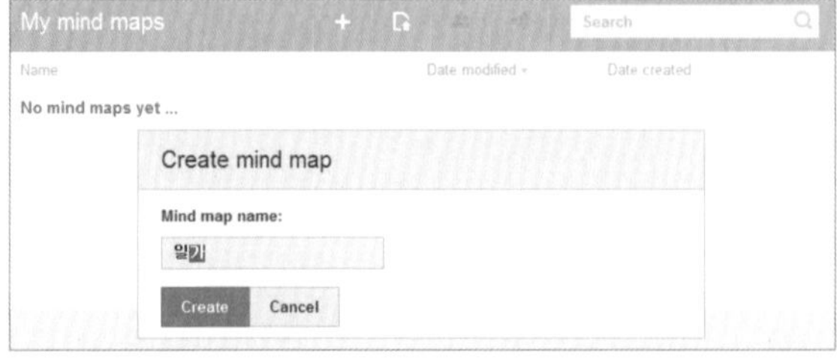

② 각 단어를 클릭하면 하위어를 입력할 수 있다. 단어를 드래그하면 위치를 변경할 수도 있다.

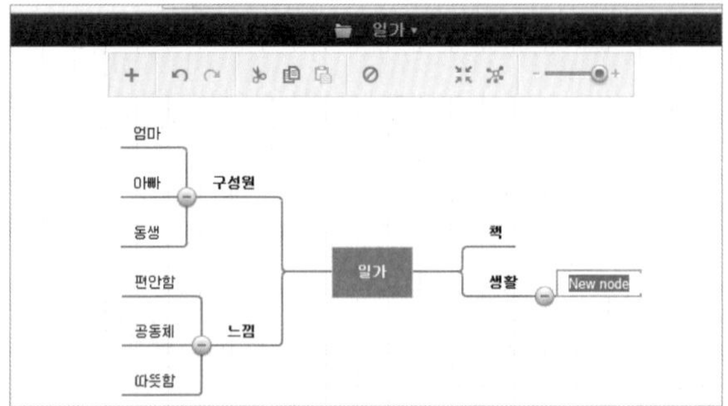

③ 마인드맵이 생성된 후에 상단에 있는 'Export'를 클릭하면 jpg 등 이미지 파일로 생성된다.

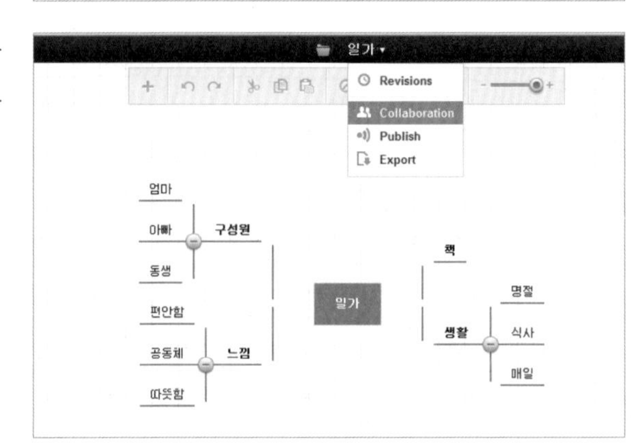

④ 'Collaboration'을 클릭하면 다른 사람들에게 마인드맵을 발송하여 공유할 수 있다.

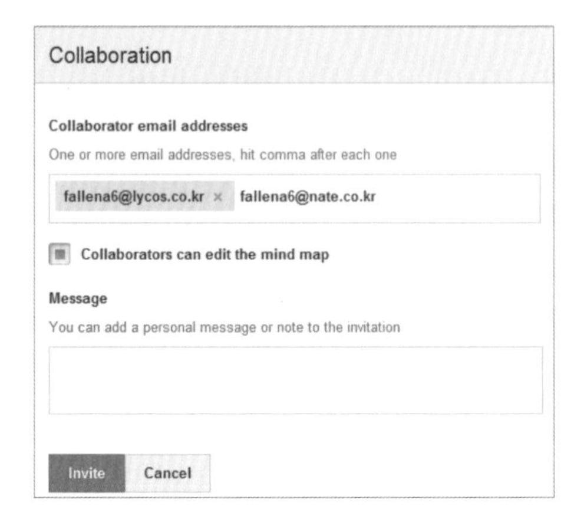

4) 교수·학습 자료

(1) 평가 기준(쓰기)

<table>
<tr><th colspan="2">평가 범주</th><th colspan="2">수행 내용</th><th>배점</th><th>평가 근거</th></tr>
<tr><td rowspan="6">태도</td><td rowspan="3">협력</td><td>상</td><td>모둠원 전체가 활동에 적극적으로 참여하고, 각자 자신의 역할을 충실히 수행하였다.</td><td rowspan="3">12</td><td rowspan="3">관찰 체크리스트</td></tr>
<tr><td>중</td><td>모둠원들이 활동에 성실히 참여하고, 각자 자신의 역할을 성실히 수행하였다.</td></tr>
<tr><td>하</td><td>모둠원 간의 협력이 미흡하며, 활동에 매우 소극적인 태도로 참여하였다.</td></tr>
<tr><td rowspan="3">의사소통</td><td>상</td><td>학습하기 위하여 동료들과 의견을 나눈 댓글이 5개 이상이며, 상대방을 존중하고 배려하는 표현을 사용하였다.</td><td rowspan="3">18</td><td rowspan="3">댓글 개수</td></tr>
<tr><td>중</td><td>학습하기 위하여 동료들과 의견을 나눈 댓글이 3개 이상이며, 대체로 상대방을 존중하는 표현을 사용하였다.</td></tr>
<tr><td>하</td><td>학습하기 위하여 동료들과 의견을 나눈 댓글이 3개 이하이거나 상대방에게 불쾌감을 주는 표현을 사용하였다.</td></tr>
<tr><td rowspan="9">쓰기</td><td rowspan="3">계획</td><td>상</td><td>조사나 실험을 위한 개요가 논리적으로 작성되었다.
조사 계획이나 실험 계획을 구체적으로 세우고, 모둠원의 역할 분담이 적절하다.</td><td rowspan="3">25</td><td rowspan="3">인터넷 게시판</td></tr>
<tr><td>중</td><td>조사나 실험을 위한 개요가 성실하게 작성되었다.
조사 계획이나 실험 계획을 세우고, 모둠원의 역할을 분담하였다.</td></tr>
<tr><td>하</td><td>조사나 실험을 위한 개요가 미흡하다.
조사 계획이나 실험 계획, 모둠원의 역할 분담이 미흡하다.</td></tr>
<tr><td rowspan="3">결과</td><td>상</td><td>조사나 실험의 절차와 과정이 명료하게 드러난다.
주제와 관련된 핵심 개념이 포함되어 있으며, 결과를 알아보기 쉽게 정리하여 주제를 이해하는 데 어려움이 없다.</td><td rowspan="3">30</td><td rowspan="6">보고서</td></tr>
<tr><td>중</td><td>조사나 실험의 절차와 과정이 드러난다.
주제와 관련된 주요 개념이 포함되어 있으며, 주제를 충실하게 설명하였다.</td></tr>
<tr><td>하</td><td>조사나 실험의 절차와 과정이 드러나지 않는다.
주제에서 벗어난 내용들이 있고, 결과가 잘 정리되지 않았다.</td></tr>
<tr><td rowspan="3">쓰기 윤리</td><td>상</td><td>인용한 자료의 출처를 형식에 맞게 밝혔다.</td><td rowspan="3">15</td></tr>
<tr><td>중</td><td>인용한 자료의 출처가 드러난다.</td></tr>
<tr><td>하</td><td>인용한 자료의 출처가 드러나지 않거나 과도하게 인용하였다.</td></tr>
<tr><td colspan="4"></td><td>100</td><td></td></tr>
</table>

(2) 학습지

● 1차시

단원	5. 생각의 나무를 키우다 (3) 청소년 잠을 꿈꾸다	교과서: 190~205쪽
학습 목표	보고서의 특성을 파악할 수 있다. 절차와 결과가 드러나게 보고서를 쓸 수 있다.	

〈개념 정리하기〉

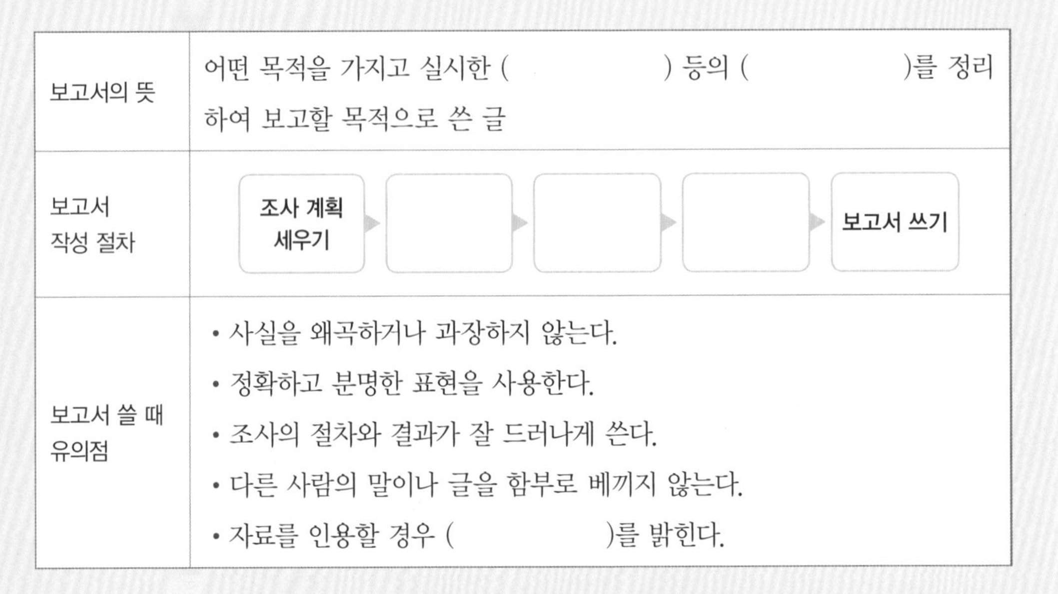

보고서의 뜻	어떤 목적을 가지고 실시한 (　　　　　) 등의 (　　　　　)를 정리하여 보고할 목적으로 쓴 글
보고서 작성 절차	조사 계획 세우기 ▶ (　　) ▶ (　　) ▶ (　　) ▶ 보고서 쓰기
보고서 쓸 때 유의점	• 사실을 왜곡하거나 과장하지 않는다. • 정확하고 분명한 표현을 사용한다. • 조사의 절차와 결과가 잘 드러나게 쓴다. • 다른 사람의 말이나 글을 함부로 베끼지 않는다. • 자료를 인용할 경우 (　　　　　)를 밝힌다.

〈연습하기〉

■ 다음 보고서 중 하나를 골라 내용을 요약해보자. 선택한 QR코드 번호에 ∨표시를 해보자.

2학년 (　)반 (　)번 (　　　　　) 저는 (　)모둠입니다. (국어 학습지 1)

● 1-2차시

주제	
조사 기간	년 월 일 ~ 년 월 일
조사 방법	
조사 결과	
결론	

〈활동하기〉

1. 주제 정하기

우리 모둠의 탐구 주제	
선정 이유	
주제에 대해 알고 있는 내용	
주제에 대한 생각이나 느낌	

2. 계획 세우기

조사/실험 기간	월 일 ~ 월 일		
조사/실험 대상			
조사/실험 방법			
역할 분담 (자기 역할에 ∨표)	□ 자유 검색 □ 설문지 제작 및 정리	□ 패드 및 학습지 정리 □ 발표 자료 제작	□ 문서 편집 □ 발표
기타(준비 사항 참고 자료 등)			

2학년 ( )반 ( )번 ( ) 저는 ( )모둠입니다. (국어 학습지 2)

● 3차시

단원	5. 생각의 나무를 키우다 (3) 청소년 잠을 꿈꾸다	교과서: 190~205쪽
학습목표	보고서의 특성을 파악할 수 있다. 절차와 결과가 드러나게 보고서를 쓸 수 있다.	

〈활동하기〉

3. 조사/실험 내용

출처 표기의 예	**책·신문·잡지** 박한얼, 『한국의 산업정치』, 서울: 한얼사, 1992. 《희망신문》, 2011년 8월 15일 자. 《월간 생각》, 2013년 8월호, 170쪽. **영상: 방송사, 방송 제목, 방송 날짜 표기** EBS 교육방송, 욕해도 될까요?, 2012. 03. 02. **인터넷: 사이트 주소 표기** www.korean.go.kr	
설문지 작성방법	〈구글 드라이브〉→〈만들기〉→〈양식〉→〈공유〉	

4. 결과 정리하기

조사/실험 결과	
보고서에 포함할 사진이나 도표 등	
조사/실험 결과에 대한 생각이나 느낌	

2학년 (　　)반 (　　)번 (　　　　　　　　) 저는 (　　　)모둠입니다. (국어 학습지 3)

● 4차시

5. 평가하기

모둠별 평가

평가 기준	모둠				
	1	2	3	4	5
조사/실험 계획을 구체적으로 세웠는가?					
조사/실험 결과를 왜곡하여 해석하지 않았는가?					
조사/실험 결과를 알아보기 쉽게 정리했는가?					
조사/실험 절차와 과정을 명료하게 드러냈는가?					
다른 사람의 글이나 그림 등을 인용할 때 출처를 명시했는가?					
모둠원 전체가 적극적인 태도로 보고서 쓰기에 참여했는가?					

자기 평가

〈보고서 쓰기〉를 하는 동안 자신은 어떤 태도로 참여하였는가? 활동을 하면서 새롭게 알게 된 점이나 깨닫게 된 점이 있는가? 활동을 하면서 어려웠던 점이나 아쉬웠던 점은 무엇인가? 활동에 대한 소감을 자유롭게 써보자.

2학년 (　　)반 (　　)번 (　　　　　　　　)　저는 (　　　)모둠입니다. (국어 학습지 4)

05 e-Book 적용 사례

1. 적용 개요

교과서 단원을 아무리 좋은 자료와 방식으로 구성하더라도 교실의 실제 수업과 맞물려 돌아가지 않는 경우가 발생할 수 있다. 이는 표준화한 교과서 단원이 지역과 계층, 교사와 학생 모두를 충족시키지 못하기 때문이다(최지현, 2009). 그렇기 때문에 교과서를 재구성할 필요성이 제기된다. 전자 교과서의 경우 개별 교사가 자유롭게 내용을 구성하고 활용할 수 있는데, 특히 국어과는 다양한 담화 자료에 대한 접근성을 제고할 수 있다는 장점이 있다.

이 연구에서는 2009 개정 교육과정에 따라 개발된 중학교 2학년 국어 교과서의 음운의 변동 단원을 재구성하여 전자 교과서를 개발하였다. 전자 교과서는 FDESK로 제작하였고, 일반 컴퓨터와 스마트 패드 및 스마트폰에서 실행된다. 개발의 주안점은 다음과 같다.

첫째, 학생의 실제 담화 자료를 활용하였다. 문법적 지식은 사변적인 것이 아니라 우리의 일상생활과 밀접한 관련이 있다는 점을 학생들이 인식할 수 있어야 학습에 대한 동기와 흥미가 제고될 것이다. 이를 위해 멀티미디어 양식을 자유롭게 삽입할 수 있는 전자 교과서의 장점을 극대화하여 실제 학생들이 일상적인 내용으로 대화하는 장면을 동영상으로 제공하여 학습에 대한 흥미를 돋우고, 음운의 변동 현상에 대한 문제의식을 가질 수 있도록 하였다.

둘째, 탐구를 위한 적절한 비계를 제공하기 위해 노력하였다. 문법은 비교적 학습자의 인지적 부담이 크고, 학습 동기를 유발하기 어려운 영역이다. 지식의 위계를 고려할 때 이전에 배운 내용에 대한 복습을 바탕으로 하여, 현재 자신이 알고 있는(또는 할 수 있는) 내용을 떠올리고, 자료를 검색하여 수집할 수 있도록 하기 위한 비계를 제공할 필요가 있다. 도움말, 다양한 이미지 자료, 표 등을 필요한 부분에 제공하여 지식을 탐구할 수 있는 환경을 마련하고자 하였다.

셋째, 학습을 위한 네트워크를 제공하고자 하였다. 최근, 수업을 위해 SNS나 블로그 등을 활용하는 사례가 점차 확대되고 있다. 그러나 대부분의 경우, 일부 교사들이 직접 학생들에게 안내자료를 제공하거나 연락을 취하는 등 개별적인 노력으로 네트워크가 형성되는 경우가 많다. 이러한 네트워크가 만들어졌더라도 활용 방안이 부재하여 유명무실화될 수도 있다. 웹에 자료를 게시하고, 학습 자료로 제시되는 전자 교과서 내에 링크를 삽입하여, 참고하는 방식을 제시함으로써 학습을 위한 네트워크를 활성화하고자 하였다.

2. 적용 방법

(1) 대단원 표지: 1~2쪽

화면 상단의 도구 상자에 대해 미리 안내를 하면 교수·학습 과정이 보다 용이할 수 있다. 쪽 번호를 입력하여 해당 쪽으로 바로 이동할 수 있으며, 차례를 통해 교과서의 구성을 한 번에 파악할 수 있다. 메모 기능을 이용하여 학습 내용을 표시하거나 링크를 통해 필요한 웹사이트로 이동할 수도 있다.

[그림 7] **대단원 표지**

(2) 단원 도입: 3~4쪽

3쪽에는 소단원명, 학습 목표, 동기유발 자료를 제시하였다. 는 이전 학년에서 배운 '음운'에 대한 개념을 팝업 이미지로 제시하는 아이콘이다. 는 담당 교사의 클래스팅으로 이동하는데, 학습내용과 관련하여 예고된 자료에 대해 학생들이 쓴 댓글을 확인할 수 있다. 4쪽에는 탐구과제를 제시하였다. 각 이미지를 클릭하면 해당 쪽으로 이동한다.

[그림 8] **단원 도입**

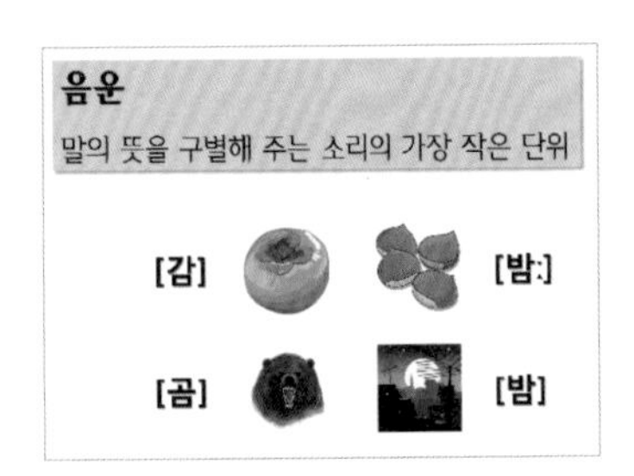

[그림 9] **팝업 이미지**

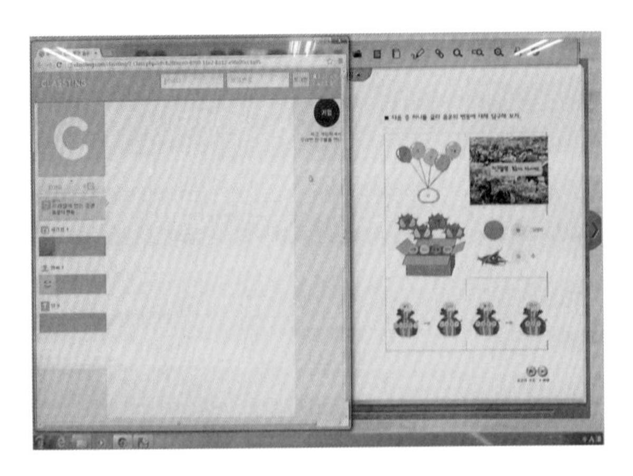

[그림 10] **전자칠판에서 전자 교과서를 실행한 장면(단원 도입부)**

(3) 탐구과제 1: 5~6쪽

모드 모형에 따라 학습 활동을 구성하였다.

5쪽은 가설 세우기 단계로 는 자료 분석을 위한 도움말이며, 는 학습 활동의 결과를 기록하기 위한 학습지다. 6쪽에서는 근거 찾기, 발견하기, 검토하기 순으로 학습 활동을 제시하였다. 탐구한 내용과 관련된 표준발음법을 확인하기 위해 를 클릭하여 'KBS 한국어발음따라잡기' 사이트로 연결해보도록 한다.

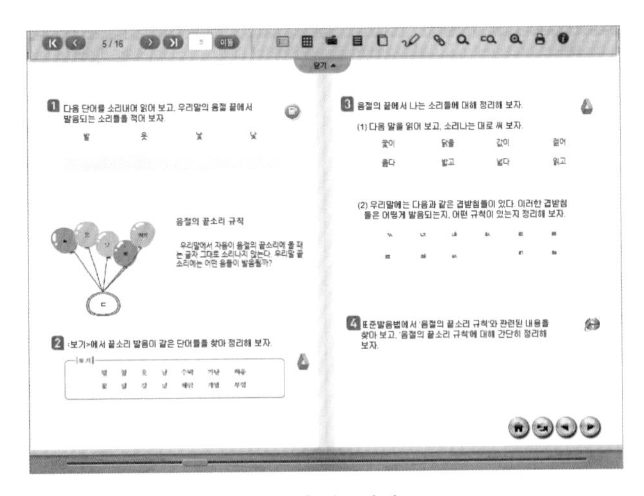

[그림 11] **탐구과제 1**

(4) 탐구과제 2: 7~8쪽

총 여섯 개의 탐구 과제가 동일한 방식으로 구성되었다. 가설 세우기를 위해 가능한 한 학생들의 실제 담화 자료를 제시하려 하였다. 동영상을 클릭하면 학생들의 대화가 재생된다.

학생들이 학습 활동을 할 때는 화면 상단의 도구를 이용하여 밑줄을 그을 수 있다. 제시된 활동

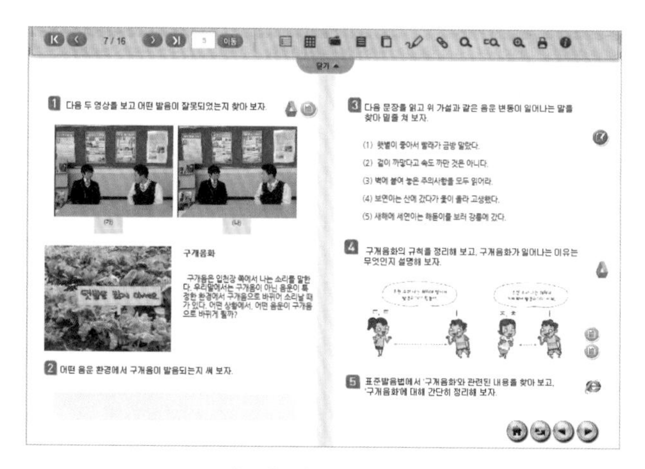

[그림 12] **탐구과제 2**

[그림 13] **자료 동영상**

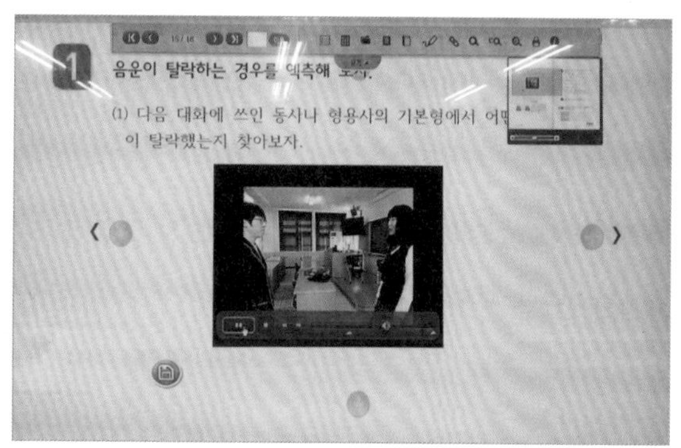

[그림 14] **전자칠판에서 전자 교과서를 실행한 장면**

에 응답한 후 ⓐ를 클릭하여 정답을 확인해볼 수 있다. 또 ⓑ를 클릭하면 음운 변동의 원리를 탐구하기 위한 보조 자료가 제공된다.

짝수 쪽 하단에는 네 개의 버튼이 배치되었다. 각각 대단원 표지(1쪽), 과제(4쪽), 이전 페이지, 다음 페이지로 이동한다.

학생들의 사고를 촉진하기 위해 우선은 동영상이 제시되지만, 중학생 수준에서 대화를 듣고 음운의 변동을 찾아내기에는 어려움이 있을 수 있다는 점을 고려하여 ⓑ를 클릭하면 바로 대본이 나타나도록 하였다. 다시 클릭하면 대본이 사라진다.

참고문헌

〈단행본〉

남민우 외(2012). 2009 개정 교육 과정에 따른 국어과 성취기준 및 성취수준 개발 연구, 한국교육과정평가원 연구보고 CRC 2012-3.

박영민 외(2013). 쓰기 지도 방법, 역락.

서영진 외(2013). 미래사회 대비 국가수준 교육과정 방향 탐색—국어, 연구보고서 CRC 2013-19, 한국교육과정평가원.

이경화(2001). 읽기교육의 원리와 방법, 박이정.

이광우 외(2008). 미래 한국인의 핵심 역량 증진을 위한 초·중등학교 교육과정 비전 연구(Ⅱ), 한국교육과정평가원 연구보고 RRC 2008-7-1

이근호 외(2012). 미래 사회 대비 핵심역량 함양을 위한 국가 교육과정 구상, 연구보고서 RRC 2012-4, 한국교육과정평가원.

이근호 외(2013). 핵심역량 중심의 교육과정 재구조화 방안, 연구보고서 CRC 2013-17, 한국교육과정평가원.

이재승(2009). 좋은 국어 수업 어떻게 할 것인가?, 교학사.

천세영·김진숙·계보경·정순원·정광훈(2012). 2015 스마트 교육혁명, 21세기북스.

최지현 외(2009). 국어과 교수·학습방법, 역락.

한철우·김명순·박영민(2002). 문학 중심 독서 지도, 대한교과서주식회사.

Eggen, P. D. & Kauchak, D. P.(2001). *Strategies for Teachers: Teaching Content and Thinking Skills*, 임청환·권성기 역(2006). 교사를 위한 수업 전략, 시그마프레스.

〈논문〉

가은아(2014). 핵심역량 기반 국어과 교육과정의 구상, 작문연구 20, pp.37-72.

권순희(2003). 하이퍼미디어 시대의 의사소통 양상과 표현교육, 텍스트언어학, 15, pp.75-108.

권혁일(2002). 수행평가를 위한 교육공학적 접근: 웹 기반 전자포트폴리오 개발, 교육공학연구, 18(1), pp.51-78.

김광해(1992). 문법과 탐구 학습, 선청어문, 20, 서울대학교 국어 교육과, pp.81-101.

김광해(1995). 언어지식 영역의 교수·학습 방법, 국어 교육연구, 2, 서울대학교 사범대학 국어 교육연구소, pp.209-254.

김대희(2010). 중등 국어 교사 교육에서의 매체 언어 교육, 국어 교육학연구, 37, pp.105-131.

김혜정(2013). 스마트 교육 환경과 국어교사의 전문성, 청람어문교육 48, pp.97-123.

박영민(2006). 쓰기 교육에서 지식의 범주와 교육 내용의 구조, 국어 교육학연구, 25, pp.155-176.

박영민(2007). 작문 과목 교육 과정의 개정 중점과 작문 교육의 방향, 작문연구, 4, pp.9-32.

박영민(2014). 미래 핵심역량과 중등 작문교육, 작문연구, 20, pp.109-133.

서혁·오은하(2013). 스마트 교육 환경에서 핵심역량 기준 국어과 교육과정의 재구성 방향, 청람어문교육 48, pp.7-40.

손예희·김지연(2012). 소셜미디어의 소통 구조에 대한 국어 교육적 고찰, 국어 교육, 133, pp.207-231.

이관규(2001). 학교 문법 교육에 있어서 탐구 학습의 효율성과 한계점에 대한 실증적 연구, 국어 교육, 106, 한국어 교육학회, pp.31-63.

이미숙(2011). 복합양식 문식성 교육의 실천적 원리 탐색, 국어 교육학연구, 41, pp.543-579.
정현선(2008). 인터넷 공간에 대한 저자의 인식과 글쓰기 윤리, 작문연구, 6, pp.161-191.
조창규(2012). 국어 음운 변동의 교육 방법—개념 획득 학습 모형과 음운 체계 이용을 중심으로—, 한국언어문학, 83, pp.551-573.
최숙기(2013). 스마트 교육 환경에 기반한 국어과 교수 학습의 방법적 전환, 청람어문교육 48, pp.69-96.
홍은실(2012). 한국어 교육의 스마트러닝 구현을 위한 기초 연구, 국어 교육학연구, 44, pp.585-612.
황재웅(2008). 쓰기 워크숍에 의한 작문 교육 방안, 국어 교육, 127, pp.163-193.

〈자료〉
김현진 외(2011). 교실 중심의 21세기 교수·학습 활동 개발 시리즈 2, 연구자료 RM2011-15, 한국교육학술정보원.
한철우 외(2012). 중학교 국어 ③, 비상교육.
한철우 외(2012). 중학교 국어 ④, 비상교육.
ITLresearch. 21CLD Learning Activity Rubric. SRI. Retrieved from ITL Website: http://www.itlresearch.com

〈참고 사이트〉
e-교과서 book.edunet.net

스마트 교육을 통한 교실 혁명

중등 영어

영어 교육과 스마트 교수·학습 모형

01 영어 교육과 스마트 교수·학습 모형의 개요

1. 21세기 학습자 핵심 역량 강화와 스마트 교육

디지털 기술의 눈부신 발전은 현대 사회 모든 분야의 패러다임을 변화시켜왔는데, 디지털 패러다임으로 불리는 이러한 변화는 특히 교육 분야에 상당한 영향을 주고 있다(한국교육학술정보원, 2012). 이러한 교육 패러다임 변화의 핵심은 미래 학습자에게 특정 영역에 대한 보다 강화된 역량을 요구하고 있는데, [그림 1]에서 보는 바와 같이 4C로 대변되는 창의성(Creativity), 의사소통(Communication), 협력(Collaboration), 비판적 사고력(Critical Thinking) 강화를 교육이 담당해주도록 기대하고 있다고 볼 수 있다(한국교육학술정보원, 2010, 2012).

이에 21세기 미래 학습 사회에서는 학교 체제뿐 아니라 교육 내용, 교육 방법과 평가 측면에서 변화가 불가피하다. [그림 2]에서 보듯이 전통적인 학교 체제에서 벗어나 교육의 공간적·시간적 한계를 넘어서며 교육 수요자와 공급자의 범위가 확대되기를 요구하고 있다. 다시 말하면, 개방화, 유연화, 분산화된 학교 체제를 기대하며, 교육 내용과 방법 측면에서는 미래 학습자의 역량 강화를 위해 지능형 맞춤 학습 체제를 구축할 것을 기대한다.

이러한 교육 패러다임의 변화에 발맞추고자 범정부 차원에서 추진하는 교육 정책이 스마트 교육이다. 스마트 교육은 스마트 기기를 활용한 교육이라 할 수 있는데, 교육과학기술부(2011)에서 제시

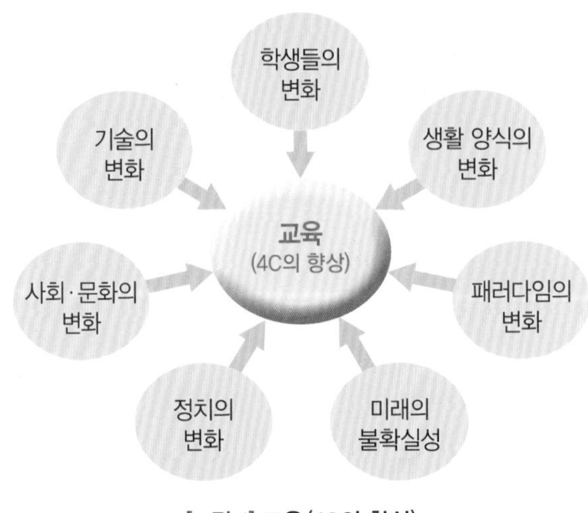

[그림 1] 교육(4C의 향상)

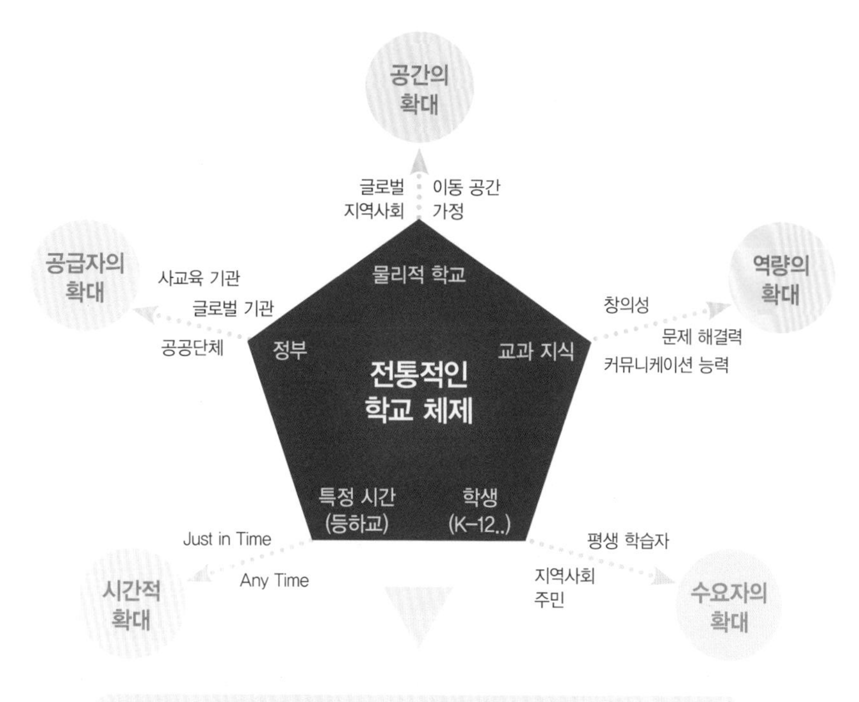

[그림 2] **학교 체제의 패러다임 변화**

하는 스마트 교육 정책의 큰 틀은 목표와 방법으로 나누어 논의할 수 있다.

먼저 목표는 앞에서 언급한 4C, 즉 창의성, 의사소통, 협력, 비판적 사고력인데, [표 1]에서 보는 바와 같이 이러한 4C는 21세기 미래 학습 사회에서 요구하는 핵심 역량을 구성하는 요소들이다.

방법적 측면에서는 스마트를 상징하는 SMART의 다섯 가지 요소를 교육 전반에 반영하기를 요구하고 있다. 기능 요소별 전략으로 볼 수 있는 SMART가 상징하는 다섯 가지 요소는 다음과 같다(한국교육학술정보원, 2012, [그림 3] 참조).

- Self-directed: 자기주도 학습 지원
  ① 스마트 기기 활용 맞춤형 방과 후 보충 및 심화 학습
  ② 학습 커뮤니티를 활용한 다양한 학습 활동
  ③ 스마트 패드(태블릿 PC 등)를 활용한 양방향 상호작용 맞춤 학습 활동

[표 1] 21세기 미래 학습사회에서 요구하는 핵심 역량

창의력	문제 해결력	의사소통	정보처리 능력	대인관계 능력
자기관리 능력	시민 의식	국제 감각	직업 능력 개발력	
자기주도 학습력	기초 생활 문해력	미디어 정보 문해력	예술 감수성	

[그림 3] SMART가 상징하는 다섯 가지 요소

④ 유비쿼터스 환경을 활용한 교실 간 수업 교류 및 협력 학습

- Motivated: 학습 동기 강화 지원
  ① 온라인을 활용한 해외 원어민과의 학습 교류 활동
  ② 원격 화상 시스템을 통한 국내외 전문가 활용 수업 활동
  ③ 다양한 체험 공간 활용 학습
- Adaptive: 개인별 맞춤화 지원
  ① 스마트 교실을 이용한 융합형 학습 활동
  ② 개인별 스마트 기기를 활용한 시뮬레이션 체험
  ③ 온라인 수업을 통한 학습권 확대와 교육 격차 해소
  ④ 디지털 교과서와 스마트 기기를 활용한 모둠별 e-NIE 수업
- Resource-enriched: 풍부한 학습 자원 지원
  ① 디지털 콘텐츠 공유 및 온라인 학습 지향
  ② 디지털 교과서 기반 실생활 수업
  ③ 3D 가상 체험 학습실 및 로봇 티처 활용 학습
  ④ 미디어 제작실을 활용한 콘텐츠 제작 및 공유 활동

• Technology-embedded: 최신 기술 활용 지원

① 3D 가상 체험 학습 환경 구축 및 활용

② 전자칠판과 원격 화상 학습, 스마트 패드를 활용한 상호작용형 학습

③ 클라우드 환경 구축 및 활용: 정보 활용·생성·공유, 의사소통

2. 영어 교육과 21세기 학습자 역량

앞에서 소개한 21세기 핵심 역량 강화를 위해 중학교 영어과에서 지향해야 할 스마트 교육의 방향을 설정하려면 먼저 국가 수준의 영어과 교육과정에 나타난 영어과 교육의 성격과 목표의 확인, 교육 내용의 선정, 교수·학습 방법의 선택, 교수·학습 도구의 선택, 교수·학습에의 적용 측면에서의 특징을 파악할 필요가 있다.

1) 교육 성격과 목표의 확인

중학교 영어과에서 스마트 교육을 실현하기 위해서는 먼저 국가 수준의 교육과정에서 제시하고 있는 중학교 영어과의 성격과 교육 목표를 확인하여야 제대로 방향을 설정할 수가 있다. 따라서 2012년과 2013년 현재 일선 중학교에서 근간으로 삼고 있는 교육과정인 2007 개정 외국어과(영어과) 교육과정(교육인적자원부, 2007)에서 안내하는 초등·중등을 개괄하는 영어과의 성격과 교육 목표, 중학교에서의 세부 교육 목표를 살펴볼 필요가 있다. 다음은 교육과정에서 제시하는 영어과의 성격과 목표다.

(1) 교육과정의 성격

최근 국가 간의 교류는 다양한 분야에서 빠르게 진행되며 국가 간 상호 의존도는 점점 심화되고 있어, 국제적 경쟁과 함께 국제적 협력의 필요성도 증대하고 있다. 이에 더하여 정보 기술의 발달로 지식과 정보에 바탕을 둔 지식 기반 사회로의 이동은 개인 생활에서 국가 정책에 이르기까지 사회의 모든 분야에 걸쳐 지식과 정보를 이해하는 능력과 함께 지식과 정보를 생산하고 전달하는 능력을 요구하고 있다.

이런 환경에서 영어는 국제적으로 가장 널리 쓰이고 있는 언어로서 각기 다른 모국어를 가진 사람들을 이해하고, 상호 의사소통과 유대를 가능하게 하는 국제어로서 중요한 역할을 하고 있다. 따라서 미래를 살아가야 할 초등·중등 학생들에게 영어로 의사소통할 수 있는 능력은 학교에서 길러야 하는 핵심적인 능력이다. 즉, 국가와 사회 발전에 기여하고, 세계인으로서 선도적 역할을 하며, 폭넓은 문화생활을 하기 위해서는 영어를 이해하고 구사하는 능력이 필수적이라고 할 수 있다. 영어로 의사소통하는 능력은 곧 나라와 나라를 잇는 중요한 가교이자 국가 간, 문화 간 이해와 신뢰를 통하여 나라를 발전시키는 원동력이 되기 때문이다.

먼저 초등학교 영어는 일상생활에서 사용하는 기초적인 영어를 이해하고 표현하는 능력을 길러주는 교과로서, 의사소통의 바탕이 되는 언어 기능 교육, 그 가운데에서도 음성 언어 교육이 주가 된다. 문자 언어 교육은 쉽고 간단한 글을 읽고 쓸 수 있는 수준으로 하되, 음성 언어와 연계하여 내용을 구성한다. 중등학교 영어는 초등학교에서 배운 영어를 토대로 하여 학생들이 기본적인 일상 영어를 이해하고 이를 사용할 수 있는 능력을 기름으로써 외국 문화를 이해하고, 21세기를 살아갈 수 있는 능력을 기르는 바탕을 마련하는 데 역점을 둔다.

초등학교에서의 영어 교육은 초등학생의 특성을 고려하여야 한다. 초등학생은 호기심이 강하며, 실생활에서 자신이 겪는 감각과 경험이 사고와 행동에 깊이 작용한다. 그러므로 영어 교과에서의 교수·학습 활동은 실생활에서 접할 수 있는 감각 및 놀이 활동을 주로 하고, 체험 학습을 통하여 발견의 즐거움을 경험할 수 있도록 하는 것이 효과적이다. 또 초등학생은 쉽게 배우지만 기억이 오래가지 못하고 집중하는 시간이 짧기 때문에, 교수·학습에 다양한 교수법을 적용하며, 멀티미디어 자료와 정보통신 기술(ICT) 도구 같은 다양하고 흥미로운 교육 매체를 적절히 활용하도록 한다.

한편, 중학교와 고등학교에 적용되는 중등학교의 영어 교육은 초등학교 영어 학습을 통해 형성된 영어 학습에 대한 흥미와 관심을 지속시키고, 영어로 의사소통을 할 수 있는 기본적인 능력을 기르도록 하며, 유창성과 정확성을 기르도록 학습 경험과 활동을 극대화하여야 한다. 따라서 언어 습득 과정을 중시하는 교수·학습 방법을 적용하여 학생 중심의 영어 수업이 되도록 한다.

초등·중등학교에서의 영어 시간 운영은 학생 개개인의 학습 능력 차이를 고려하여야 하며, 학교 사정을 감안하여 수준별 수업을 할 수 있다. 수업에서는 과제 혹은 활동 중심의 수업 운영으로 자기주도적인 학습이 가능하도록 한다.

영어 교과는 영어 의사소통 능력을 길러주는 것이 중요한 목표이지만 인성 교육도 중요하므로, 건전한 도덕관과 자주적 시민 정신을 기르도록 도와준다. 또한 외국 문화를 바르게 이해하고 나아가 국제적 안목과 세계인으로서의 협동심과 소양을 기르도록 한다.

(2) 교육과정의 목표

일상생활에 필요한 영어를 이해하고 사용할 수 있는 기본적인 의사소통 능력을 기른다. 아울러 외국 문화를 올바르게 이해하여 우리 문화를 발전시키고, 외국에 소개할 수 있는 바탕을 마련한다. 이를 위해 첫째, 평생 학습자로서 영어에 대한 지속적인 흥미와 자신감을 얻는 바탕을 마련한다. 둘째, 일상생활과 일반적인 화제에 관하여 의사소통할 수 있는 기본 능력을 기른다. 셋째, 외국의 다양한 정보를 이해하고 이를 활용할 수 있는 능력을 기른다. 넷째, 외국 문화를 이해함으로써 우리 문화를 새롭게 인식하고 올바른 가치관을 기른다.

초등학교 영어는 영어에 대한 흥미와 관심을 가지고, 일상생활에서 사용하는 기초적인 영어를 이해하고 표현하는 능력을 기르는 것을 목표로 하는데, 구체적으로 나열하면 다음과 같다.

① 영어에 대하여 흥미와 관심을 가진다.
② 기초적인 영어 사용에 대한 자신감을 가진다.
③ 일상생활에서 영어로 기초적인 의사소통을 할 수 있는 바탕을 마련한다.
④ 영어 학습을 통하여 다른 나라의 관습이나 문화를 이해한다.

중등학교 영어는 초등학교에서 배운 영어를 토대로 일상생활과 일반적인 주제에 관하여 기본적인 영어를 이해하고 표현할 수 있는 능력을 기르는 것을 목표로 하며, 세세한 목표는 다음과 같이 정리할 수 있다.

① 영어로 의사소통하는 것에 대한 필요성을 인식한다.
② 일상생활과 일반적인 주제에 관하여 효과적으로 의사소통한다.
③ 영어로 된 외국의 다양한 정보를 이해하고, 이를 활용한다.
④ 영어 학습을 통하여 다양한 문화를 이해하고, 우리 문화를 영어로 소개한다.

앞에서 소개한 교육과정에서 제시하는 국가 수준 영어과 교육과정의 성격과 목표에 근거하여 볼 때, 중학교에서의 영어과 스마트 교육의 성격과 목표는 21세기 교육 핵심 역량과 부합하는 가장 중요한 요소로 의사소통 능력을 기르는 것이라고 판단할 수 있다. 그러나 의사소통 능력을 기르는 것을 목표로 하되, 이를 위해서는 다른 핵심 역량들인 창의성과 협력, 비판적인 사고력 요소도 충분히 반영하여야 할 것이다. 이에 국가에서 정책적으로 추구하는 21세기 핵심 역량 강화를 위한 교육 요소와 현행 영어과 교육과정에서 추구하는 특징을 비교하여 공통 요소를 추출해보았을 때, 중학교 영어과에서 핵심적으로 다루어야 할 21세기 핵심 역량 요소는 [표 2]와 같이 요약할 수 있다.

2) 교육 내용의 선정

중학교 영어과의 교육 내용은 종전의 전문가들이 정선하고 선별한 지식에 의존하는 것에서 탈피하여 교사와 학습자가 선정·조직한 풍부한 학습 내용, 실생활과 관련된 내용, 학습자와 직접적으로 관련된 내용 등으로 이루어져야 한다. 스마트 교육이라고 해서 모든 내용이 새로울 필요는 없다. 기존의 교육 내용을 바탕으로 교사는 21세기 핵심 교육 역량과 가장 잘 부합하는 것을 선정하여 서로 융합된 교육 내용을 구성하는 것이 관건이다(김인석, 2004; 유범 외, 2005). 이것이 바로 각 학습 단원이나 차시의 교육 목표가 되고, 교수·학습 활동으로 구현되어야 할 수업 전략의 핵심이 된다.

[표 2] 중학교 영어과 핵심 역량 요소

의사소통	멀티미디어+ICT 교육 매체의 활용 능력	문제 해결력	
과제 중심 과업 해결 능력	자기주도적 학습	인성 강화	세계인

[표 3] 중학교 영어과 교육의 언어 기능

언어 구분 / 언어 기능	음성 언어	문자 언어
이해 기능	듣기	읽기
표현 기능	말하기	쓰기

[표 4] 중학교 영어과 교육의 의사소통 활동

의사소통 활동	내용
음성 언어 활동	음성 언어 활동을 위해서는 【별표 2】의 '의사소통 기능과 예시문'에 제시된 항목 참고 '의사소통 기능과 예시문' 중 학년별 성취 기준을 달성하기에 적절한 것을 선택해서 사용
문자 언어 활동	문자 언어 활동을 위해서는 【별표 2】에 제시된 항목과 함께 【별표 4】의 '의사소통에 필요한 언어 형식'에 제시된 항목 참고

교육 내용을 선정하기 위해 교육과정에서 제시하는 영어과 교육 내용을 살펴보아야 한다. 그 내용을 보면 다음과 같이 언어 기능, 의사소통 활동, 언어 재료 측면으로 나누어볼 수 있다. 먼저 언어 기능 면에서는 듣기, 말하기, 읽기, 쓰기의 언어 4기능을 점진적으로 함양할 수 있도록 하며, 아울러 4기능을 통합적으로 사용할 수 있는 능력을 기르도록 한다([표 3] 참조).

둘째, 의사소통 활동은 음성 언어 활동과 문자 언어 활동으로 이루어진다([표 4] 참조).

아울러 자연스러운 언어 활동을 위하여 [표 5]의 소재, 언어, 어휘, 단일 문장의 길이를 참고하여 교육 내용을 선정하여야 한다. [표 5]에서 제시한 특성을 바탕으로 현재 우리나라의 중학교에서는 엄격한 심사 과정을 통과한 검정교과용 도서와 영상제작물을 적절한 선정 기준에 따라 학교 단위에서 선택하여 사용하고 있다. 이에 21세기 핵심 역량의 제반 요소를 고려하여 이를 구현할 수 있는 내용을 바탕으로 중학교 영어과 스마트 교육의 기본 내용으로 구성할 수 있다.

본 연구에서는 다양한 교과서들 중 (주)두산동아의 Middle School English 1(김성곤 외: 2009a, 2009b)에서 한 과(Lesson)를 선정하고, 해당 과의 내용을 다루는 데 있어서 스마트 교육을 적용하는 두 가지 모형을 제시하고자 한다.

3) 교수·학습 방법의 선택

교육 내용을 선정하였다면, 이제 학생들의 영어 의사소통 능력 향상을 위해 효과적인 교수·학습 방법을 선택하여야 한다. 현행 교육과정에서 안내하는 중학교 영어과 교수·학습 방법에서 유의하여 반영할 요소들은 다음과 같다.

① 학생 중심의 수업을 계획하여 학생들이 수업 활동에 적극적으로 참여할 수 있도록 하고,

[표 5] **언어 활동을 위한 내용 구성과 기준**

영역	내용
소재	【별표 1】의 '소재'를 참조하여 적절한 것을 선택하여 사용 학생들의 흥미, 필요, 인지적 수준 등을 고려하여 학습 의욕을 유발할 수 있는 내용 주제, 상황, 과업 등을 고려한 내용 성취 기준 달성에 적합한 내용 상호작용에 적합한 내용 영어권 및 비영어권 문화 이해에 적합한 내용
언어	초등학교에서는 음성 언어 중심으로 하고, 문자 언어는 음성 언어의 보조 수단으로 사용 자연스러운 언어 습득과 실제적인 의사소통 활동에 도움이 되는 언어 일상생활에서 많이 쓰는 언어 인지적인 수준을 고려한 언어 소리와 문자의 관계, 소리와 의미의 식별, 말의 연결, 말의 속도에 따른 음운 변화, 상황에 따른 음운 변화 및 자연스러운 발화 등에 도움이 되는 언어
어휘	각 학년에서 사용할 수 있는 새로운 어휘 수는 다음과 같다. 3학년: 110 낱말 이내 / 7학년: 170 낱말 이내 4학년: 120 낱말 이내 / 8학년: 280 낱말 이내 5학년: 130 낱말 이내 / 9학년: 390 낱말 이내 6학년: 140 낱말 이내 / 10학년: 450 낱말 이내 누계: 500 낱말 이내 / 누계: 1,290 낱말 이내 총계: 1,790 낱말 이내
단일 문장의 길이	3, 4학년: 7 낱말 이내 5, 6학년: 9 낱말 이내 (단, and, but, or를 사용하는 경우에는 예외로 한다.)

교사는 학생들의 협력자가 되도록 한다.

② 교사와 학생, 학생 상호 간의 활발한 의사소통을 위하여 다양한 활동을 전개한다.

③ 학생들이 효과적인 의사소통 활동을 할 수 있도록 다양한 의사소통 전략을 적절히 사용하게 한다.

④ 듣기는 시청각 자료를 활용하여 학습 효과를 높이고, 영어 음성 언어에 자연스럽게 노출되도록 지도한다.

⑤ 말하기는 유의적이고 의사소통 중심적인 연습 활동을 통해 유창성과 정확성을 기를 수 있도록 하고, 실제 상황에서 적용할 수 있는 언어 능력을 기를 수 있도록 지도한다.

⑥ 읽기는 다양한 전략을 사용하여 과업 중심의 활동을 하도록 지도한다.

⑦ 쓰기는 목적에 맞는 다양한 형태의 글을 쓸 수 있도록 지도한다.

⑧ 영어권 및 비영어권의 다양한 문화를 학습하여 타문화에 대한 이해를 높이고, 문화에 대한 올바른 판단력과 가치관을 기르도록 한다.

⑨ 수업은 가급적 영어로 진행한다.

⑩ 다양한 멀티미디어 자료와 정보통신 기술(ICT) 도구를 활용하여 학생들의 흥미를 높이고 성취감을 느낄 수 있도록 한다.

⑪ 학교 실정을 고려하여 수준별 수업을 운영할 수 있다.

⑫ 학습자의 능력, 흥미, 인지 수준에 맞추어 다양한 동기 유발 방법과 학습 활동을 구안하여 학생 중심의 수업이 이루어지도록 한다.

⑬ 개인차에 따라 수준에 맞는 학습 활동이나 과업을 수행할 수 있도록 학년별로 기본 교과서나 보조 교재를 다양한 수준으로 개발할 수 있다.

⑭ 교수·학습 자료를 개발할 때에는 성취 기준의 내용을 바탕으로 언어 기능, 어휘, 언어 형식 등을 학생 수준에 맞추어 재구성하여 사용하고, 이에 맞추어 교수 방법을 다양화한다.

위에서 언급한 교수·학습 방법을 선택할 때 고려해야 할 사항을 바탕으로, 중학교 영어과 스마트 교육에서는 기존의 교수·학습 방법을 효과적으로 활용하면서 21세기 미래 학습자의 교육 역량 강화에 보다 유용하고 효과적인 방법을 적극 도입하는 것이 바람직하다. 특히 스마트 기기나 기능을 활용하는 방법으로 과업 중심 문제 해결 기반 학습을 도입하고 액션러닝, 프로젝트 학습, 소셜러닝, 블렌디드러닝, 온라인 학습 등을 활용하면 교육과정에서 제시하는 기존의 교수·학습 방법을 살리면서 스마트 교육의 특징을 겸비할 수 있을 것이다(유범 외, 2005; Chapelle, 2003).

4) 교수·학습 도구의 선택

앞에서 논의한 교수·학습 방법을 효과적으로 구현하려면 적절한 교수·학습 도구를 선택하는 것이 중요하다. 특히 스마트 교육의 특성을 살리며 스마트 기기를 활용하는 방법을 구상해야 한다. [그림 4]는 영어과 스마트 교육에서 교수·학습 도구의 선택 방향을 보여주고 있다.

[그림 5]를 보면, 기존에 사용하던 서책형 교과서, CD-Rom, 실물 자료, 모형, 게임 자료 등과 같은 비 ICT 기반 도구들을 활용하면서, 이에 덧붙여 ICT 기반 도구가 되는 디지털 교과서(e-교과서), 교육 방송, 컴퓨터, 웹 기반 도구와 기술을 적극 활용함으로써 교수·학습 활동을 효과적으로 향상시킬 수 있다(한국교육학술정보원, 2012; Chapelle, 2001; Erben, Ben and Castaneda, 2009).

또한 효과적인 스마트 영어 교육을 위해서는 적절한 미디어 매체를 선택하는 것이 교수·학습 활동을 촉진하는 기반이 된다. [그림 5]는 미디어 매체 선택 과정에서 고려해야 할 사항을 도식화한 것이다. 미디어 매체의 선택은 ICT 기반 도구의 사용을 전제로 했을 때 적용할 수 있는 방법으로, 많은 경우의 스마트 교육은 ICT를 활용하는 것이 기본이므로 미디어 선택 과정은 매우 중요하다. 그

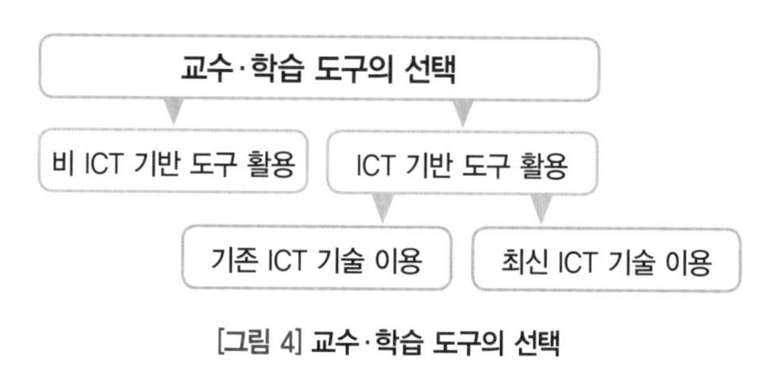

[그림 4] 교수·학습 도구의 선택

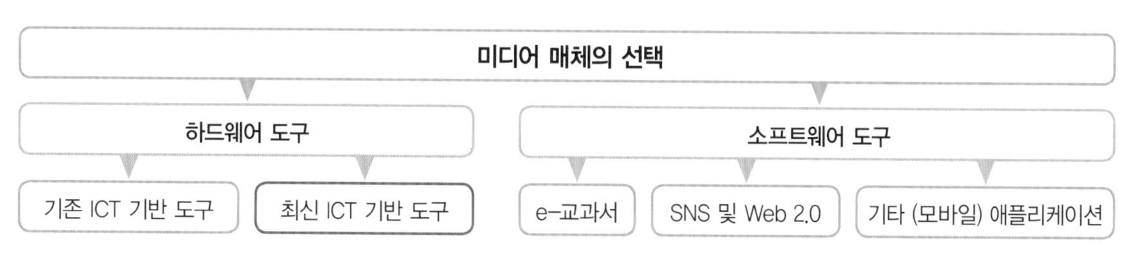

[그림 5] 미디어 매체의 선택

림에서 보듯이 미디어 매체는 하드웨어 도구와 소프트웨어 도구로 구분할 수 있는데, 하드웨어 도구에는 기존의 컴퓨터, 디지털카메라, 캠코더, 실물 화상기 등의 장비와 함께 최근의 태블릿 PC, 스마트폰, 게임기(닌텐도, XBox, PS3 등)와 동작인식장치(Kinect) 등이 있다. 또한 영어과 스마트 교육에서 활용 가능한 소프트웨어 도구에는 e-교과서(PC용, Android용, iOS용), SNS 도구(Facebook, 트위터, 미투데이, 클래스팅), Web 2.0 도구(블로그, 위키피디아, 싸이월드, 유튜브 등), 교육용 웹과 온라인 협업 도구(구글 드라이브, Office 365, Springnote 등) 등이 있다(Chapelle, 2003; Lankshear and Knobel, 2006).

이러한 다양한 교수·학습 도구와 매체들 중에서 21세기 핵심 교육 역량에 가장 잘 부합하는 매체와 기술을 선택하는 것이 스마트 교육에서 중요하므로 본 연구에서도 소개한 최신 기술, 즉 스마트 기기, 유비쿼터스 환경, 클라우드 서비스, 웹 2.0 도구 등을 활용할 수 있는 중학교 영어과 스마트 교육의 모델을 개발하고자 한다.

3. 영어 교육에서의 스마트 교수·학습 모형 개발

앞에서 논의한 교수·학습 방법과 이를 구현하기 위해 활용할 수 있는 교수·학습 매체와 도구 등을 선택하는 단계를 거쳤다면, 이제 실제 중학교 영어과 교실 수업에 적용할 수 있는 스마트 교육의 모형을 구상할 순서다.

(1) 중학교 영어과 의사소통 능력과 협동 학습 능력 향상을 위한 스마트 수업 모형

[그림 6]은 본 연구의 핵심인 중학교 영어과 스마트 수업 모형을 간략하게 도식화한 것이다.

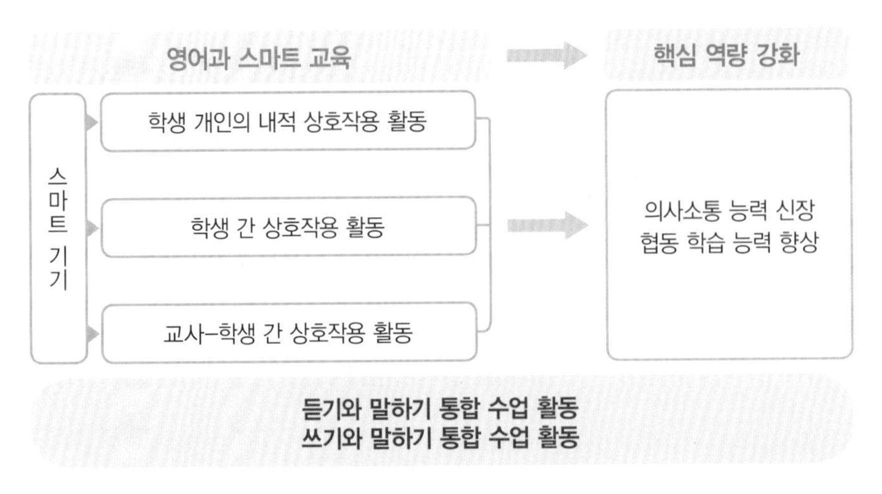

[그림 6] **중학교 영어과 스마트 수업 모형**

먼저 본 모형에서 추구하는 21세기 핵심 역량은 기본적으로 의사소통 능력의 신장과 협동 학습 능력의 향상이다. 이를 위해서 학습자 개인의 내적인 상호작용 활동, 즉 학습 동기를 강화하는 활동을 기초로, 학생들 간의 상호작용 활동, 또한 교사와 학생 간의 상호작용 활동을 중심으로 교수·학습 활동이 이루어져야 한다. 교수·학습 활동의 핵심은 문제 해결 과업(problem-solving tasks)을 제시하고 이를 해결하는 과정을 중심으로 이루어지며, 이는 과제 중심 과업 해결 능력을 기르는 것을 목표로 한다(Willis and Willis, 2007). 아울러 언어 기능을 통합하는 방식으로 과업 활동을 수행하도록 하는데, 듣기와 말하기를 통합한 수업 활동과 쓰기와 말하기를 통합한 수업 활동이 중심이 되도록 한다. 과업 수행 과정에서 상호작용 활동을 촉진시키는 방법으로 활발한 의사소통 활동과 협력학습이 이루어지도록 하며, 이러한 과정에서 도구와 매체로 다양한 스마트 기기와 기술을 활용할 수 있도록 한다.

(2) 중학교 영어과 의사소통 능력과 협동 학습 능력 향상을 위한 교육과정 성취 수준

본 연구의 영어과 스마트 교육 모형의 목표가 의사소통 능력과 협동 학습 능력의 향상이라고 할 때, 이에 필요한 교육 내용의 선정이 중요하다. 교육 내용의 근간은 먼저 언어의 4기능 중에서 말하기와 쓰기를 포함하는 표현 기능 중심으로 이루어지며, 의사소통 활동은 음성 언어와 문자 언어를 동시에 다루도록 한다. 따라서 본 모형에서 선정한 중학교 1학년 한 개 단원에서 제시하는 학습 목표로서 내용의 근간이 되는 의사소통 기능과 언어 형식은 2007 개정 영어과 교육과정(교육인적자원부, 2007)에서 제시하고 있는 예시문에 기초하여 구성한 교과서(김성억 외, 2009a)에서 선정한 것으로 한다.

그렇다면 이러한 교육 내용을 다루되 어느 정도의 성취 수준까지 도달해야 할 것인지는 교육과정에서 제시하는 듣기와 말하기, 쓰기의 성취 수준을 그 준거로 삼아야 할 것이다. 따라서 본 연구에서 개발하고자 하는 듣기+말하기 통합 의사소통 활동 모형과 쓰기+말하기 통합 의사소통 활

[표 6] 중학교 1학년 영어 듣기·말하기·쓰기 기능의 성취 기준(2007 개정 영어과 교육과정)

듣기	말하기	쓰기
① 어조나 억양으로 화자의 느낌이나 정서를 파악한다. ② 일상생활에 관한 말이나 대화를 듣고 요지를 파악한다. ③ 과거, 현재, 미래에 관한 일상생활에 관련된 말이나 대화를 듣고 이해한다. ④ 일상생활에 관한 말이나 대화를 듣고 세부 사항을 파악한다. ⑤ 간단한 말이나 대화를 듣고 사건의 순서를 이해한다. ⑥ 일상생활에 관한 말이나 대화를 듣고 상황 및 화자 간의 관계를 파악한다. ⑦ 일상생활에 관한 말이나 대화를 듣고 과업을 수행한다.	① 주변의 사물과 사람에 관하여 간단히 묘사한다. ② 쉽고 간단한 문제를 해결하기 위하여 다른 사람과 정보를 교환한다. ③ 일상생활에 관한 말이나 대화를 듣고 주요 내용을 말한다. ④ 일상생활에 관한 사건을 순서대로 말한다. ⑤ 일상생활에 관한 짧은 글을 읽고 원인과 결과를 말한다. ⑥ 자신의 경험이나 계획에 대해 간단히 말한다.	① 학습한 문장을 듣고 받아쓴다. ② 자신이나 가족 등에 관한 사실적인 질문에 답을 쓴다. ③ 알파벳 필기체 대·소문자를 쓴다. ④ 낱말이나 어구를 넣어 문장을 완성한다. ⑤ 예시문을 참고하여 실물이나 그림에 대하여 간단히 쓴다. ⑥ 철자법 및 어법에 맞게 문장을 쓴다.

동 모형은 듣기, 말하기, 쓰기 기능과 직접적인 관련이 있으므로, [표 6]과 같이 현행 2007 개정 영어과 교육과정에서 제시하는 중학교 1학년의 영어 듣기와 말하기, 쓰기 기능의 성취 수준을 참고하고자 한다.

앞에서 언급한 성취 수준에 대해 본 연구의 스마트 모형에서 다룰 단원의 내용과 부합하는 구체적인 성취 수준과 방법은 각 모형의 교수·학습 계획 부분에서 상세히 소개할 것이다.

4. 영어 교육에서의 스마트 교수·학습 모형의 개략

21세기 핵심 교육 역량을 강화하기 위한 중학교 영어과에서 스마트 교육을 중심으로 수업을 구현하는 방법으로 다음과 같이 두 개의 모형을 개발하였다. 이 두 모형은 이미 언급하였듯이 현행 중학교 1학년 영어 교과서의 한 단원을 다루는 것을 기본 틀로 하고 있다. 다음은 해당 단원의 개요를 요약한 것이다.

Lesson 10. My Special Days

Master Plan

▶ **Theme: 외국 문화 소개**

외국의 특별한 공휴일이나 기념일을 통해 그 나라의 문화를 이해하고, 각각의 상황에 따른 다양한 영어 표현을 이해하고 활용한다.

▶ Goals:

1) Functions

(1) 제의하기, 초대하기

A: Would you like to go shopping with me?

B: Sure, I'd love to.

Sorry, I can't. Maybe next time.

(2) 전화하기

A: May I speak to Bora, please?

B: Sure. Who is calling?

A: This is Anna.

2) Structures

(1) have to

I *have to* ask my parents first.   He *has to* do his homework.

We *had to* go to bed.

(2) 수여동사

I *gave* Susan's mom a chocolate cake. (I *gave* a chocolate cake *to* Susan's mom.)

<table>
<tr><th rowspan="2">Period</th><th colspan="4">Part</th><th rowspan="2">Goal</th></tr>
<tr><th colspan="2">Textbook</th><th colspan="2">Activities</th></tr>
<tr><td rowspan="2">1</td><td>Before You Begin</td><td>138~139</td><td rowspan="2">Prepare to Listen and Talk</td><td rowspan="2">166</td><td rowspan="2">초대에 승낙하고 거절하기
전화 대화 익히기</td></tr>
<tr><td>Listen and Talk</td><td>140~141</td></tr>
<tr><td rowspan="2">2</td><td>In Conversation</td><td>142</td><td rowspan="2">Listen and Talk</td><td rowspan="2">167~169</td><td rowspan="2">초대하는 전화 대화 듣고 이해하기
초대장 만들고, 전화로 참여 여부 묻기</td></tr>
<tr><td>Communication Task</td><td>143</td></tr>
<tr><td>3</td><td>Enjoy Reading</td><td>144</td><td>Prepare to Read</td><td>170</td><td>sleep over party에 대한 일기 읽기</td></tr>
<tr><td rowspan="2">4</td><td>Enjoy Reading</td><td>145</td><td rowspan="2">After You Read</td><td rowspan="2">171~173</td><td rowspan="2">추수감사절 일기 읽기
본문 내용 확인하기</td></tr>
<tr><td>After You Read</td><td>146</td></tr>
<tr><td rowspan="2">5</td><td rowspan="2">Grammar in Use</td><td rowspan="2">147</td><td>Grammar in Use</td><td>174</td><td rowspan="2">have to
수여동사</td></tr>
<tr><td>Grammar and Writing</td><td>175~177</td></tr>
<tr><td rowspan="2">6</td><td>Think and Write</td><td>148</td><td></td><td></td><td rowspan="2">기억에 남는 선물에 대한 글쓰기
세계의 명절 소개하기</td></tr>
<tr><td>Project Work</td><td>149</td><td></td><td></td></tr>
<tr><td rowspan="2">7</td><td rowspan="2">Let's Check</td><td rowspan="2">150~151</td><td>Review</td><td>178~179</td><td rowspan="2">단원 형성평가</td></tr>
<tr><td>두근두근 세계일주</td><td>180</td></tr>
</table>

영어에서 네 가지 기능을 골고루 개발하여 향상시키는 것이 교육과정의 기본 목표라는 사실에 근거하여 먼저 첫 번째 모형은 듣기 기능과 말하기 기능을 통합한 활동으로, 궁극적으로는 과업을 수행하는 능력과 모둠 내 협력 학습 능력을 통해 의사소통 능력을 향상시키고자 하는 것이다. 두 번째 모형은 첫 번째 모형과 유사하지만 쓰기와 말하기 기능을 통합하는 수업으로 과업 수행 활동과 문제 해결 활동을 통해 의사소통 능력을 향상시키고자 하는 것이다.

교수·학습 모형	수업 단계	주요 교수·학습 전략	활용 도구	핵심 학습자 역량
듣기+말하기 통합 의사소통 활동 모형	대화 상황 추측하기	Guessing	전자칠판, 프레젠테이션	의사소통, 과업 수행력+ 모둠 협력 활동
	대화 듣고 메모하기	Note-taking	스마트 패드, 전자칠판	
	과업 수행 (초대 카드 만들기)	Task(Group Project)	스마트 패드, 검색 엔진	
	구두 발표하기	Presentation	스마트 패드, 전자칠판	
	대화 나누기	Role-play	스마트 패드	
쓰기+말하기 통합 의사소통 활동 모형	생각 떠올리기	Idea generation	전자칠판, 스마트 패드	의사소통, 과업 수행력+ 문제 해결력
	짧은 문장 쓰기	Writing accurately	스마트 패드, 전자칠판	
	문단 쓰기	Writing fluently	스마트 패드, 전자칠판	
	과업 수행 (세계의 명절 소개글 쓰기)	Project work	스마트 패드, 검색 엔진	
	구두 발표하기	Presentation	스마트 패드, 전자칠판	
	정보 공유 및 확인하기	Sharing	스마트 패드, 구글+ 커뮤니티	

02 스마트 모델 1: 듣기+말하기 통합 의사소통 활동 모형

1. 교수·학습 과정안 요약

<table>
<tr><th>학교급</th><td>중학교</td><th>학년</th><td>1학년</td><th>차시</th><td>2차시</td></tr>
<tr><th>교과</th><td>영어</td><th>대단원</th><td>Lesson 10.
My Special Days</td><th>소단원</th><td>In Conversation
Communication Task</td></tr>
<tr><th>학습 목표</th><td colspan="5">초대하는 대화를 듣고 이해하며 대화를 나눌 수 있다.
• Students will be able to ask and answer using the expressions of invitation.
파티 초대장을 만들고 친구를 초대하는 전화 대화를 할 수 있다.
• Students will be able to make an invitation card and invite friends by talking on the phone.</td></tr>
<tr><th>스마트 활동</th><td colspan="5">Self-directed, Motivated, Resource-Enriched, Technology-Embedded</td></tr>
<tr><th>학습자 역량</th><td colspan="5">과업 수행 능력+모둠 협력 활동 → 의사소통 능력 신장</td></tr>
<tr><th>수업 진행</th><td colspan="5">1단계
Goal Recognition
학습 목표 인식
▶
2단계
Introduction
지난 시간에 배운 내용 확인과 본 차시 학습 내용 확인
▶
3단계
Development In Conversation Communication Task 수행
대화 및 의사소통 활동
▶
4단계
Consolidation
정리 및 평가</td></tr>
<tr><th rowspan="2">준비물</th><td>교사</td><td colspan="4">전자칠판, 동영상, 사진, 프레젠테이션 자료</td></tr>
<tr><td>학생</td><td colspan="4">스마트 패드, e-교과서(교과서 CD-ROM)</td></tr>
</table>

2. 사용되는 스마트 기술

도구명	활용 화면	활용 용도	대안 도구
스마트 패드		자료를 수집하고, 글을 작성한 후에 인터넷에 접속하여 학습자-학습자, 학습자-교사 간에 상호작용을 할 수 있다.	컴퓨터
구글+ 커뮤니티		구글 계정을 가진 사용자를 대상으로 사진, 동영상, 링크 등을 공유하고, 서로 의사소통할 수 있는 공간으로 활용할 수 있다. 직관적인 인터페이스로 사용이 편리하다. 학습자-학습자, 학습자-교사 간의 상호 의사소통과 활발한 피드백을 위한 공간으로 활용할 수 있다.	페이스북 그룹
전자칠판		컴퓨터 또는 프로젝터와 연결하여, 펜이나 손가락 등을 사용하여 컨트롤할 수 있다. 직관적인 사용이 가능하여 저학년 교실 상황에서 효과적이다.	프로젝터
프레젠테이션		교사가 사전에 작성한 자료를 학생들에게 쉽게 제공할 수 있다.	PDF

3. 교수·학습 과정안

● 도입

수업 단계	교수·학습 활동		전략 및 유의점	활용 도구
	Greetings • Exchange greetings.	Whole class work	영어로 인사를 나눈다. (TEE)	
지난 차시 내용 확인 및 본 차시 학습 내용 확인	Review & Objectives Recognition Ⓣ Do you remember the telephone talks we've learned last class? Listen to the 'Look and Talk D' first. Ⓣ Now, talk with your partner on the phone in English. First, talk to your partner like the first example. Next, your partner answers your phone but you want to talk to other friend like the second example. Practice the dialogs and change roles. Ⓣ Okay. All of you did a good job!	Whole class work Pair work	학생들이 전자칠판을 통해 대화 상황을 보며 전화 대화를 듣는다. 학생들이 가상으로 전화 대화를 나눈다.	컴퓨터, 전자칠판

활용 도구 컴퓨터 전자칠판

● 전개

수업 단계	교수·학습 활동		전략 및 유의점	활용 도구
Task 수행	Doing the task: In Conversation Ⓣ Now, let's think about today's lesson. Can you invite your friend to a party? You have to tell when and where, of course. How about inviting them over the phone?	Whole class work	학생들이 책이나 전자칠판을 보면서 활동을 준비한다.	컴퓨터, 전자칠판
	Doing the task: A. Look and Guess Ⓣ Look at your book on page 142. In Conversation section, or look over the white-board screen. Ⓣ Look at the man and the girl in the picture. The man is talking on the phone and he is looking at the girl. What is the situation? Please guess and answer the questions! What is the man or the girl going to do next? Is it a sad news or a good news?	Individual work	교과서 142쪽의 내용을 전자칠판에 screen shot(파워포인트 프레젠테이션)으로 제공하고, 상황을 짐작하도록 하며, 질문에 답을 찾아보도록 한다.	전자칠판, 컴퓨터, 프레젠테이션

Doing the task: B. Listen and Check Ⓣ Listen to the dialog and complete the memo. Then, check the right answer with your partners.	Individual work Pair work	전자칠판 듣기 기능을 통해 대화를 들려준 후, 메모를 완성하고 짝과 답을 검토하도록 한다.	
Ⓣ Now, watch the dialog and check the answers. For what is Bora inviting Anna? When and where is the party? Listen carefully about who is calling and who is answering. Write your answers using your smart pads.	Individual work	전자칠판을 통해 대화 동영상을 보여주고 개인 스마트 패드에 답을 작성하도록 한다.	
Then, check the right answer with your partners.	Pair work	옆의 짝과 답을 확인하도록 한다.	
Ⓣ Okay. Good job! Now, let's check the answers together.	Whole class work	전자칠판을 통해 답을 확인한다.	
Doing the task: Communication Task 1 Ⓣ Here we go to the Communication Task Step 1. Please have a look at the sample invitation card on the screen. Can you find what is the party for, and when and where?	Whole class work	전자칠판을 통해 예시 카드를 보여주며, 어떤 내용이 들어가는지 확인하도록 한다.	
Ⓣ Now, please make a group of four and plan your own party. Your task is to make an invitation card for the party. Make sure the card has the purpose of the party, the time, and the place. You can refer to the websites provided on the screen.	Group work	4명이 한 모둠을 이루어 카드 만들기 과업을 수행할 준비를 한다. 다양한 카드 서식을 참고할 수 있는 웹사이트를 안내하고, 이를 통해 카드 샘플을 골라 활용하도록 한다. • www.123greetings.com/invitations	
Ⓣ Are you done? Good job. Now, send your cards to me using your smart pads.	Group work	모둠별로 완성된 파티 초대장을 스마트 패드로 교사에게 보낸다.	
Ⓣ Let's see the cards together.	Whole class work	모둠별로 보낸 카드를 전자칠판에 띄워서 함께 보며 점검한다.	
Doing the task: Communication Task 2 Ⓣ Now, let's do the Communication Task Step 2. Look at the screen and listen to the model dialog.	Whole class work		
Ⓣ Invite other group members to the party over the phone. Write their responses in the table below. You can call more than four friends. How many friends will come to your party?	Pair work	전자칠판을 통해 대화 동영상을 보여주고, 모둠에서 옆 모둠의 친구들과 초대의 대화를 나눈다.	

	Doing the task: Listen and Talk A (p.168) Ⓣ Now, listen to the dialog and complete the memo. Where are they going to go? When and where is the concert? Ⓣ Check the answers with your partners. Anybody can tell the answers? Ⓣ Let's check the answers together. As you see in the screen, Tony and Jenny are going to go to a piano concert and the concert is at Seoul Art Center at 6:30 on October 27. Right?	Individual work Pair work Whole class work	전자칠판 듣기 기능을 통해 대화를 들려준 후, 메모 빈칸을 완성하도록 한다. 짝과 함께 답을 검토하도록 하고, 몇 학생에게 답을 발표시킨다. 전자칠판을 통해 답을 확인한다.	컴퓨터, 전자칠판
	Doing the task: Listen and Talk B Ⓣ Now, let's do the next work. Do you have anything that you want to do with your partner during the weekend? Make a plan for the weekend and ask your friend to do it together on the phone. Ⓣ Any pairs can perform the work? Very good!	Pair work	스마트 패드를 이용하여 주말 계획을 만들고, 짝과 대화를 나눈다. 몇 학생을 시켜 대화를 나누도록 한다.	스마트 패드

활용 도구 스마트 패드 컴퓨터 전자칠판

활용 앱 프레젠테이션

- 정리

수업 단계	교수·학습 활동		전략 및 유의점	활용 도구
정리 및 평가	Wrapping-up the lesson Ⓣ Ok. Thank you very much for your work. It's time to wrap up. Ⓣ What are the most impressive activities in this lesson? Ⓣ What materials are most helpful for your study today? Ⓣ Well, what did you learn in this lesson? What do you say when you invite your friends to the party? When you call and somebody answers, what do you say? Ⓣ Let's listen to the model dialog again.	Whole class work Whole class work	가장 인상 깊었던 활동이나 교재, 자료가 무엇인지 학생들에게 묻고, 학습한 내용을 떠올리도록 한다. 전자칠판 듣기 기능을 통해 대화를 들려준다. (학습 활동지 참조)	컴퓨터, 전자칠판, 스마트 패드, 프레젠테이션

	Ⓣ Read out the dialog several times and keep in mind the key expressions we've learned. Ⓣ For this, record the dialog with your partner, and then upload your work on our study cafe for exchanging feedback. Okay? Ⓣ Tomorrow, we'll the reading part of this lesson 10. I'd like you to study new words and expressions in advance. Thanks! Enjoy the rest of the day!	Pair work	스마트 패드를 활용하여 친구와 대화를 한 것을 녹음하고 구글+커뮤니티에 탑재하도록 한다. 댓글을 통해 다른 짝의 발표 자료에 대한 피드백·질문·평가 등을 한다.	

활용 도구 스마트 패드 컴퓨터 전자칠판

활용 앱 구글+커뮤니티

4. 교수·학습 자료

(1) 평가 기준

모둠 활동(Group work)을 통해 파티를 계획하고 초대장을 제작하여 발표하는 과정에서 교사는 관찰 평가 방법으로 다음과 같은 평가 기준에 의하여 각 모둠별로 평가를 수행할 수 있다.

평가 범주	수행 내용				배점
	A	B	C	D	점수(50점)
초대장 자료의 창의성	창의적이고 효과적으로 자료를 제시한다.	창의적이고 자료 제작에 힘썼으나, 효과 면에서 다소 미흡하다.	창의성이 다소 부족하여 자료가 미흡하고, 비효과적이다.	창의성과 효과성이 부족하며, 자료가 빈약하고 무성의하다.	20
참여도	적극적으로 참여한다.	성의는 보이나 지속적이지 않다.	소극적으로 참여한다.	참여하지 않는다.	10
전화 대화의 성공성/유창성	대화 내용 전달이 분명하고 유창하게 대화한다.	대화 내용 전달은 가능하나 가끔 머뭇거리고, 다시 말하는 부분이 있다.	대화 내용 전달이 절반 정도 이루어지며 자주 머뭇거린다.	대화 내용 전달이 어려우나 노력의 흔적이 보인다.	20

(2) 웹사이트 리스트

- 파티 계획 및 초대장 제작 웹사이트 www.123greetings.com/invitations

(3) 학습지

다음은 정리 단계에서 모범 대화를 듣는 활동을 할 때 참고 자료로 활용할 대화 내용을 담은 스크립트 학습 자료다.

A: Hello.

B: Hi, Jaemin. This is Sujin.

A: Hi, Sujin.

B: Jaemin, we are going to have a pizza party at Mina's house next Saturday. Would you like to come to the party?

A: Sure, I'd love to. What time is it?

B: 6:30.

A: Great, thanks for inviting me.

03 스마트 모델 2: 쓰기+말하기 통합 의사소통 활동 모형

1. 교수·학습 과정안 요약

학교급	중학교	학년	1학년	차시	6차시
교과	영어	대단원	Lesson 10. My Special Days	소단원	Think and Write Project Work
학습 목표	기억에 남는 선물에 대한 글쓰기 • Students will be able to write about the most special gift. 세계의 명절 소개하기 • Students will be able to make a presentation about the holidays around the world.				
스마트 활동	Self-directed, Motivated, Resource-Enriched, Technology-Embedded				
학습자 역량	과업 수행+문제 해결 활동 → 의사소통 능력 신장				
수업 진행	1단계 Goal Recognition 학습 목표 인식	2단계 Introduction 지난 시간에 배운 내용 확인과 본 차시 학습 내용 확인	3단계 Development Think and Write Project Work 실행	4단계 Consolidation 정리 및 평가	
준비물	교사	전자칠판, 동영상, 사진, 프레젠테이션 자료, 구글+ 커뮤니티 등			
	학생	스마트 패드, e-교과서(교과서 CD-ROM), 구글+ 커뮤니티			

2. 사용되는 스마트 기술

도구명	활용 화면	활용 용도	대안 도구
스마트 패드		자료를 수집하고, 글을 작성한 후에 인터넷에 접속하여 학습자-학습자, 학습자-교사 간 상호작용을 할 수 있다.	컴퓨터
구글+ 커뮤니티		구글 계정을 가진 사용자를 대상으로 사진, 동영상, 링크 등을 공유하고, 서로 의사소통할 수 있는 공간으로 활용할 수 있다. 직관적인 인터페이스로 사용이 편리하다. 학습자-학습자, 학습자-교사 간의 상호 의사소통과 활발한 피드백을 위한 공간으로 활용할 수 있다.	페이스북 그룹
전자칠판		컴퓨터 또는 프로젝터와 연결하여 펜이나 손가락 등을 사용하여 컨트롤할 수 있다. 직관적인 사용이 가능하여 저학년 교실 상황에서 효과적이다.	프로젝터
프레젠테이션		교사가 사전에 작성한 자료를 학생들에게 쉽게 제공할 수 있다.	PDF
e-Book		다양한 콘텐츠가 포함되어, 서책형 교과서를 대체할 수 있도록 제작하여 활용한다.	CD-ROM

3. 교수·학습 과정안

● 도입

수업 단계	교수·학습 활동		전략 및 유의점	활용 도구
	Greetings • Exchange greetings.	Whole class work		
지난 차시 내용 확인 및 본 차시 학습 내용 확인	Review & Objectives Deduction Ⓣ We've learned two language forms last class. Do you remember what they are? Okay. They are 'have to' and 'give somebody something'. Anybody can tell an sample sentence using 'have to'? Anybody can tell a sample sentence using 'give somebody something'? Ⓣ Make each sample expression and then send it to me. Ⓣ You can refer to the correct use of the language forms on your book, page 174. It can be also presented here on the screen. Ⓣ Let's see the examples on the screen together. Ⓣ Now, we're going to write about the most special gift and make a presentation about the holidays around the world. Let's go on Think and Write first.	Whole class work Individual work Whole class work	학생들이 스마트 패드로 작성한 문장을 전자칠판에 띄워 함께 살펴보며 상호 피드백을 유도하고, 교사의 피드백을 제공한다. 교과서 174쪽의 내용을 전자칠판에 screen shot(파워포인트 프레젠테이션)으로 제공하여 참고하도록 한다. 학생들이 작성한 답과 함께 아래의 모범답을 제공하여 확인한다. 모범답 • He has to do his homework. • I gave Susan's mom a chocolate cake.	

활용 도구 스마트 패드 컴퓨터 전자칠판

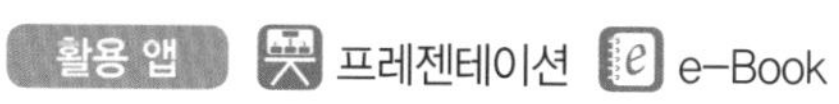
활용 앱 프레젠테이션 e-Book

● 전개

수업 단계	교수·학습 활동		전략 및 유의점	활용 도구
Think and Write Project Work 실행	Doing the task: Think and Write A Ⓣ First, write about your special gift from somebody and then, talk with your partners. What was it and who gave it to you? When was it?	Pair work	교과서(148쪽) A에 제시된 질문과 빈칸을 미리 문서(worksheet 1)로 만들어 배포하고, 학생들이 스마트 패드에서 작성하여 제출하도록 한다.	

Ⓣ There are three questions and answer them. Ⓣ Are you done? Anybody wants to talk about their special gifts?	Whole class work	학생들이 보낸 답을 전자칠판에 띄우고 함께 점검한다. 상호 피드백을 주고받는다.	
Doing the task: Think and Write A Ⓣ You did a good job! Let's check other answers together.	Whole class work	학생들이 작성한 답과 함께 아래의 모범답을 제공하여 확인한다. 모범답 1. It was the birthday card. 2. My classmates gave it to me. 3. I got it on my birthday.	
Doing the task: Think and Write B Ⓣ Now, have a look at the sample writing on the screen.	Whole class work	전자칠판을 통해 교과서(148쪽) B의 샘플 쓰기 자료를 제시하여 활동에 참고하도록 한다. A Special Gift from Dad I got a very special gift from my dad. It was a bag. He gave it to me last Christmas. I like it very much.	
Doing the task: Think and Write B Ⓣ Can you write about your special gift? Write about one using your smart pad, please. Ⓣ Are you done? Send your writing to me. Ⓣ Any volunteers? Ⓣ Good! Here is a good example.	Individual work Whole class work	스마트 패드를 활용하여 기억에 남는 선물에 대한 글을 쓰고 교사에게 보내도록 한다. 발표 지원자를 시켜 발표하고 피드백을 주고받는다. 학생들이 작성한 답과 함께 아래의 모범답을 제공하여 확인한다. 모범답 A Special Gift from My Classmates I got a very special gift from my classmates last year. It was a birthday card. Everybody in my class wrote something for me on the card. It was very nice and sweet. I often read it and I feel really happy.	
Doing the task: Project Work Ⓣ Now, we're going to do the Project Work. The task is to introduce holidays around the world. You will do this task with your group members together. Use the Internet and find the information you	Group work	Task-based Learning(TBL) 〈Pre-Task Stage〉 과업(task)이 무엇인지 확인한다. 전자칠판에 예시 작품을 제시하여 프로젝트 과업의 분량과 내용을 파악한다.	

need. I'll give you 10–15 minutes to prepare for the presentation. Make sure the answers of the questions on the screen are included in your presentation. Look at the screen, please.		예시 작품: 149쪽 Mid–Autumn Festival: China When: Aug. 15 of the Lunar Calendar Chinese people visit their parents on this special day. Chinese people eat moon-cakes. 전자칠판에 다음 세 가지 포함 요소를 제시하여 반드시 포함하도록 한다. 1. Which country's holiday is it? 2. When is it? 3. What special food do they eat?
Doing the task: Project Work Ⓣ Are you ready? Go on doing your work with your friends. When searching the Internet, you can refer to the websites on the screen. Ⓣ While doing the work, please ask any questions or ask for my help if needed. Ⓣ When finished, please send your group work to me using your smart pads. Ⓣ Now each one of you will come up and give a presentation to the class. who's going to present first? Remember that confident voice and smile make your audience more attentive. Ⓣ If you have any questions, suggestions, or comments, please raise your hands.	Group work Whole class work	Task–based Learning(TBL) 〈Task Stage〉 – Doing the task – Presentation – Share 과업 수행 단계 전자칠판에 다음 웹사이트를 제시하여 참고하도록 한다. • www.kidsturncentral.com/holidays/glossary/holidaysgloss.htm • www.earthcalendar.net 과업을 마치고 결과물을 작성하여 스마트 패드를 이용, 교사에게 제출한다. 모둠별로 대표 학생이 앞에 나와 미리 보낸 자료를 전자칠판에 띄워놓고 발표하며, 서로 피드백을 주고받는다. 교사는 '평가기준표'를 활용하여 평가를 병행한다.
Doing the task: Project Work Ⓣ All the presenters did a good job! Thanks. Now, have a look at the sample writing on the screen. Ⓣ OK. Here is a good video clip showing the Boxing Day event in England. Let's watch it together.	Whole class work	Task–based Learning(TBL) 〈Post–Task Stage〉 전자칠판에 예시 작품(영국의 boxing day 소개 동영상이나 사진 자료 포함)을 제시하여 모둠별 프로젝트 과업을 정리한다.

	Ⓣ Is there any questions about the expressions you have written in your writing or in the sample writing? (Ⓣ can explain the expressions the students have difficulty understanding the writings. → Language focus stage)		예시작품 Boxing Day Boxing Day is a public holiday in the United Kingdom, Canada, New Zealand and Australia. It is usually celebrated on December 26, the day after Christmas Day. It is based on the tradition of giving gifts to the less fortunate and poor members of society. A Christmas box is, in England tradition, a clay box. Owners and customers donate bonuses to the workers anonymously in the box like a piggy bank. The habit of breaking the Christmas box gave its name to Boxing Day. "Christmas Box" now means generally a gift or pay bonus to workers.	

활용 도구 스마트 패드 컴퓨터 전자칠판

활용 앱 동영상 사진 프레젠테이션 e-Book

● 정리

수업 단계	교수·학습 활동		전략 및 유의점	활용 도구
정리 및 평가	Wrapping-up the lesson Ⓣ Ok. Thank you very much for your hard work and wonderful presentation. We've learned about many interesting holidays from various countries. Please hand in your presentation file through your smart pads or print-out.	Whole class work		
	Ⓣ Then, please upload your work on our study cafe for exchanging our ideas in detail. So every student should provide comments, suggestions, or ideas in next week.	Group work	발표를 마친 모둠별 결과물을 정리하여 스마트 패드나 컴퓨터를 이용, 구글+커뮤니티 또는 카페에 업로드한다.	

	Ⓣ Well, what did you learn in this lesson? Ⓣ What are the most impressive activities in this lesson? Ⓣ What materials are most helpful for your study today? Ⓣ Tomorrow, we'll review the whole of this lesson 10, by doing the "Let's Check". Please preview the contents for tomorrow activity. Thank you!	Whole class work Individual work	게시물에 대한 댓글을 통해 다른 모둠의 발표 자료에 대한 피드백·질문·평가·제안 등이 이루어지도록 한다.

활용 도구 스마트 패드 컴퓨터

활용 앱 e-Book 구글 + 커뮤니티

4. 교수·학습 자료

(1) 평가 기준

프로젝트 과업 수행 활동(Project work)을 통해 작품을 제작하여 발표하는 과정에서 교사는 관찰 평가 방법으로 다음과 같은 평가 기준에 의하여 각 모둠별로 평가를 수행할 수 있다.

평가 범주	수행 내용				배점
	A	B	C	D	점수(100점)
주제와 관련성	해당 명절의 대표적 특징을 잘 설명한다.	명절의 소개는 맞으나 특징이 모호한 부분이 있다.	명절 소개보다 다른 것에 더 초점을 맞추었다.	명절에 관한 내용이 아니다.	40
자료의 창의성	효과적으로 자료를 제시한다.	효과 면에서 떨어지지만 자료 제작에 힘쓴다.	자료가 미흡하고 비효과적이다.	자료가 빈약하고 무성의하다.	30
참여도	적극적으로 참여한다.	성의는 보이나 지속적이지 않다.	소극적으로 참여한다.	참여하지 않는다.	20
발표의 유창성	내용 전달이 분명하고 정확하다.	내용 이해는 가능하나 불분명한 부분이 있다.	내용 이해가 절반 정도 가능하다.	내용 이해가 어려우나 노력의 흔적이 보인다.	10

(2) 웹사이트 리스트

다음은 세계의 명절을 조사하는 단계에서 참고할 수 있는 웹사이트들이다.

- www.kidsturncentral.com/holidays/glossary/holidaysgloss.htm
- www.earthcalendar.net

(3) 학습지

다음은 전개 단계에서 사용할 교과서(148쪽)의 내용을 담은 학습지 worksheet 1이다.

Think and Write

A. 자신에게 가장 기억에 남는 선물은 무엇이었는지 생각해보고, 다음 물음에 답을 써봅시다.

1. What was the special gift?

   It was ______________________________ .

2. Who gave it to you?

   ______________________________ gave it to me.

3. When did you get it?

   I got it ______________________________ .

04 e-Book 적용 사례

1. 적용 개요

본 연구에서는 스마트 기능을 수업에 적용하기 위해 교육과학기술부 선정 e-교과서 3.0 표준 저작도구인 FDESK를 사용하여 한 차시 분량의 e-Book을 제작하였다.

기존의 서책형 교과서를 활용한 수업은 종이라는 매체가 가진 한계로 인해 교과서 안에 다양한 자료(소리, 멀티미디어, 하이퍼링크 등)를 포함할 수 없는 단점이 있다. 이러한 단점을 극복하고자 e-Book을 수업에 적용시켜보았고, 이를 통해 좀 더 효율적이고 효과적인 영어 교수·학습이 가능할 것으로 기대한다. 또한 e-Book의 다양한 기능이 교실에 설치된 전자칠판(인터랙티브 화이트보드)과 결합하면 교사는 수업을 좀 더 재미있고 생동감 있게 진행할 수 있으며, 학생 입장에서도 동기 부여 측면에서 도움이 되기 때문에 결과적으로 영어 학습에 직간접적인 도움을 받을 수 있을 것이다.

2. 적용 방법 및 유의점

현재 개발한 e-Book은 쓰기+말하기 통합 의사소통 활동 모형의 예시로 한 차시 분량으로 제작되었다. 모형 자체가 학생들이 실제로 쓰고 말하는 활동에 많은 시간을 할애하고 있으므로, 이러한 쓰기와 말하기 활동을 안내하는 보조적인 역할을 위해 제작되었다. 한 차시 수업의 전체 흐름은 제작된 e-Book의 흐름을 따라가되, 학생들이 실제로 글을 쓰고, 토론하고, 최종 결과물을 만들어내고, 발표하는 과정이 수업의 주가 되어야 할 것이다.

Review 섹션에서는 지난 차시에 배운 내용을 상기시키기 위해 학습 목표 중 하나였던 주요 언어 형식(구문)을 복습하는 활동으로 구성하였다([그림 7] 참조). 실제 교실 수업에서 교사는 학생들이 스마트 패드를 이용해 해당 언어 형식(구문)을 사용한 문장을 직접 적어보도록 하고, 패드에 적은 내용을 전자칠판에 띄워 함께 보며 피드백을 제공하게 된다. e-Book에서는 전자칠판으로 확인하는 내용을 가상으로 구현하기 위해 왼쪽 상단의 'check' 기능을 누르면 학생들이 작성한 예시가 나타나도록 제작하였다. 이 'check' 기능 표시는 모든 페이지에 포함되며, 실제 전자칠판을 활용하여 수업을 할 경우엔 필요 없으므로 삭제해도 무방하다.

Think and Write A 섹션에서는 선물을 받았던 경험에 대하여 생각해보고 간단하게 적어보는 활

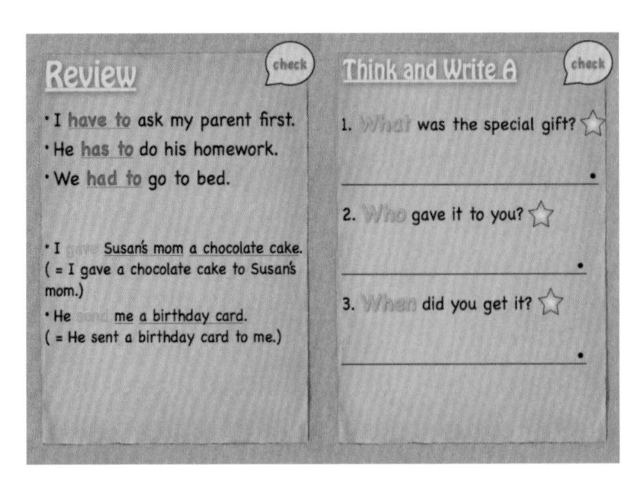

[그림 7] e-Book의 모습 1

동을 하게 된다([그림 7] 참조). 마찬가지로 세 가지 질문에 대해 학생들이 스마트 패드에 적으면 교사가 전자칠판에 띄워 함께 공유한다. 밑줄이 쳐져 있는 빈칸을 클릭하면 직접 문장을 적어 넣을 수 있으며, 질문 옆의 별 모양 아이콘을 클릭하면 교사가 미리 준비해둔 예문이 자동으로 나타나도록 하였다.

Think and Write B 섹션에서는 e-Book으로 예시를 제시하고, 자신의 경험을 바탕으로 비슷한 분량의 문단 단위 쓰기를 해보는 활동을 하게 된다([그림 8] 참조). 여기서도 마찬가지로 학생들이 작성한 글을 전자칠판에 띄워 함께 공유하고 논의하며, 서로 피드백을 주고받을 수 있도록 하였다.

Project Work 섹션에서는 예시를 바탕으로 학생들이 직접 스마트 패드를 이용하여 세계의 주요 축제를 검색하고, 자료를 내려받아 편집까지 하는 활동이 진행된다([그림 8] 참조).

Wrap-up 섹션은 수업을 마무리하며 수업 시간에 작성했던 문장과 모둠별 Project Work의 결

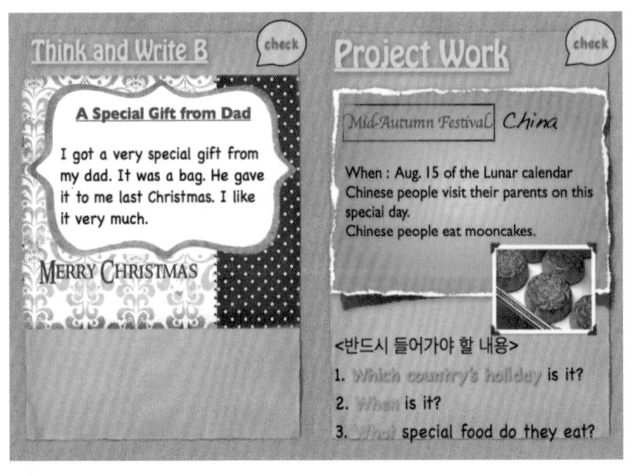

[그림 8] e-Book의 모습 2

[그림 9] e-Book의 모습 3

과물을 인터넷 공간에 공유하고 상호 피드백을 주고받을 수 있도록 안내한다([그림 9] 참조). 이때 교사는 접근이 용이한 인터넷 공간을 미리 만들어두어야 한다. 기존 포털 사이트의 카페 기능을 많이 사용하기는 하지만, 스마트 기기를 통해 접근할 경우 아직 불편한 점이 많아 구글에서 제공하는 Google+Communities 기능을 선택하였다. Push 알림 기능을 활용하면 피드백을 받은 즉시 확인이 가능하기 때문에 보다 효과적으로 의사소통을 나눌 수 있는 장점이 있다. e-Book의 파란색 로고를 클릭하면 미리 만들어둔 커뮤니티로 연결되고, 교사는 이때 글 작성하는 방법과 파일 올리는 방법을 보여주며 설명하면 된다. 커뮤니티는 학급별로 만들어 학생들의 참여를 장려하고 피드백을 제공하는 것이 효과적이다.

3. 적용상의 제한점 및 제언

e-Book 제작에 사용된 FDESK라는 프로그램은 교육과학기술부가 선정한 저작도구임에도 제작의 편의성이 다소 떨어진다. 예를 들어 본 연구에서는 한 문단을 작성하고 특정 문장이나 단어를 굵게 표시하려 했으나 불가능했다. 문단 전체를 하나의 개체로 인식하기 때문에 문단 전체를 굵게 표시하는 것만 가능했다. 영어 교과는 다른 교과와 달리 읽기 자료를 제시하고 특정 부분의 명시성을 높이는 방법을 많이 사용하기 때문에 이러한 불편은 제작자 입장에서 어려운 요소로 작용할 가능성이 높다.

또한 프로그램의 전반적인 인터페이스가 원활하게 구성되지 않아 e-Book을 제작하는 데 많은 시간과 노력이 소모되었다. 여러 개체의 속성을 조절하기 위해서는 각 개체를 일일이 선택하여 따로 속성을 고쳐야 했으며, 여러 개체를 함께 선택하는 것 자체가 불가능하였다. 디자인은 Microsoft 사의 Office 제품과 유사하지만, 사용할 수 있는 기능이나 메뉴는 현저히 적어 원하는 대로 쉽게 제작하는 데 어려움이 있었다. 텍스트 개체의 경우, 제작 화면에서의 모습과 실제 e-Book으로 출판하였을 때의 모습이 동일하지 않아 다시 수정하는 일이 반복되었다. 이러한 불편을 줄이기 위해 Microsoft 사의 파워포인트나 Apple 사의 Keynote 등 다른 프레젠테이션 프로그램을 이용하여 1차적으로 디자인 작업을 마친 후, 그 파일을 다시 불러와 필요한 기능을 추가하는 번거로움을 겪어야 비로소 원하는 디자인의 e-Book 형태를 갖출 수 있었다.

e-Book 제작의 이러한 불편은 실제로 e-Book을 개발하여 교실 현장에 적용해야 하는 교사에게는 시간적·정신적 부담이 될 수 있으며, 나아가 디지털 교과서가 현장에서 외면받는 원인이 될 수도 있으므로 향후 개선되어야 할 것이다.

참고문헌

교육과학기술부(2011). 스마트 교육 추진 전략 (2011. 6. 29. 대통령보고), 서울: 교육과학기술부.

교육인적자원부(2007). 2007 개정 외국어과 교육과정, 서울: 교육인적자원부.

김성곤 외(2009a). Middle School English 1, 서울: 두산동아.

김성곤 외(2009b). Middle School English 1 Teachers' Guide, 서울: 두산동아.

김인석(2004). 21세기 멀티미디어 영어교육론, 서울: 한국문화사.

유범 외(2005). 멀티미디어 활용 영어교육, 서울: 북코리아.

한국교육학술정보원(2012). 스마트 교육 중앙선도교원 연수, 서울: 한국교육학술정보원.

한국교육학술정보원(2010). 21세기 학습자를 위한 교원연수, 서울: 한국교육학술정보원.

Chapelle, C.(2001). *Computer applications in second language acquisition*. Cambridge: Cambridge University Press.

Chapelle, C.(2003). *English language learning and technology*. Amsterdam: John Benjamins.

Erben, T., Ban, R., & Castaneda, M.(2009). *Teaching English language learners through technology*. New York: Routledge.

Lankshear, C., & Knobel, M.(2006). *New literacies: Everyday practice and classroom learning*. New York: McGraw Hill.

Willis, D., & Willis, J.(2007). *Doing task-based teaching*. Oxford: Oxford University Press.

스마트 교육을 통한 교실 혁명

중등 수학

수학 교육과 스마트 교수·학습 모형

01 수학 교육과 스마트 교수·학습 모형의 개요

1. 수학 교육과 21세기 학습자 역량

인류의 역사는 기술의 발전, 사회적 가치의 변화와 같은 여러 핵심 동인들에 의해 패러다임의 변화가 이루어져 왔다. 지금은 IT(정보기술)를 활용하여 새로운 가치가 창출되면서 우리 삶의 형태를 바꾸고, 미래 사회 구조가 재창조되는 스마트 사회로 패러다임의 전환이 일어나고 있다. 이젠 IT가 효율성과 경제 성장, 사회 혁신의 수단에서 또 다시 진일보하여 사회 전반의 스마트한 변혁과 디지털 인본주의를 바탕으로 사회문화적 가치를 창출하는 '스마트 시대'로 패러다임 진화를 이끌어 나갈 것이다.

스마트 교육은 IT와 이를 기반으로 한 네트워크 자원을 학교 교육에 효과적으로 활용하여 교육 내용·교육 방법·교육 평가·교육 환경 등 교육 체제를 혁신함으로써 모든 학생이 글로벌 리더가 될 수 있도록 재능을 발굴·육성하는 21세기 교육 패러다임이다(교육과학기술부, 2011: 13). IT의 발전에 따라 과거 산업 사회에서 형성된 획일적, 표준화된 교육 방식에서 선택적, 맞춤형 교육 방식으로 전환하여 학습자 중심의 교육 환경을 조성하고, 정보 기반 사회에서 생산한 지식을 공개·공유하고 협력을 통해 새로운 지식을 생산하는 창의적 학습 환경으로 변화하고 있다.

이에 21세기 필수 역량에 대한 연구와 실천을 추진하는 대표적인 기관인 Partnership for 21st century skills(2009)에서는 21세기 학습자 역량을 ① 학습 및 혁신 능력(비판적 사고력과 문제 해결력, 의사소통 및 협력, 창의력과 혁신) ② 생애 및 경력 개발 능력(정보·미디어·ICT 리터러시) ③ 정보·미디어·테크놀로지 능력(융통성과 적응성, 자기주도성, 사회 및 문화상호성, 생산성과 책무성, 리더십과 책임)으로 제시했으며, 이후 한국교육학술정보원에서는 21세기 학습자 역량을 ① 기초 능력 개발 영역(창의력, 문제 해결력, 의사소통, 협력, 테크놀로지 리터러시, 예술적 사고) ② 인성 개발 영역(배려, 전심전력, 도전의식, 윤리의식) ③ 경력증진 영역(사회적 능력, 유연성, 자기주도성, 리더십, 책무성)으로 제시하였다(허희옥·임규연, 2011: 26).

본 연구에서는 수학과 교수·학습 모형의 기대효과 준거로서 21세기 학습자 역량 요소는 Partnership for 21st century skills(2009)와 한국교육학술정보원(2011)의 내용을 기반으로 하되 이러한 요소들 중 수학 교과의 특성에 가장 적합하다고 생각된 핵심 요소를 추출하여 다음과 같이 제시한다.

• 창의력: 새로운 생각이나 개념을 찾아내거나 기존의 생각이나 개념을 새롭게 조합하여 가치 있

는 결과물을 만들어내는 능력

- 비판적 사고력: 이해한 내용을 분석해 그것이 정당한지 혹은 가치가 있는지를 평가할 수 있는 능력
- 문제 해결력: 다양한 사고 방법을 이용하여 주어진 문제를 분석하고 파악하며, 적절한 해결 방안을 수립하고 적용하여 해결하는 능력
- 의사소통: 언어적·비언어적으로 표현된 생각, 감정, 의견 등을 해석하고 표현하며 사회적 상황에서 적절하게 상호작용하는 능력
- 협업력: 문제 해결, 새로운 산출물 창출, 학습 및 숙련을 위하여 다른 사람과 함께 일함으로써 한 명 이상의 다른 사람들과 효과적으로 상호작용하는 능력
- 테크놀로지 리터러시: 정보의 수집, 해석, 활용, 창조를 위하여 다양한 테크놀로지를 취사선택하여 활용할 수 있는 능력

2. 수학 교육에서의 스마트 교수·학습 모형의 개략

교수·학습 모형	수업 단계	주요 교수·학습 전략	적용 기술	핵심 학습자 역량
개념 형성 모형	구체적인 상황 제시하기	공학 도구 설명형, 스크린 설명형	e-Book	창의력, 비판적 사고력, 문제 해결력, 의사소통, 협업력, 테크놀로지 리터러시
	비공식적인 정의 내리기	스크린 토의형	e-Book	
	공식적이고 엄밀하게 정의하기	지필 환경 연결형	e-Book	
	정의된 개념 활용하기	지목 토의형	e-Book, 스쿨박스	
개념 응축 모형	다양한 자료(문제) 제시하기	스크린 설명형		창의력, 비판적 사고력, 문제 해결력, 의사소통, 협업력, 테크놀로지 리터러시
	관계 탐색하고 추론하기	스크린 토의형	GSP, function plot	
	결과 예측 또는 가설 설정하기	학생 발표형	GSP, function plot	
	일반화하기	지필 환경 연결형		
개념 도구화 모형	상위 수준의 문제 상황 제시하기	공학 도구 설명형, 스크린 설명형	전자칠판	창의력, 비판적 사고력, 문제 해결력, 의사소통, 협업력, 테크놀로지 리터러시
	하위 수준 개념 적용하기	스크린 토의형, 지목 토의형	구글 드라이브	
	통합하기	스크린 토의형, 지목 토의형		
	문제 해결 및 반성하기	학생 발표형, 지필 환경 연결형	전자칠판	

3. 수학 교육과 스마트 교수·학습 모형의 이론적 배경

1) 개념 형성–개념 응축–개념 도구화 모형

Sfard(1991)는 개념 발달을 내면화→응축화→대상화의 3단계로 제시하고 있다. 학생들은 새롭게 학습해야 할 개념에 대해서 조작을 통해 친숙하게 되어 과정들을 정신적 표상을 통해 수행할 수 있는데 그 과정에 대해 생각하기 위해 더 이상 조작이 필요 없게 되었을 때 내면화되었다고 한다. 예를 들어 음수 개념의 학습에서 더하고 빼는 과정이 익숙해져 자동적으로 수를 뺄 수 있게 된 것이 내면화 단계에 이른 것이다.

응축화 단계는 새로운 개념이 출현하는 단계로 과정을 결합하고 비교하고 일반화할 수 있게 되

[표 1] 개념 형성 발달 단계에 따른 수업 절차(틀)

모형 유형	수업 절차(틀)	
개념 형성 모형	구체적인 상황 제시하기	구체적인 상황이나 개념에 알맞은 구체적 조작, 경험, 대상 등을 제시한다. 제시할 때 개념의 예와 반례되는 자료를 비교해서 놓는 것도 좋다.
	비공식적인 정의 내리기	수학적 개념을 그림이나 앞 단계에서 한 예를 통해, 정확하지는 않지만 잠정적으로 정의한다.
	공식적이고 엄밀하게 정의하기	앞에서 직관적으로 개념을 정의했지만 이것만으로는 불충분하다. 명확한 기호나 언어를 도입하여 개념을 설명해준다.
	정의된 개념 활용하기	앞에서 정의한 개념은 이를 활용한 문제 상황을 줌으로써 이해를 깊게 할 수 있다.
개념 응축 모형	다양한 자료(문제) 제시하기	여러 자료(과제)를 제시하여 자료(과제)의 다양성을 유지한다. 가능하면 학생들의 인지 구조에 알맞은 자료(과제)를 제시하는 것이 바람직하다.
	관계 탐색하고 추론하기	일반화를 위해 위의 소재(혹은 다른 소재)를 이용하여 탐색 과정을 거친다.
	결과 예측 또는 가설 설정하기	예측은 여러 관점으로 할 수 있으나, 추론의 연장선에서 예측이 이루어져야 하며, 그 예측 또는 가설을 학생이 설명할 수 있도록 한다.
	일반화하기	연산인 경우, 알고리즘도 포함한다.
개념 도구화 모형	상위 수준의 문제 상황 제시하기	상위 수준의 문제는 학습 목표 달성을 위해 통합적이고 실제적이며 복잡한 문제여야 한다(협동 학습 권장).
	하위 수준 개념 적용하기	상위 문제를 해결하기 위해 필요한 일련의 하위 개념들을 조작하고 적용한다.
	통합하기	두 수준(상위와 하위 수준)의 개념 관계망을 만들어 개념을 확장한다.
	문제 해결 및 반성하기	처음에 주어진 문제를 해결하고 이를 검토한다.

며, 개념의 여러 표현들의 번역이 가능하다. 이 단계에서는 음수와 양수를 곱하는 산술 조작에서 여러 계산과 과정들을 결합하는 능력이 능숙해짐을 볼 수 있는데 새로운 개념이 알고리즘에서 종속되어 있는 한 응축화 단계는 지속이 된다.

대상화 단계는 추상적인 구성물에 의해 개념에 대한 다양한 표현이 의미적으로 통합될 수 있는 단계로, 상위 수준의 개념에 대한 내면화가 시작되는 지점이기도 하다. 이 단계에서는 또한 카테고리의 일반적인 성질과 표현들의 관계를 조사하고, 주어진 조건을 충족하는 모든 예를 찾아 문제를 해결할 수 있게 된다(정연준, 2004에서 재인용).

본 수학과 교수·학습 자료 개발에 Sfard의 관점을 채택한다면, 구체적으로 다음과 같이 도입할 수 있다. 우선 개념 형성–개념 응축–개념 도구화 모형에서는 교사가 개념에 대한 구조적인 지시를 직접적으로 내세우지 않고 학생들이 직접적인 조작을 경험함으로써 형성하도록 함을 기본 전제로 한다. 함수 단원을 예로 들면, 함수의 개념 형성 모형에서는 동영상을 통해 변수를 찾도록 하고, 변화하는 양의 관계를 찾아 그것을 식으로 표현할 수 있는 능력이 내면화되도록 한다. 다음으로 함수의 개념 응축 모형에서는 내면화된 여러 함수 현상에 대해 표와 식, 그래프와 같은 다양한 표현들 사이의 번역이 가능하게 하고, 다양한 현상에 대해 비교하고 일반화할 수 있게 하여 알고리즘에 머물러 사고하는 방식을 벗어나도록 한다. 마지막으로 함수의 개념 도구화 모형에서는 개념에 대한 다양한 표현들을 의미적으로 통합하여 사고함으로써 문제를 해결하도록 하는 동시에 다음 수준의 내면화가 이루어지기 위한 동기 부여를 제공한다.

따라서 이러한 모형에 따른 일반적인 수업 절차를 제시하면 [표 1]과 같다.

2) 공학 도구의 조직화와 교수 유형

(1) 인공물, 도구, 도구 발생의 개념

테크놀로지에는 계산기, 컴퓨터, 컴퓨터 소프트웨어 등의 모든 것이 포괄될 수 있으며, 그 활용에 따라 단순히 연장이 될 수도 있고, 인공물 혹은 도구가 될 수도 있다. 이때 연장(Tool)이란, 수학 학습에서 활용되는 조작물 또는 보조 자료로 볼 수 있으며, 이러한 관점에서 십진블록, 컴퍼스, 자, 각도기는 물론 지필 환경까지도 연장의 일종이 될 수 있다. 또한 인공물(Artefact)이란 일반적인 연장에서 학생과 상호작용할 수 있도록 수학적인 면과 학생의 흥미를 고려하여 의도적으로 제시하는 것을 의미한다. 도구(Instrument)는 수학적 지식의 인지나 구성에서 중재 역할을 강조하며, 수학적 지식, 학습자, 도구와의 상호작용과 관계가 깊다. 예를 들어, 판서 대용으로서 프레젠테이션을 활용하여 근의 공식을 유도하는 과정을 서술하고 제시하였다면, 일반적인 연장으로 볼 수 있다. DGS(Dynamic Geometry Software)를 수반한 소프트웨어를 활용하여 테크놀로지가 중재하는 학습상황에서 삼각형 내각의 합이 180°라는 지식을 획득했다면, 이때의 테크놀로지는 도구로 볼 수 있다(김부윤 외, 2008: 262).

인공물
(스마트 패드)

+ Schemes: 개인의 기술적 지식과
수학적 지식이 혼합된 심리적 요소

기술적 지식이란 스마트 패드에 내장된 수학 관련 테크놀로지(CAS, DGS, Cabri, Cinderella 등)뿐만 아니라 스마트 패드 자체 기능(전자칠판과의 연동으로 선택적 자료 전송, 카메라 기능으로 수업 콘텐츠 생성, 판서, 메모, SNS 등의 협력 기능, 미러링, 트랜스터 기능 등)과 같이 기술과 관련된 지식이며, 수학적 지식이란 함수의 개념, 그래프의 이해 등 수학과 관련된 지식을 말한다.

도구

[그림 1] 스마트 교육에서의 도구 발생

도구 발생(Instrumental Genesis)이란 인공물의 사용을 의미 있는 방식으로 발전시키기 위한 과정, 즉 인공물과 개인적 스킴(Schemes: 인공물의 사용 지식과 수학적 지식이 뒤엉켜 구성된 것)의 상호작용으로 이루어진 과정이다. 도구 발생에는 사용자가 자신의 의도대로 연장을 형성(구체화)하는 것(Institutionalization)과 사용자가 연장에 의해 형성(구체화)된 것을 이해하는 것(Instrumentation)이 포함되며, 이 두 가지 요소는 테크놀로지 환경의 수학 교육에서 도구 발생의 핵심이 된다(Rose Mary Zbiek et al. 2007: 1178-1179).

[그림 1]은 도구 발생을 스마트 교육과 접목시켜 나타낸 그림이다.

(2) 공학 도구 조직화의 여섯 가지 교수 유형

공학 도구의 조직화(Instrumental Orchestration)는 테크놀로지 수학 학습 상황에서 학생의 도구 발생을 도와주기 위해 교사가 의도적이고 조직적으로 인공물을 구성하고 사용하는 것을 의미한다. 예를 들어, 교사가 수업 시간에 테크놀로지 도구 사용의 특정 기술에 우선권을 주어(특권 주기) 학생의 도구 숙달과 학습 과정을 안내해주는 것이다(Drijvers et al. 2010: 214).

공학 도구의 조직화에는 교사 중심형인 공학 도구 설명형, 스크린 설명형, 지필 환경 연결형과, 학생 중심형인 스크린 토의형, 지목 토의형, 학생 발표형의 여섯 가지 타입이 있다.

공학 도구 설명형(Technical-demo)

교사가 도구 기술을 학생들에게 설명하는 것과 관련된다. 이러한 타입의 교사는 학생들에게 도구로 무엇을 해야 할지, 어떻게 해야 할지 분명히 알려주어 학생들에게 생길 수 있는 기술적인 문제를 사전에 없애주려고 노력한다.

스크린 설명형(Explain-the-screen)

교사가 컴퓨터 화면에서 일어나는 일을 안내하고 설명하는 것과 관련된다. 설명 내용은 기술적인 부분을 넘어서 수학 내용을 포함한다. 이러한 타입을 강조하는 교사는 학생들에게 과제가 정확하게 설명되면 효과적인 학습 활동이 촉진될 것이라고 생각한다.

지필 환경 연결형(Link-screen-board)

교사가 테크놀로지 환경에서 일어나는 것과 전통적인 수학 환경(종이, 책, 칠판 등)으로 표현된 수학 사이의 연결을 강조한다. 이러한 타입을 강조하는 교사는, 수학 교수 목표를 이루기 위해 테크놀로지 사용이 유용하며 지식은 지필 환경(전통적인 수학 환경)으로 전환될 필요가 있다는 관점을 가지고 있다.

스크린 토의형(Discuss-the-screen)

컴퓨터 화면에서 일어나는 일들에 대해 학생들이 토의하는 것과 관련된다. 목표는 학생 전체의 도구 발생을 강화하는 것이다. 교사는, 학생들은 발언권을 가져야 하며 학습은 학생들의 상호작용을 통해 이루어져야 한다는 생각을 가지고 있다.

지목 토의형(Spot-and-show)

주로 학생의 오답이나 참신하고 통찰력 있는 해답에 대해 토론하는 것과 관련된다. 교사는, 학생의 오답과 참신한 접근에 대한 토의는 학습에 유익하며 이는 테크놀로지 환경에서 보다 명백해진다는 생각을 가지고 있다.

학생 발표형(Sherpa-at-work)

셰르파 학생(Sherpa-Student)이란, 테크놀로지를 (자신의 의도대로) 사용하여 작업을 발표하거나 교사가 요청한 작업을 수행하는 학생을 말한다. 셰르파 학생을 적극적으로 활용하는 교사는 테크놀로지가 상호작용의 방식으로 수학을 가르치는 데 새로운 가능성을 제공한다는 관점을 가지고 있다.

본 연구에서는 Sfard의 개념 형성 관점을 내용으로 하고 이러한 공학 도구의 조직화에 따른 교수 유형을 방법으로 취하여 스마트 교수·학습 모형을 개발하였다. 이때 교수·학습 모형(개념 형성 모형, 개념 응축 모형, 개념 도구화 모형)의 수업 단계는 비교적 고정적이며, 교수 유형은 같은 타입이라도 수업 모형의 단계에 따라 그 방법적인 내용이 달라질 수 있다. 또한 필요에 따라 교사는 수업 단계에 따른 교수 유형을 취사선택할 수 있다.

(3) 공학 도구의 조직화와 21세기 학습자 역량

공학 도구 조직화의 여섯 가지 교수 유형을 통해서 기대할 수 있는 수학과 21세기 학습자 핵심 역량에 관하여 살펴보고자 한다.

교사가 도구 기술을 학생들에게 설명하는 공학 도구 설명형은 학생의 테크놀로지 리터러시 함양에 도움이 된다. 이때 교사는 학생들에게 테크놀로지로 무엇을 해야 할지, 어떻게 해야 할지 분명히 알려줌으로써 수업 중 학생들에게 생길 수 있는 기술적인 문제를 사전에 방지한다. 스크린 설명

[표 2] **수학과 스마트 교육 수업 절차와 교수 유형**

	수업 절차(틀)	교수 유형		비고(예시 문제)
개념 형성 모형	구체적인 상황 제시하기	공학 도구 설명형, 스크린 설명형	제시된 화면을 통해 교사는 수학적인 내용을 끌어내기 위한 설명을 한다(단, 수학 프로그램을 사용할 경우, 화면에 대한 기술적인 설명도 병행한다).	
	비공식적인 정의 내리기	스크린 토의형	비공식적인 정의를 내리기 위해서 학생들은 제시된 화면을 보고 토의한다.	
	공식적이고 엄밀하게 정의하기	지필 환경 연결형	엄밀한 개념 형성을 위해서 교사는 제시된 내용을 수학적인 용어나 기호를 사용하여 정리한다.	
	정의된 개념 활용하기	지목 토의형	형성된 개념을 확인하기 위하여 교사는 관련 문제를 제시하고 오류가 있는 학생의 풀이를 찾아 학생들의 개념 형성이 더 공고해지도록 한다.	예 대교 142쪽 두 변수 x와 y사이에 다음과 같은 관계가 있을 때, y가 x의 함수인지 아닌지 알아보고, 함수 중에서 y를 x에 관한 식으로 나타낼 수 있는 것을 식으로 나타내라. (1) 우리나라에서 x년도에 태어난 아이 y명 (2) 원래 가격 x원에서 20% 할인한 가격 y원
개념 응축 모형	다양한 자료(문제) 제시하기	스크린 설명형	제시된 화면을 통해 교사는 수학적인 내용을 끌어내기 위한 설명을 한다.	예 대교 145~148쪽 다음 함수의 그래프를 그리라. (1) $x = 3x$ (2) $y = -\frac{1}{2}x$ (3) $y = \frac{3}{x}$ (4) $x = -\frac{6}{x}$
	관계 탐색하고 추론하기	스크린 토의형	제시된 소재를 가지고 탐색하고 일반화하기 위해 학생들은 토의한다.	예 대교 149쪽 네 함수 $y = \frac{1}{x}, y = \frac{2}{x}, y = \frac{3}{x}, y = \frac{4}{x}$의 그래프를 한 화면에 그려보고, 함수 $y = \frac{a}{x}(a \neq 0)$에서 a의 절댓값이 커질수록 그래프가 어떻게 변하는지 설명해 보자.
	결과 예측 또는 가설 설정하기	학생 발표형	정리된 내용을 학생들이 설명하도록 한다.	
	일반화하기	지필 환경 연결형	교사는 제시된 내용을 수학적인 용어나 기호를 사용하여 정리한다.	

개념 도구화 모형	상위 수준의 문제 상황 제시하기	공학 도구 설명형, 스크린 설명형	제시된 화면을 통해 교사는 수학적인 내용을 끌어내기 위한 설명을 한다(단, 수학 프로그램을 사용할 경우나 자료 수집이 이루어질 경우, 기술적인 설명도 병행한다).	
	하위 수준 개념 적용하기	스크린 토의형, 지목 토의형	학생들은 제시된 내용이나 수집된 정보를 찾으면서 토의한다. 교사는 학생들의 활동을 살펴보면서 오류가 있는 경우 찾아내어 함께 논의한다.	
	통합하기			
	문제 해결 및 반성하기	학생 발표형, 지필 환경 연결형	학생들은 정리된 내용을 발표하고, 교사는 마무리를 한다.	

형은 교사가 컴퓨터 화면에서 일어나는 기술적인 내용과 수학적인 내용을 설명함으로써 학생의 문제 해결력과 테크놀로지 리터러시 향상에 영향을 줄 것이다. 이때 교사는 학생들에게 과제를 정확하게 설명하여 효과적인 학습이 이루어질 수 있도록 노력한다. 교사 중심형의 마지막 유형인 지필 환경 연결형은 교사가 테크놀로지 환경에서 일어나는 것과 전통적인 수학 환경으로 표현된 수학 사이의 연결을 강조함으로써 학생들이 수학 내용에 집중할 수 있도록 한다. 이러한 타입을 통해서 학생들은 문제 해결력과 비판적 사고력을 고취할 수 있다.

한편 학생 중심형에 속하는 스크린 토의형은 컴퓨터 화면에서 일어나는 일들에 대해 학생들이 토의하도록 함으로써 학생 전체의 도구 발생을 강조한다. 이러한 타입은 학생들의 상호작용을 중요하게 생각하므로 학생의 비판적 사고력, 문제 해결력, 의사소통, 협업력 함양에 도움이 될 것이다. 지목 토의형은 특정 학생의 오답이나 참신하고 통찰력 있는 해답에 대해 학생들끼리 토론하게 하는 유형으로, 학생의 창의력, 비판적 사고력, 문제 해결력, 의사소통, 협업력 함양에 영향을 줄 것이다.

[표 3] 교수 유형에 따른 기대 효과

		창의력	비판적 사고력	문제 해결력	의사소통	협업력	테크놀로지 리터러시
교사 중심형	공학 도구 설명형						○
	스크린 설명형			○			○
	지필 환경 연결형		○	○			
학생 중심형	스크린 토의형		○	○	○	○	
	지목 토의형	○	○	○	○	○	
	학생 발표형	○		○			○

학생 중심형의 마지막 유형인 학생 발표형은 도구 발생이 어느 정도 진행된 학생을 대상으로 과제를 수행하거나 발표하도록 하는 타입으로서, 학생의 창의력, 문제 해결력, 테크놀로지 리터러시 고취에 도움이 될 것이다([표 3] 참조).

02 스마트 모델 1: 개념 형성 모형

1. 교수·학습 모형 설명

Sfard의 관점에서 개념 형성을 비추어보면, 학생들은 새로운 개념을 학습할 때 조작을 통해 그 개념에 친숙하게 되고, 학습 과정들은 정신적 표상을 통해 수행될 수 있다. 그리고 그 과정을 생각하는 것에 더 이상 조작이 필요 없을 때 내면화되었다고 한다. 개념 형성 모형은 총 네 단계로 진행된다([표 4] 참조).

1단계 '구체적인 상황 제시하기'에서는 새롭게 배우는 개념에 관해 다양한 현실적 상황을 제시하여 충분히 그 개념에 친숙해질 수 있도록 한다. 이때 상황은 새로운 개념에 해당하는 것부터 그 개념에 반대되는 것까지 다양하게 제시한다. 다양한 상황을 제공할 때 공학 도구를 사용하고 교사의 안내가 필요한 부분이 있으므로, 교수 유형은 공학 도구 설명형과 스크린 설명형이 혼합된 형식이다.

2단계 '비공식적인 정의 내리기'에서는 제시된 상황을 접해보는 것으로 끝나지 않고, 그 개념에 대한 잠정적인 정의를 내리도록 한다. 이때 잠정적인 정의는 비형식적인 정의를 말한다. 그림, 글, 수학적 기호 등 다양한 표현 방법을 이용하여 정확하지 않더라도 스스로 정의 내리게 한다. 이때 학생들은 자신의 표현 방법에 대해 토론을 하는 형태가 많으므로 교수 유형은 스크린 토의형이 된다.

3단계 '공식적이고 엄밀하게 정의하기'에서는 2단계에서 내린 정의를 보다 정교하게 다듬어가는데, 비형식적이었던 표현은 형식적으로, 엄밀하지 못했던 표현은 엄밀하도록, 수학의 명확한 기호나 언어를 도입하여 개념을 정의하게 한다. 비형식적이었던 표현이 형식적이고 공식적으로 바뀌면서 교사의 설명이 필요한 부분이 많아지므로 이때 교수 유형은 지필 환경 연결형이 된다.

4단계 '정의된 개념 활용하기'에서는 3단계에서 내린 정의를 개념 정립으로 끝내지 않고, 구체적인 상황에 적용해보는 단계다. 구체적인 상황을 통한 학습은 개념 형성의 시작과 끝을 담당할 만큼 중요하며, 또 순환적인 특징이 있었다. 1단계의 상황이 개념을 이해하기 위한 단계였다면, 4단계는 이해를 깊이 하기 위한 단계라는 것에 차이가 있다. 이때 깊은 이해 단계까지 나아가므로, 수업은 깊은 이해에 도달한 학생들을 지목하여 결과물들을 학생들에게 보여주는 형식이 된다. 따라서 교수 유형은 지목 토의형이다.

이 모든 단계에서 교사는 학생들에게 개념을 직접적으로 지도하지 않고, 학생들이 조작을 경험

[표 4] **개념 형성 모형의 수업절차**

수업절차(틀)		교수 유형
구체적인 상황 제시하기	구체적인 상황이나 개념에 알맞은 구체적 조작, 경험, 대상 등이 제시된다. 제시될 때 개념의 예와 반례되는 자료를 비교해서 놓는 것도 좋다.	공학 도구 설명형, 스크린 설명형
비공식적인 정의 내리기	수학적 개념을 그림이나 앞 단계에서 한 예를 통해, 정확하지는 않지만 잠정적으로 정의한다.	스크린 토의형
공식적이고 엄밀하게 정의하기	앞에서 직관적으로 개념을 정의했지만 이것만으로는 불충분하다. 명확한 기호나 언어를 도입하여 개념을 설명해준다.	지필 환경 연결형
정의된 개념 활용하기	앞에서 정의한 개념을 활용한 문제 상황을 줌으로써 이해를 깊게 할 수 있다.	지목 토의형

함으로써 개념을 형성하도록 한다. 함수 단원을 예로 들면, 함수의 개념 형성 단계에서는 동영상을 통해 변수를 찾고, 변화하는 양의 관계를 찾아 그것을 식으로 표현할 수 있는 능력이 내면화되도록 하는 것이다.

2. 사용되는 스마트 기술

도구명	활용 화면	활용 용도	대안 도구
스마트 패드		동영상을 시청·분석하여 분석한 내용을 활동지에 작성하도록 할 수 있다.	
클래스팅		교육용에 적합하게 만들어진 폐쇄형 SNS다. 교사들은 알림을 공지하거나 반 친구들과 친목을 도모하는 등 여러 가지 용도로 사용할 수 있다. 수업 자료를 공유할 수 있다. 학습자들은 자신이 찾은 자료를 즉시 공유하면서 집단 지식을 형성해나갈 수 있다.	네이버 카페
e-Book (Fdesk)		학생들이 변하는 상황을 동영상으로 관찰하고 분석하여, 활동지에 작성하는 활동을 할 수 있다.	동영상 재생 프로그램

3. 교수·학습 과정안

1) 교수·학습 과정안 요약

학교급	중학교	학년	1학년	차시	1차시
교과	수학	대단원	함수	소단원	함수의 뜻
학습 목표	변하는 상황을 분석하고, 함수의 개념을 이해한다.				
스마트 활동	동영상 관찰, 동영상 분석				
학습자 역량	창의력, 비판적 사고력, 문제 해결력, 의사소통, 협업력, 테크놀로지 리터러시				
수업 진행	1단계 구체적인 상황 제시하기 ▶ 2단계 비공식적인 정의 내리기 ▶ 3단계 공식적이고 엄밀하게 정의하기 ▶ 4단계 정의된 개념 활용하기				
준비물	교사	스마트 패드			
	학생	스마트 패드			

2) 교수·학습 과정안

● 도입

수업 단계	교수·학습 활동		활용 도구
	교사	학생	
구체적인 상황 제시하기	수업 진행 방식을 설명한다. • 4개 조로 구성하여 수업을 진행한다. 동영상 재생 방법을 설명한다.	스마트 패드를 점검한다.	스마트 패드, 동영상
	바닷속 동영상을 보여준다. • 학생들이 동영상에서 변하는 값들을 잘 관찰하도록 안내한다.	동영상을 시청한다. • 동영상을 보면서 변하는 값을 체크한다.	스마트 패드, 동영상
	변수 쓰기 활동을 진행한다. • 학생들이 변수라는 단어보다는 변수의 의미를 이해하도록 지도한다.	변수 쓰기 활동을 한다. • 변하는 값을 찾고, 자신만의 문자로 나타낸다(예 속도: ㄱ, 거리: x, 시간: a).	스마트 패드
	두 변수의 관계를 파악하도록 지도한다. • 두 변수 사이의 관계에 대해 자유롭게 나타내고, 변수 쓰기 활동을 활용하도록 지도한다.	두 변수의 관계를 파악한다. • 동영상을 다시 시청하면서 두 변수 사이의 관계가 어떠한지 글 또는 그림으로 자유롭게 나타낸다.	스마트 패드, 동영상

활용 도구: 스마트 패드

활용 앱: 동영상

● 전개

수업 단계	교수·학습 활동		활용 도구
	교사	학생	
비공식적인 정의 내리기	1-1 동영상을 보여준다. • 두 변수 사이의 관계를 알고 그래프, 표, 식 등으로 나타내도록 한다.	1-1 동영상을 시청한다. • 두 변수의 관계를 활동지에 나타낸다.	스마트 패드, 동영상
	1-2를 보고 조별로(혹은 2명씩 짝지어) 작성된 활동지에 관해 토론하게 한다.	1-2를 보고 조별로 작성된 활동지에 관해 토론한다.	스마트 패드, 동영상
	1-3에 토론 결과를 적게 한다. • 조별 토론을 통해 새로 알게 된 내용이나 수정사항에 대해 적도록 지도한다.	1-3에 토론 결과를 적는다.	스마트 패드

활용 도구 스마트 패드

활용 앱 동영상

● 정리

수업 단계	교수·학습 활동		활용 도구
	교사	학생	
공식적이고 엄밀하게 정의하기	함수의 정의를 설명한다.	함수의 공식적이고 엄밀한 정의를 익힌다.	스마트 패드
정의된 개념 활용하기	변하는 상황을 보여주는 동영상과 함수 정의를 연결 지어 사고하도록 안내한다.	변하는 상황을 보여주는 동영상이 각각 함수가 되는지 함수 여부를 판단한다.	스마트 패드, 동영상
	수업에서 배운 내용을 정리해서 클래스팅에 올리게 한다.	수업 내용을 정리해서 클래스팅에 올리고, 학급 친구들과 공유한다.	스마트 패드, 클래스팅

활용 도구 스마트 패드

활용 앱 동영상 클래스팅

3) 교수·학습의 고려사항 및 유의점

- 교사는 함수의 엄밀한 정의를 바로 제시하지 않고, 변하는 상황을 충분히 관찰하여 함수의 개념을 익히도록 지도한다.
- 제공된 동영상을 모두 다루기 어렵다면, 동영상의 개수를 조정하여 관찰시간이 충분하도록 안내한다.
- 모둠별 활동이 필요한 경우, 상호 피드백이 활발할 수 있도록 분위기를 조성한다.

• 학생들이 함수를 표현할 때, 수학적으로 엄밀한 표현이 아니더라도 다양하고 풍부하게 표현하도록 교수·학습 분위기를 조성한다.

4) 교수·학습 자료

(1) 평가 기준

평가 범주			수행 내용	배점	평가 근거
참여도		상	함수 동영상을 관찰하고 표현한 내용을 조원들과 공유하고 활동에 참여한 횟수가 5회 이상이다.	20	관찰 체크리스트
		중	함수 동영상을 관찰하고 표현한 내용을 조원들과 공유하고 활동에 참여한 횟수가 2~4회다.		
		하	함수 동영상을 관찰하고 표현한 내용을 조원들과 공유하고 활동에 참여한 횟수가 1회 이하다.		
과정		상	수업 과정을 이해하고 순서에 맞게 과제를 수행한다.	50	관찰 체크리스트 활동지
		중	수업 과정을 이해하였으나 과제를 수행할 준비가 부족하여 동료들의 도움으로 해결해보려고 한다.		
		하	수업 과정을 이해하지 못하고, 주변의 도움을 받아도 과제를 수행할 준비가 되어 있지 않다.		
보고서	내용의 완성도	상	함수의 정의와 변하는 상황의 연결성을 명확하게 기술하였다. 함수에 대한 표현을 명확하게 기술하였다.	10	결과 보고서
		중	함수의 정의와 변하는 상황의 연결성을 불명확하게 기술하였다. 함수에 대한 수학적 표현을 불명확하게 기술하였다.		
		하	함수의 정의와 변하는 상황의 연결성을 기술하지 않았다. 함수에 대한 수학적 표현을 기술하지 않았다.		
	구조의 논리성	상	함수 표현 방법 및 과정에 대한 근거를 대부분 제시하고 있다.	10	
		중	함수 표현 방법 및 과정에 대한 근거를 일부분 제시하고 있다.		
		하	함수 표현 방법 및 과정에 대한 근거를 제시하고 있지 않다.		
	주제와의 연관성	상	학습한 내용을 충분히 이해하고 함수 표현 및 의미를 명확하게 제시하고 있다.	10	
		중	학습한 내용을 대부분 이해하고 함수 표현 및 의미를 부분적으로 명확하게 제시하고 있다.		
		하	학습한 내용을 이해하지 못하고 함수 표현 및 의미를 제시하지 못하고 있다.		
				100	

(2) 웹사이트 리스트

- SimCalc Mathworld 소프트웨어
  www.kaputcenter.umassd.edu/products/software/smwcomp/download/
- 아쿠아리움 동영상 www.youtube.com/watch?v=u7deClndzQw

(3) 학습지

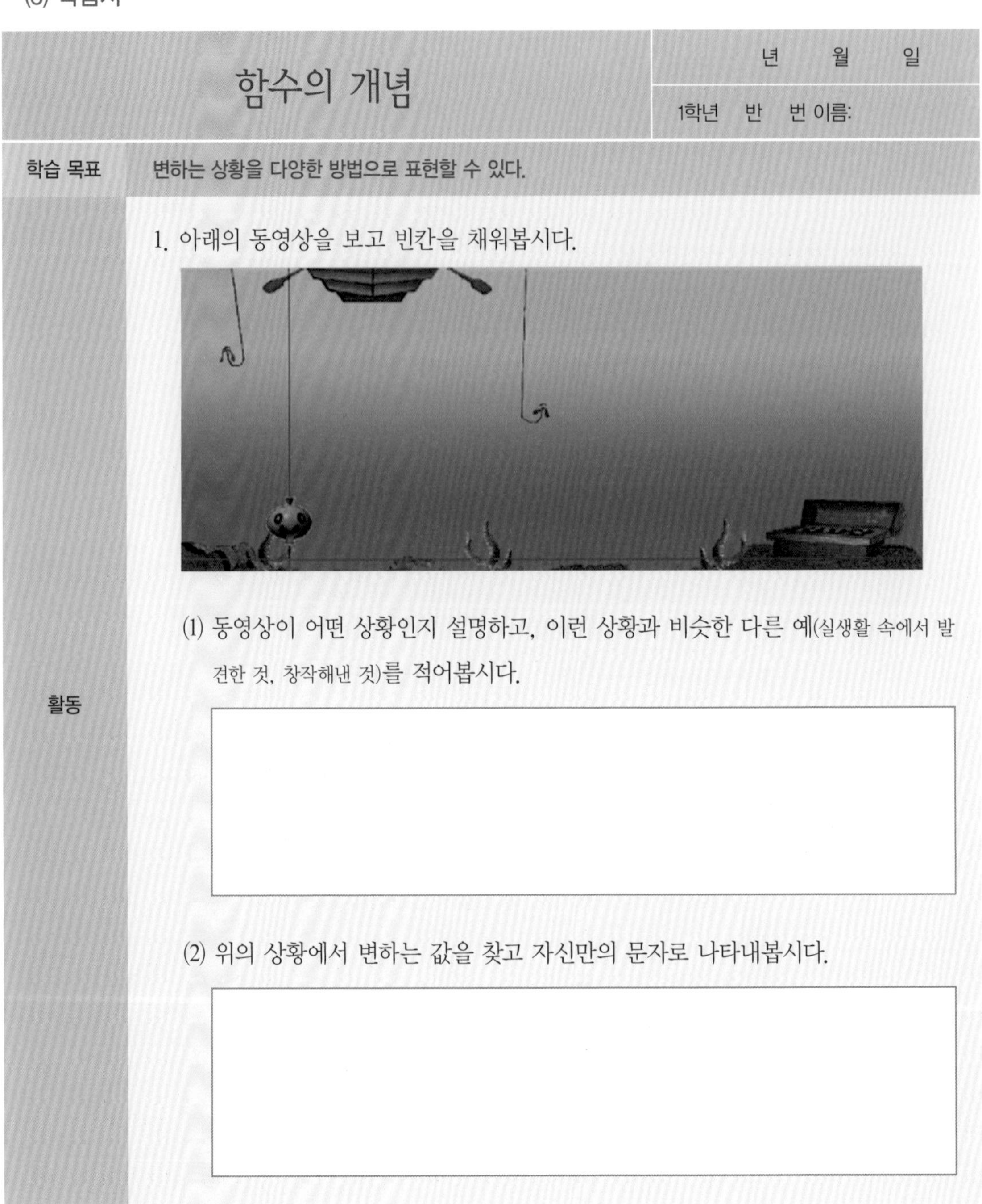

함수의 개념	년 월 일
	1학년 반 번 이름:

학습 목표	변하는 상황을 다양한 방법으로 표현할 수 있다.
활동	1. 아래의 동영상을 보고 빈칸을 채워봅시다. (1) 동영상이 어떤 상황인지 설명하고, 이런 상황과 비슷한 다른 예(실생활 속에서 발견한 것, 창작해낸 것)를 적어봅시다. (2) 위의 상황에서 변하는 값을 찾고 자신만의 문자로 나타내봅시다.

활동

(3) 위의 상황을 다양한 방법(그림, 글, 표, 그래프 등)으로 나타내봅시다.

y

x

(4) 변하는 값 중 2개를 선택하고, 그 둘의 관계가 어떠한지 설명해보세요.

예: (첫 번째 변하는 값)이 커짐에 따라 (두 번째 변하는 값)이 ________ 한다.

함수의 개념

년 월 일	
1학년 반 번 이름:	

학습 목표	변하는 상황을 다양한 방법으로 표현할 수 있다.

활동

1. 아래의 동영상을 보고 빈칸을 채워봅시다.

(1) 동영상이 어떤 상황인지 설명하고, 이런 상황과 비슷한 다른 예(실생활 속에서 발견한 것, 창작해낸 것)를 적어봅시다.

(2) 위의 상황에서 변하는 값을 찾고 자신만의 문자로 나타내봅시다.

활동

(3) 위의 상황을 다양한 방법(그림, 글, 표, 그래프 등)으로 나타내봅시다.

y

x

(4) 변하는 값 중 2개를 선택하고, 그 둘의 관계가 어떠한지 설명해보세요.

예: (첫 번째 변하는 값)이 커짐에 따라 (두 번째 변하는 값)이 ________ 한다.

함수의 개념

년 월 일
1학년 반 번 이름:

학습 목표 변하는 상황을 다양한 방법으로 표현할 수 있다.

활동

1. 아래의 동영상을 보고 빈칸을 채워봅시다.

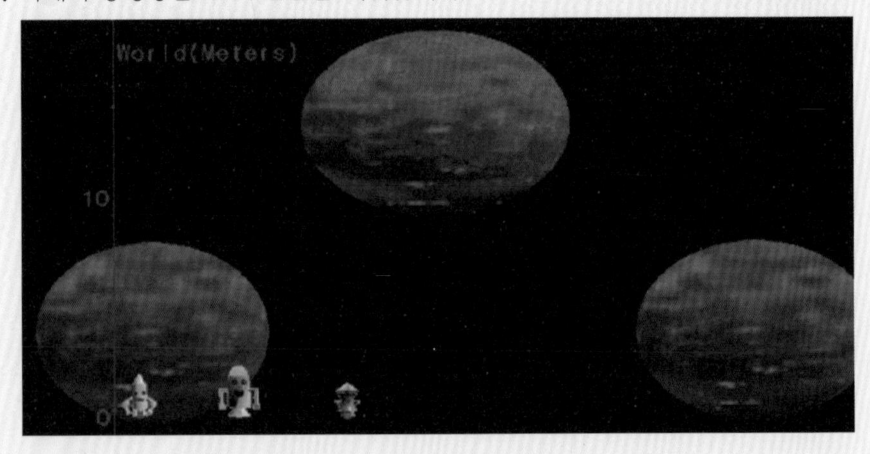

(1) 동영상이 어떤 상황인지 설명하고, 이런 상황과 비슷한 다른 예(실생활 속에서 발견한 것, 창작해낸 것)를 적어봅시다.

(2) 위의 상황에서 변하는 값을 찾고 자신만의 문자로 나타내봅시다.

활동

(3) 위의 상황을 다양한 방법(그림, 글, 표, 그래프 등)으로 나타내봅시다.

y

x

(4) 변하는 값 중 2개를 선택하고, 그 둘의 관계가 어떠한지 설명해보세요.

예: (첫 번째 변하는 값)이 커짐에 따라 (두 번째 변하는 값)이 ________ 한다.

03 스마트 모델 2: 개념 응축 모형

1. 교수·학습 모형 설명

함수의 개념 응축 모형은 변화하는 여러 함수 현상을 표와 식, 그래프와 같은 다양한 표현들로 번역하는 활동을 통해 현상들을 비교하고 일반화할 수 있도록 하는 단계로서, 수업을 네 단계로 구분하여 각 단계에서 필요한 교수 유형(교수·학습 전략)을 연결시켰다.

우선, 1단계 '다양한 자료(문제) 제시하기'에서는 학습할 수학 내용을 끌어내기 위해 교사가 화면을 통해 과제를 제시하여 설명한다(스크린 설명형). 이때 가능하면 여러 자료(과제)를 제시하여 다양성을 유지하고, 학생들의 인지 구조에 알맞은 자료(과제)를 제시하는 것이 바람직하다.

2단계 '관계 탐색하고 추론하기'에서는 학생들이 제시된 과제를 이용하여 탐색 과정을 거친 후 일반화를 위한 다양한 추론에 대해 토의한다(스크린 토의형).

3단계 '결과 예측 또는 가설 설정하기'에서는 학생들이 2단계 추론의 연장선에서 다른 학생들과의 충분한 토의를 통해(스크린 토의형) 결과를 예측하거나 가설을 설정하여 발표한다(학생 발표형). 이때 교사는 학생들의 활동을 살펴보면서 오류가 있는 경우 찾아내어 함께 논의할 수 있다(지목 토의형).

마지막으로 4단계 '일반화하기'에서는 교사가 제시된 내용을 수학적인 용어나 기호를 사용하여 정리한다(지필 환경 연결형). 이러한 모형에 따른 일반적인 수업절차를 제시하면 [표 5]와 같다.

[표 5] 개념 응축 모형의 수업절차

수업절차(틀)		교수 유형
다양한 자료(문제) 제시하기	여러 자료(과제)를 제시하여 자료(과제)의 다양성을 유지한다. 가능하면 학생들의 인지 구조에 알맞은 자료(과제)를 제시하는 것이 바람직하다.	스크린 설명형
관계 탐색하고 추론하기	일반화를 위해 위의 소재(혹은 다른 소재)를 이용하여 탐색 과정을 거친다.	스크린 토의형
결과 예측 또는 가설 설정하기	예측은 여러 관점으로 할 수 있으나 추론의 연장선에서 이루어져야 하며, 그 예측 또는 가설을 학생이 설명할 수 있도록 한다.	스크린 토의형, 학생 발표형/지목 토의형
일반화하기	교사는 제시된 내용을 수학적인 용어나 기호를 사용하여 정리한다. 연산인 경우 알고리즘도 포함한다.	지필 환경 연결형

2. 사용되는 스마트 기술

도구명	활용 화면	활용 용도	대안 도구
스마트 패드		제시한 과제에 대한 활동을 활동지에 작성하도록 할 수 있다.	
클래스팅		교육용에 적합하게 만들어진 폐쇄형 SNS다. 교사들은 알림을 공지하거나 반 친구들과 친목을 도모하는 등 여러 가지 용도로 사용할 수 있다. 수업 자료를 공유할 수 있다. 학습자들은 자신이 찾은 자료를 즉시 공유하면서 집단 지식을 형성해나갈 수 있다.	네이버 카페
GSP	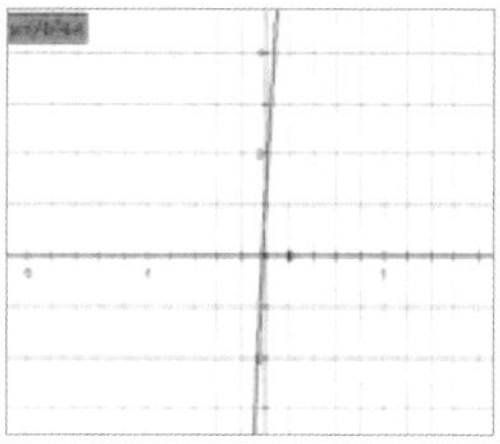	학생들이 식을 그래프로 나타내보는 활동을 할 수 있다.	function plot

3. 교수·학습 과정안

1) 교수·학습 과정안 요약

학교급	중학교	학년	1학년	차시	1차시
교과	수학	대단원	함수	소단원	함수와 그래프
학습 목표	$y=\frac{a}{x}$의 그래프를 그리고 그래프의 성질을 말할 수 있다.				
스마트 활동	교사가 제시한 과제를 통해 반비례 함수의 그래프를 접하고, GSP 프로그램을 이용하여 여러 가지 반비례 함수의 그래프를 그려봄으로써 $y=\frac{a}{x}$의 그래프 성질을 추론한다.				
학습자 역량	창의력, 비판적 사고력, 문제 해결력, 의사소통, 협업력, 테크놀로지 리터러시				
수업 진행	1단계 다양한 자료 제시하기 → 2단계 관계 탐색하고 추론하기 → 3단계 결과 예측 또는 가설 설정하기 → 4단계 일반화하기				
준비물	교사	스마트 패드			
	학생	스마트 패드			

2) 교수·학습 과정안

● 도입

수업 단계	교수·학습 활동		활용 도구
	교사	학생	
다양한 자료 제시하기	지난 시간 정비례 함수의 개형에 대해 복습하는 시간을 갖는다.	정비례 함수의 식과 그래프의 특징을 스마트 패드에 작성하고 확인한다.	스마트 패드, 프레젠테이션
	교과서 생각 열기 자료의 내용을 대응표와 식으로 나타내보도록 한다. 〈과제 1〉 거리가 24 km일 때, 일정한 속력(x)으로 움직이는 자동차가 가는 데 걸린 시간(y)	작성한 식과 대응표의 특징을 살펴본다.	스마트 패드, 프레젠테이션

활용 도구 스마트 패드

활용 앱 프레젠테이션

● 전개

수업 단계	교수·학습 활동		활용 도구
	교사	학생	
관계 탐색하고 추론하기	활동 1. $y=\frac{24}{x}$의 그래프 그리기		
	정의역이 유한집합일 때 • 위의 식과 대응표를 토대로 찍을 점의 좌표를 계산하여 화면의 모눈종이 위에 점을 찍도록 한다.	x축과 y축이 그려진 그래프 모눈종이 전체 화면에 점의 좌표를 순서대로 찍는다.	스마트 패드, 클래스팅, GSP
	정의역이 수 전체 집합일 때 • 찍은 점 사이를 추측하여 그래프를 그려보도록 한다.	점을 찍어 그려놓은 그래프에서 점 사이의 그래프를 추측하여 그린다.	
	• GSP나 function plot 앱을 이용하여 정의역이 수 전체 집합일 때의 그래프 모양을 제시하고 전 시간에 학습한 정비례 그래프와의 차이점을 찾아보도록 한다.	소프트웨어를 이용하여 제시된 그래프를 확인하고 정비례 그래프와의 차이점을 찾는다.	
결과 예측 또는 가설 설정하기	활동 2. $y=\frac{a}{x}$의 그래프 성질 탐구(모둠활동)		
	모둠별로 여러 가지 반비례 함수를 제시하여 대응표를 완성하고 그래프를 그리도록 한다. 〈과제 2〉 $y=\frac{12}{x}$, $y=\frac{16}{x}$, $y=\frac{18}{x}$, $y=\frac{20}{x}$, $y=-\frac{12}{x}$, $y=-\frac{16}{x}$, $y=-\frac{18}{x}$, $y=-\frac{20}{x}$ • 그래프를 그릴 때 GSP나 function plot 앱 또는 OHP 용지에 복사된 모눈종이를 이용하도록 한다.	모둠별로 제시된 여러 가지 반비례 함수의 대응표를 완성하고 그래프를 그린다.	스마트 패드, GSP, 클래스팅
	각 모둠별로 완성한 여러 가지 반비례 함수의 그래프를 한 화면에 겹쳐 제시하여, 모둠별로 $y=\frac{a}{x}$의 그래프 성질을 찾아보도록 한다. • 교실 환경이 한 화면에 겹쳐 제시할 수 없는 상황이라면, 그래프가 그려진 여러 장의 OHP 용지를 겹쳐서 이용한다	자신의 모둠에서 완성한 여러 가지 반비례 함수를 한 화면에 겹쳐 제시하고, 이 그래프들의 공통점과 차이점을 활용하여 $y=\frac{a}{x}$의 그래프 성질을 찾는다.	스마트 패드, 클래스팅
	모둠별로 찾은 $y=\frac{a}{x}$의 그래프 성질을 발표하고 이에 대해 토의하는 시간을 갖도록 한다.	자신의 모둠에서 논의한 $y=\frac{a}{x}$의 그래프 성질에 대해 발표하고, 다른 모둠에서 발표한 내용과 자신의 모둠의 것을 비교·분석하여 토의하는 시간을 갖는다.	스마트 패드, 프레젠테이션

활용 도구 스마트 패드

활용 앱 클래스팅 GSP 프레젠테이션

● 정리

수업 단계	교수·학습 활동		활용 도구
	교사	학생	
일반화하기	앞서 학생들이 토의한 내용을 바탕으로 $y=\frac{a}{x}$의 그래프 성질을 수학적인 용어나 기호를 사용하여 정리한다.	앞서 토의한 내용에 대한 수학적인 용어나 기호를 인식하며 $y=\frac{a}{x}$의 그래프 성질을 정리한다.	

활용 도구 스마트 패드

활용 앱 클래스팅 프레젠테이션

3) 교수·학습의 고려사항 및 유의점

- 과제 제시는 가능하면 다양한 현실 상황을 다룬 자료로 여러 개를 제시하되, 학생들의 인지 구조에 맞는 자료를 선택한다.
- 모둠별 활동이 필요한 경우, 모든 학생들이 참여할 수 있도록 모둠별 역할을 정확하게 안내한다.
- 학생들 사이의 토론이 활발하게 진행될 수 있도록 분위기를 조성한다.
- 학생들이 생소한 앱을 사용할 때, 사전에 충분하게 설명한다.
- 스마트 기기 사용과 토론식 수업으로 인해 분위기가 산만하거나 수업 내용이 분산되지 않도록 주의한다.

4) 교수·학습 자료

(1) 평가 기준

<table>
<tr><th colspan="2">평가 범주</th><th colspan="2">수행 내용</th><th>배점</th><th>평가 근거</th></tr>
<tr><td colspan="2" rowspan="3">참여도</td><td>상</td><td>학습할 내용을 토론하기 위하여 동료들과 의견을 나누고 활동에 참여한 횟수가 5회 이상이다.</td><td rowspan="3">20</td><td rowspan="3">관찰
체크리스트</td></tr>
<tr><td>중</td><td>학습할 내용을 토론하기 위하여 동료들과 의견을 나누고 활동에 참여한 횟수가 2~4회다.</td></tr>
<tr><td>하</td><td>학습할 내용을 토론하기 위하여 동료들과 의견을 나누고 활동에 참여한 횟수가 1회 이하다.</td></tr>
<tr><td colspan="2" rowspan="3">과정</td><td>상</td><td>탐구 과정을 이해하고 순서에 맞게 과제를 수행한다.</td><td rowspan="3">50</td><td rowspan="3">관찰
체크리스트</td></tr>
<tr><td>중</td><td>탐구 과정을 이해하였으나, 과제를 수행할 준비가 부족하여 동료들의 도움으로 해결해보려고 한다.</td></tr>
<tr><td>하</td><td>탐구 과정을 이해하지 못하고, 주변의 도움을 받아도 과제를 수행할 준비가 되어 있지 않다.</td></tr>
<tr><td rowspan="9">보고서</td><td rowspan="3">내용의
완성도</td><td>상</td><td>학습할 내용의 일반화를 위한 내용 설명에 핵심적 개념이 포함되어 있다.
정확한 수학적 표현을 사용하고 있다.</td><td rowspan="3">10</td><td rowspan="9">결과 보고서</td></tr>
<tr><td>중</td><td>학습할 내용의 일반화를 위한 내용 설명에 핵심적 개념이 대부분 포함되어 있다.
일부분에서 부적절한 수학적 표현을 사용하고 있다.</td></tr>
<tr><td>하</td><td>학습할 내용의 일반화를 위한 내용 설명에 핵심적 개념이 거의 포함되어 있지 않다.
많은 부분에서 부적절한 수학적 표현을 사용하고 있다.</td></tr>
<tr><td rowspan="3">구조의
논리성</td><td>상</td><td>일반화 과정에 대한 모든 근거를 제시하고 있다.</td><td rowspan="3">10</td></tr>
<tr><td>중</td><td>일반화 과정에 대한 대부분의 근거를 제시하고 있다.</td></tr>
<tr><td>하</td><td>일반화 과정에 대한 근거를 제시하고 있지 않다.</td></tr>
<tr><td rowspan="3">주제와의
연관성</td><td>상</td><td>학습한 내용을 충분히 이해하고, 일반화 과정의 적절한 근거와 결론을 제시하고 있다.</td><td rowspan="3">10</td></tr>
<tr><td>중</td><td>학습한 내용을 대부분 이해하고, 일반화 과정의 적절한 근거와 결론을 제시하고 있다.</td></tr>
<tr><td>하</td><td>학습한 내용을 이해하고 있지 않아 일반화 과정의 근거와 결론이 적절하지 않다.</td></tr>
<tr><td colspan="4"></td><td>100</td><td></td></tr>
</table>

(2) 웹사이트 리스트

- 네이버 지식백과-함수의 그래프

terms.naver.com/entry.nhn?cid=3428&docId=925995&mobile&categoryId=3428

(3) 학습지

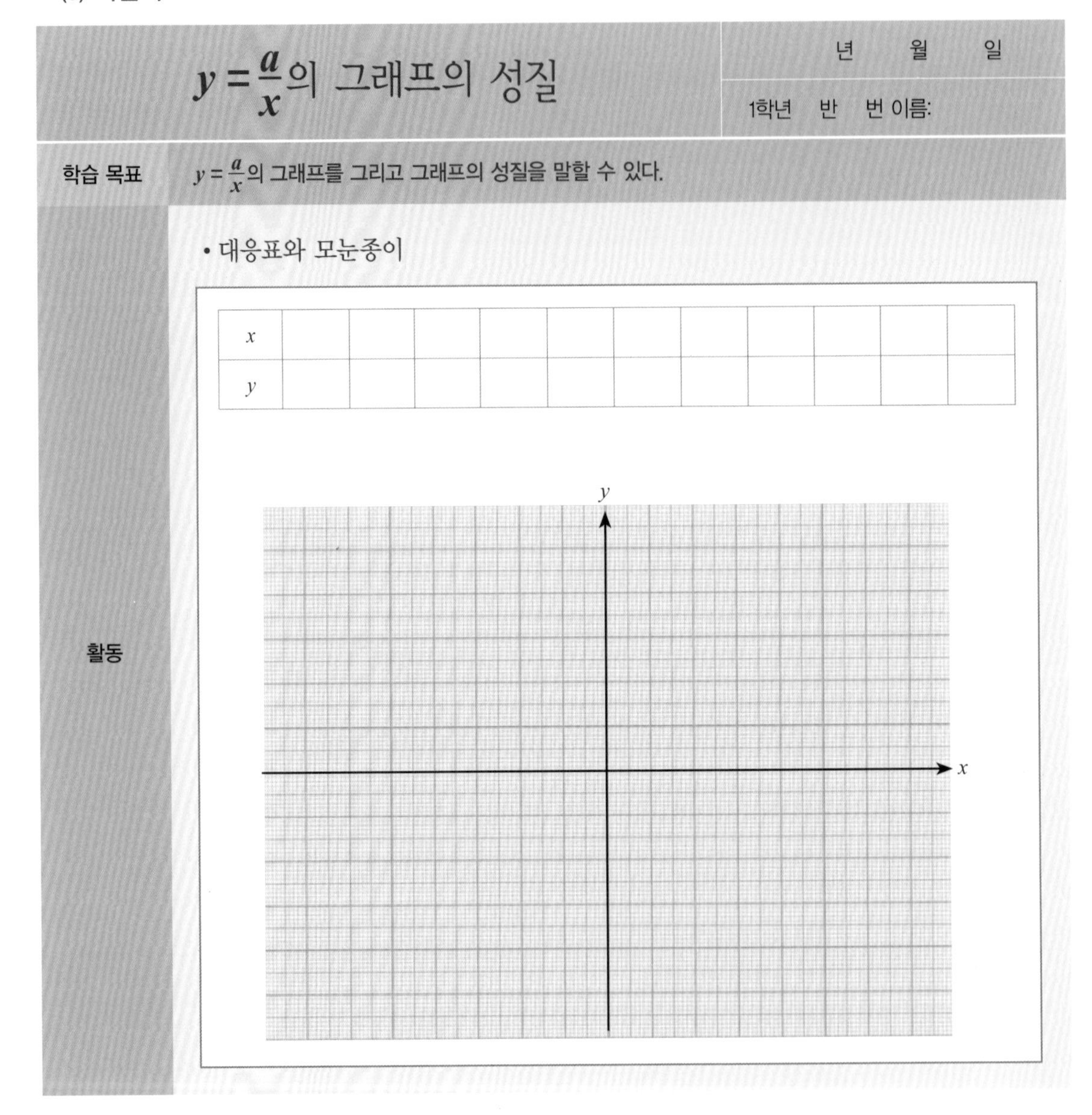

$y=\frac{a}{x}$의 그래프의 성질	년 월 일
	1학년 반 번 이름:

학습 목표	$y=\frac{a}{x}$의 그래프를 그리고 그래프의 성질을 말할 수 있다.
활동	• 대응표와 모눈종이

x											
y											

04 스마트 모델 3: 개념 도구화 모형

1. 교수·학습 모형 설명

개념 도구화 모형에서는 개념에 대한 다양한 표현이 의미적으로 통합되고, 상위 수준의 개념에 대한 내면화가 이루어져야 한다. 이를 위하여 수업을 네 단계로 구분하고 각 단계에서 필요한 교수 유형(교수·학습 전략)을 연결시켰다.

우선, 1단계 '상위 수준 문제 상황 제시하기'에서는 교사가 제시된 화면을 통해 수학적인 내용을 끌어내기 위한 설명을 하고(스크린 설명형), 수학 프로그램을 사용할 경우나 자료 수집이 필요한 경우 학생들에게 기술적인 설명도 병행한다(공학 도구 설명형).

2단계 '하위 수준 개념 적용하기'와 3단계 '통합하기'에서는 학생들이 제시된 내용이나 수집된 정보를 찾으면서 다른 학생들과 충분히 토의한다(스크린 토의형). 이때 교사는 학생들의 활동을 살펴보면서 오류가 있는 경우 찾아내어 함께 논의할 수 있다(지목 토의형).

마지막 4단계 '문제 해결 및 반성하기'에서는 학생들이 정리된 내용을 발표하고(학생 발표형) 교사는 마무리 설명을 한다(지필 환경 연결형).

이 모형에 따른 일반적인 수업절차는 [표 6]과 같다.

[표 6] 개념 도구화 모형의 수업절차

수업절차(틀)		교수 유형
상위 수준의 문제 상황 제시하기	상위 수준의 문제는 학습 목표 달성을 위해 통합적이고 실제적이며 복잡한 문제여야 한다(협동 학습 권장).	공학 도구 설명형, 스크린 설명형
하위 수준 개념 적용하기	상위 문제를 해결하기 위해 필요한 일련의 하위 개념들을 조작하고 적용한다.	스크린 토의형, 지목 토의형
통합하기	두 수준(상위와 하위 수준)의 개념 관계망을 만들어 개념을 확장한다.	
문제 해결 및 반성하기	처음에 주어진 문제를 해결하고 이를 검토한다.	학생 발표형, 지필 환경 연결형

2. 사용되는 스마트 기술

도구명	활용 화면	활용 용도	대안 도구
스마트 패드		동영상을 시청·분석한 내용을 활동지에 작성할 수 있다.	스마트폰
구글 문서 도구	www.google.com/m?clie Google	각 모둠별로 QR코드를 주어 각 모둠이 자신의 방에 들어가 협업문서를 작성하게 할 수 있다. 이때 다른 모둠의 내용은 볼 수 없다. 교사는 작성된 문서를 전자칠판에 동시에 띄울 수 있고 한 모둠의 것만 보일 수도 있다.	다음 카페

3. 교수·학습 과정안

1) 교수·학습 과정안 요약

학교급	중학교	학년	1학년	차시	1차시
교과	수학	대단원	함수	소단원	함수의 활용
학습 목표	함수를 적용하여 생활 속의 문제를 해결할 수 있다.				
스마트 활동	교사는 전자칠판을 통해 일차함수를 이용한 상위 수준의 문제를 제시하고 학생들은 모둠별 토의를 위해 스마트 패드와 문서 도구를 이용한다. 전자칠판에 띄워진 모둠별로 해결된 내용을 보면서 학생들은 반성하고 교사는 마무리 설명을 한다.				
학습자 역량	창의력, 비판적 사고력, 문제 해결력, 의사소통, 협업력, 테크놀로지 리터러시				
수업 진행	1단계 상위 수준의 문제 상황 제시하기	2단계 하위 수준 개념 적용하기	3단계 통합하기	4단계 문제 해결 및 반성하기	
준비물	교사	전자칠판, 스마트 패드			
	학생	스마트 패드			

2) 교수·학습 과정안

● 도입

수업 단계	교수·학습 활동		활용 도구
	교사	학생	
상위 수준의 문제 상황 제시하기	학습 활동을 안내한다. • 전자칠판을 통해 학생들이 해결해야 할 상위 수준의 문제 내용을 설명한다.	문제 상황을 탐구한다. • 해결해야 할 내용과 제출 요령을 숙지한다.	

활용 도구 스마트 패드

활용 앱 구글 드라이브

● 전개

수업 단계	교수·학습 활동		활용 도구
	교사	학생	
하위 수준 개념 적용하기	모둠별로 협력하여 활동할 수 있도록 모둠별 역할을 정확하게 안내한다. 모둠별로 상호 피드백이 가능하도록 분위기를 만들어준다.	문서 도구를 사용하여 모둠원들끼리 피드백 활동을 통해 문제를 해결해나간다.	
통합하기	과제들이 제출되면 내용을 전자칠판에 띄워 전체 학생이 모두 볼 수 있도록 한다. 산출물이 모두 제출되면 총평과 함께 작성 시 학생들에게 생겼던 문제점들에 대해 정리하는 시간을 갖는다.	제출된 내용을 보면서 자신들의 의견을 제시한다.	

활용 도구 스마트 패드

활용 앱 구글 드라이브

● 정리

수업 단계	교수·학습 활동		활용 도구
	교사	학생	
문제 해결 및 반성하기	학생들의 의견을 종합하고 마무리 설명을 한다.	정리된 내용을 발표한다.	

활용 도구 스마트 패드

활용 앱 네이버 카페

3) 교수·학습의 고려사항 및 유의점

- 학생들이 검색 활동을 할 때 다양한 검색 엔진과 키워드를 사용하도록 권장한다.
- 모둠별 활동이 필요한 경우, 모든 학생들이 참여할 수 있도록 모둠별 역할을 정확하게 안내한다.
- 모둠별 활동이 필요한 경우 상호 피드백이 활발할 수 있도록 분위기를 조성한다.
- 스마트 기기 사용과 토론식 수업으로 인해 분위기가 산만하거나 수업 내용이 분산되지 않도록 수업의 정리 단계에서 마무리 설명을 한다.

4) 교수·학습 자료

(1) 평가 기준

<table>
<tr><th colspan="2">평가 범주</th><th colspan="2">수행 내용</th><th>배점</th><th>평가 근거</th></tr>
<tr><td colspan="2" rowspan="3">참여도</td><td>상</td><td>모둠별 토의를 위하여 모둠원들과 의견을 나누고 활동에 참여한 댓글의 수가 5회 이상이다.</td><td rowspan="3">40</td><td rowspan="3">관찰
체크리스트</td></tr>
<tr><td>중</td><td>모둠별 토의를 위하여 모둠원들과 의견을 나누고 활동에 참여한 댓글의 수가 3회 이상, 4회 이하다.</td></tr>
<tr><td>하</td><td>모둠별 토의를 위하여 모둠원들과 의견을 나누고 활동에 참여한 댓글의 수가 2회 이하다.</td></tr>
<tr><td rowspan="9">보고서</td><td rowspan="3">내용의
완성도</td><td>상</td><td>문제 해결을 위한 정보와 핵심적 개념이 보고서에 포함되어 있다.
문제 해결을 위한 과정과 답이 정확하다.</td><td rowspan="3">20</td><td rowspan="9">결과 보고서</td></tr>
<tr><td>중</td><td>문제 해결을 위한 정보와 핵심적 개념이 보고서에 대부분 포함되어 있다.
문제 해결을 위한 과정은 미흡하나, 답이 정확하다.</td></tr>
<tr><td>하</td><td>문제 해결을 위한 정보와 핵심적 개념이 상당 부분 보고서에서 빠져 있다.
문제 해결을 위한 과정과 답이 모호하다.</td></tr>
<tr><td rowspan="3">구조의
논리성</td><td>상</td><td>문제 해결을 위해 보고서에 포함된 모든 개념들 간의 관계가 유기적이다.
문제 해결 과정이 논리적이다.</td><td rowspan="3">20</td></tr>
<tr><td>중</td><td>문제 해결을 위해 보고서에 포함된 대부분의 개념들 간의 관계가 유기적이다.
문제 해결 과정의 일부가 논리적이다.</td></tr>
<tr><td>하</td><td>문제 해결을 위해 보고서에 포함된 개념들 간의 관계 중 유기적이지 못한 것들이 많다.
문제 해결 과정이 전혀 논리적이지 못하다.</td></tr>
<tr><td rowspan="3">주제와의
연관성</td><td>상</td><td>보고서에 포함된 개념이 문제 해결과 매우 밀접하게 연관되어 있다.
개념이 사용된 이유가 타당하다.</td><td rowspan="3">20</td></tr>
<tr><td>중</td><td>보고서에 포함된 개념이 문제 해결과 대부분 연관되어 있다.
개념이 사용된 이유를 이해하는 데 어려움이 없다.</td></tr>
<tr><td>하</td><td>보고서에 포함된 핵심적 개념들 중 문제 해결과 관련되어 있다고 볼 수 없는 것들이 많다.
사용된 개념이 주제와 거리가 있다.</td></tr>
<tr><td colspan="4"></td><td>100</td><td></td></tr>
</table>

(2) 웹사이트 리스트

- 에버노트 활용하기 evernote-ko.tumblr.com
- 구글 드라이브 drive.google.com

(3) 학습지

일차함수를 통한 미래 예측	년 월 일 1학년 반 번 이름:
학습 목표	함수를 적용하여 생활 속의 문제를 해결할 수 있다.

활동

• 일차함수를 통한 미래 예측

1. 아래의 문제를 읽고 (1), (2), (3)단계에 따라 해결하시오.

수천이 아버지는 앞으로 10년 이상 탈 자동차를 사려고 한다. 동일한 모형으로 전기와 휘발유를 사용하는 하이브리드 자동차와 휘발유만 사용하는 일반 자동차 두 종류가 있다. 수천이 아버지는 연비가 좋고 이산화탄소 배출량도 적은 하이브리드 자동차를 선택할지, 상대적으로 가격이 저렴한 일반 자동차를 선택할지 고민 중이다. 다음 표는 두 차량의 가격 및 연비에 대한 정보다.

종류	차량 가격	연비
하이브리드 자동차	2,975만 원	21km/L
일반 자동차	2,200만 원	13km/L

(연비: 자동차의 단위 연료당 주행 거리의 비율, 즉 1L의 연료로 달릴 수 있는 거리를 말한다.)

수천이 아버지는 1년에 27,300km를 운행한다고 한다. 자동차의 연비를 x km/L라 하고, 연비에 따른 1년 동안의 주유 비용을 y원이라고 할 때, 두 자동차를 10년 동안 운행했을 때의 주유 비용과 두 자동차의 가격 차이를 비교하여 어떤 자동차를 선택하는 것이 더 경제적인지 알아보자(단, 휘발유 1L의 가격은 2,000원이고 10년 동안 변하지 않는다고 가정한다).

(1) 1년에 27,300km를 운행할 경우, 1년 동안 필요한 휘발유의 양을 x에 관한 식으로 나타내보자.

(2) 휘발유의 가격을 1 L당 2,000원이라고 가정할 때, x와 y 사이의 관계를 식으로 나타내보자.

(3) 하이브리드 자동차와 일반 자동차를 10년 동안 운행했을 때의 주유 비용과 두 자동차의 가격 차이를 비교하여 어떤 자동차를 선택하는 것이 더 경제적인지 정리해보자(단, 계산기를 사용하여 소수점 아래 첫째 자리까지 반올림하여 정확하게 계산한다).

〈풀이〉

〈조원들의 의견〉

①

②

③

④

〈종합 및 결론〉

05 e-Book 적용 사례

1. 적용 개요

본 연구에서는 개발된 교수·학습 모형 중 개념 형성 모형을 선택하고, 이를 기반으로 한 e-Book을 제작해보았다. 개념 형성 모형은 개념 응축, 개념 도구화 모형에 비해 다양한 상황을 제시하고 동적인 자료 제공이 많기 때문에 실제 교육 현장에서 적용하려면 다양한 프로그램이 필요하고, 각각의 프로그램을 수업 장면에 연결시켜야 한다. 하지만 프로그램들을 수업의 적시적소에 적용하는 것은 쉽지 않은 일이다. 특히 스마트 기기와 컴퓨터 프로그램 사용의 미숙, 인터넷 연결 문제 등 많은 문제들이 실제 적용 과정에서 발생하고 있어, 이러한 문제점들로 인해 불필요한 시간이 소요되어 수업의 흐름에 방해가 된다는 것이 현장 교사들의 의견이었다. 따라서 본 연구에서는 교육용 프로그램과 스마트 기기의 장점 활용 측면뿐 아니라 활용 과정에서 발생할 수 있는 문제점에 대한 현장 교사들의 의견을 반영하여 e-Book을 제작하였다.

매끄러운 수업 진행 및 불필요한 시간 최소화를 위해 해당 프로그램과 동영상을 수업 흐름에 맞게 구성하였고, 이것이 낱낱의 자료로 제공되는 것이 아니라 하나의 e-Book 안에 담겨서 제공되기 때문에 기존에 지적되었던 문제들을 해소할 수 있다. e-Book은 인터넷이 연결되지 않은 환경에서도 사용할 수 있다는 장점이 있기 때문에 태블릿 PC가 보급되지 않거나 인터넷 연결에 문제가 있는 수업 환경에서도 적용할 수 있다.

e-Book은 중학교 1학년 함수 단원을 적용하여 개발하였고, 개념 형성 모델 네 단계를 모두 적용할 수 있도록 되어 있다. e-Book은 Fdesk로 제작하였으며, Fdesk의 여러 기능 중에서 '변하는 현상을 충분히 관찰하게 한다'는 목적에 부합하는 기능들 위주로 활용하였다. 실행 파일은 일반 컴퓨터와 스마트 패드, 안드로이드 스마트폰을 통하여 이용할 수 있다. 현재 교육 여건과 지원되는 기술 수준을 고려할 때 개발된 e-Book은 수업에 단독으로 사용하기보다 활동지와 함께 사용하는 것이 더욱 효과적이라고 판단하였고, 또 그렇게 맞추어 제작하였다. 즉, 중학교 1학년에서 다루는 수학 학습 내용을 고려하면 지필 환경이 반드시 필요하고, 스마트 패드에 모든 학습 과정을 작성하는 것은 공간적인 제약이 있다. 따라서 탐구 내용을 작성할 때는 활동지를 활용하고, e-Book은 변하는 상황을 제시하고 관찰하는 데 활용하도록 개발하였다.

2. 적용 방법

(1) 대단원 표지 및 목차

e-Book의 1쪽에는 대단원 표지를 제시하였고, 2쪽에는 목차를 두었다. 목차에서 제목을 클릭하면 해당 페이지로 이동한다([그림 2] 참조).

(2) 1단계 구체적인 상황 제시하기

[그림 3]과 같은 Q1의 동영상 화면을 클릭하면 아쿠아리움 동영상이 재생된다. 학생들은 관찰을 통해 동영상에서 변하고 있는 것을 찾아 클릭(체크 기능)한다.

Q2에서는 구체적인 상황을 관찰한 후 표 채우기 활동을 한다. 이때 표는 타이핑할 수 있도록 설정하였다. 여기서는 변하는 값을 자신만의 문자로 나타내고 조원끼리 공유하는 시간을 갖는다.

그리고 Q3에서는 괄호를 채워 변하는 상황을 글로 적어본다. 이어서 완성한 문장을 문자를 사

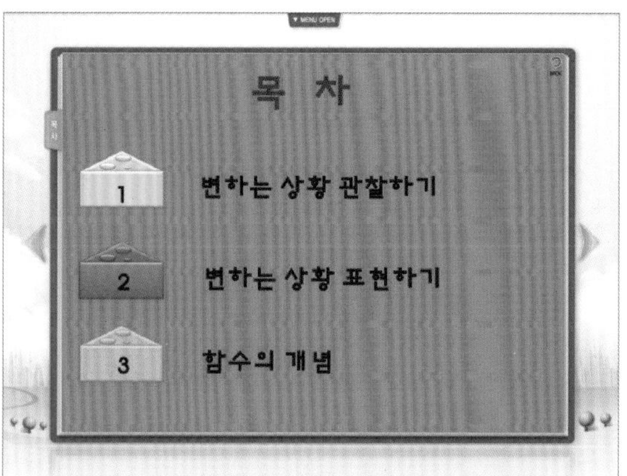

[그림 2] 개념 형성 모형을 기반으로 제작한 e-Book의 도입 화면

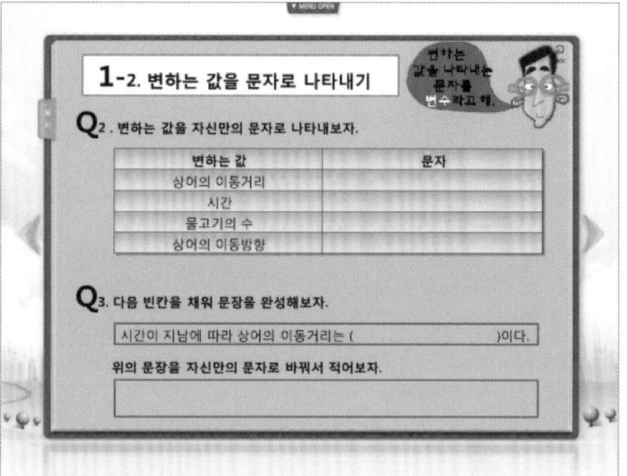

[그림 3] 1단계 구체적인 상황 제시하기

용하여 적어보는 활동을 한다.

(3) 2단계 비공식적인 정의 내리기

변수와 함수에 관하여 활동지를 작성하면서 자신만의 문자와 방법으로 표현한다. 이때 제시되는 동영상은 Simcalc 프로그램의 재생 화면을 Camtasia로 녹화하여 만든 파일이다. 10초 정도 재생되는 동영상을 반복하여 관찰하면서 활동지에 탐구 내용을 작성하고, 작성한 내용을 조별로 공유하여 토의한다.

[그림 4]에서 볼 수 있듯이 Q2의 동영상은 Q1의 동영상을 그래프 표, 식으로 나타낸 것이다. 아이콘이 움직임에 따라 그래프의 색이 달라지면서 변화를 함께 관찰할 수 있다. 이때 Q1에서 작성한 활동지와 Q2의 동영상을 비교한 내용으로 조원끼리 피드백을 한다.

2-1의 영상은 아이콘이 하나만 움직이는 동영상이었고, [그림 5]와 같이 2-2는 2개의 아이콘이

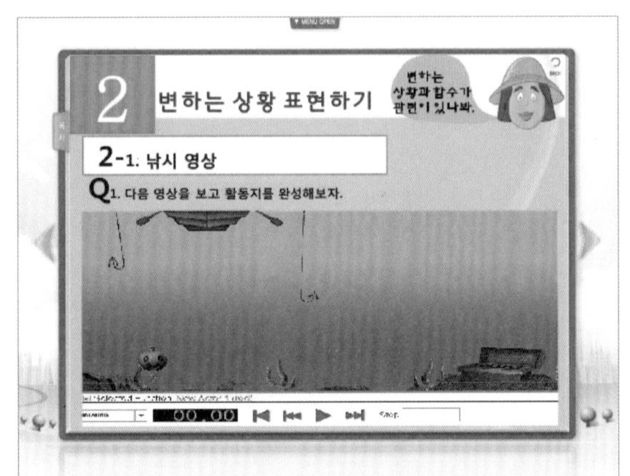

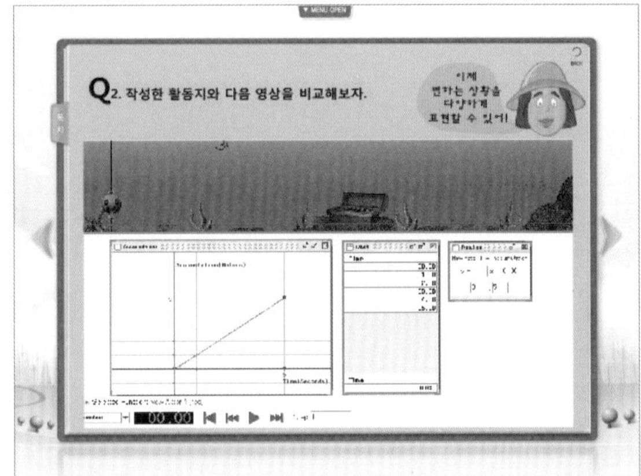

[그림 4] 2단계 비공식적인 정의 내리기 1

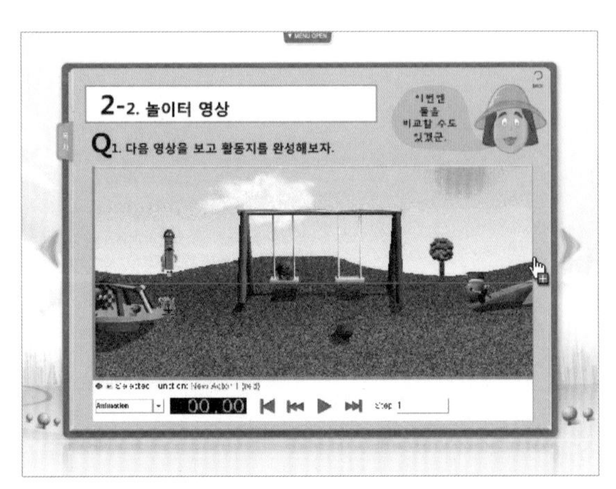

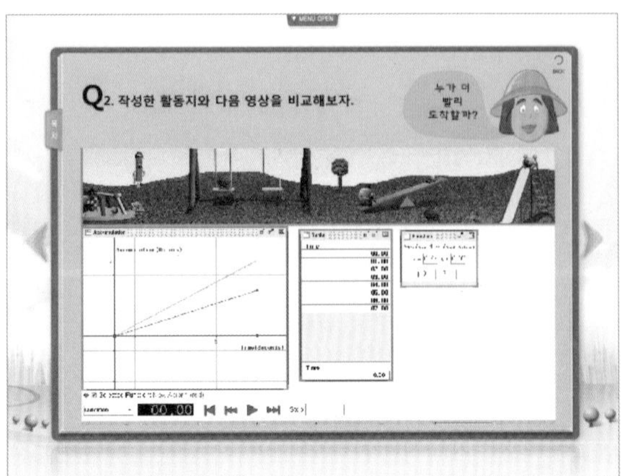

[그림 5] 2단계 비공식적인 정의 내리기 2

다르게 움직이는 동영상이다. 2개의 아이콘이 함께 변하는 것을 관찰하고, 관찰한 내용을 활동지에 작성하면서 비교해볼 수 있는 활동이다. 2-2의 영상을 충분히 관찰하고 활동지에 탐구한 내용을 적고 탐구 결과를 조별로 토의한다. 이때 Q1에서 작성한 활동지와 Q2의 동영상을 비교한 내용으로 조원끼리 피드백을 한다.

2-3은 [그림 6]에서 볼 수 있듯이 3개의 아이콘이 다르게 움직이는 동영상이다. 또한 2-1, 2-2와 달리 축이 세로로 되어 있어서, 2-1과 2-2의 두 영상을 충분히 관찰하고 탐구한 학생들에게 심화과정으로 제공할 수 있다. 3개의 아이콘을 동시에 관찰하고 비교해봄으로써 그래프 개형 및 특징을 발견할 수 있다. Q2를 보면서 토의한 내용과 자신의 탐구 내용을 점검하고 확인한다.

(4) 3단계 공식적이고 엄밀하게 정의하기

2단계까지 탐구했던 내용을 바탕으로 함수의 공식적이고 엄밀한 정의에 대해 학습한다. 이때 표

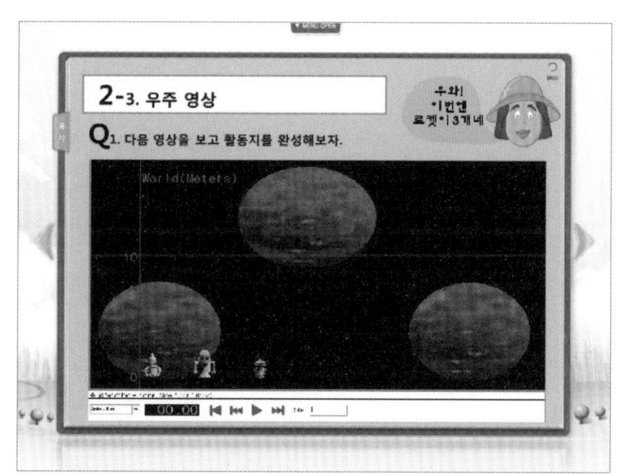

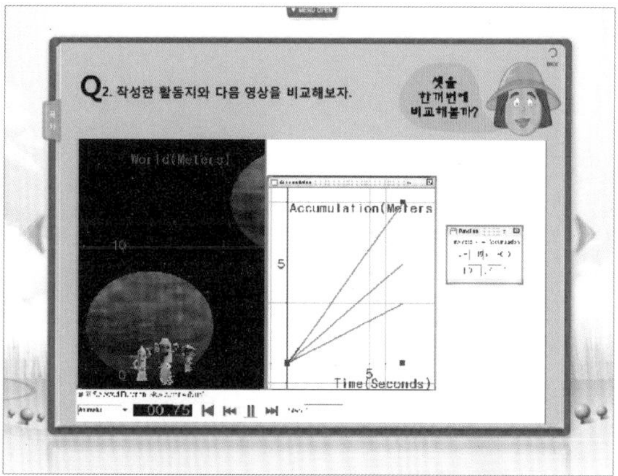

[그림 6] 2단계 비공식적인 정의 내리기 3

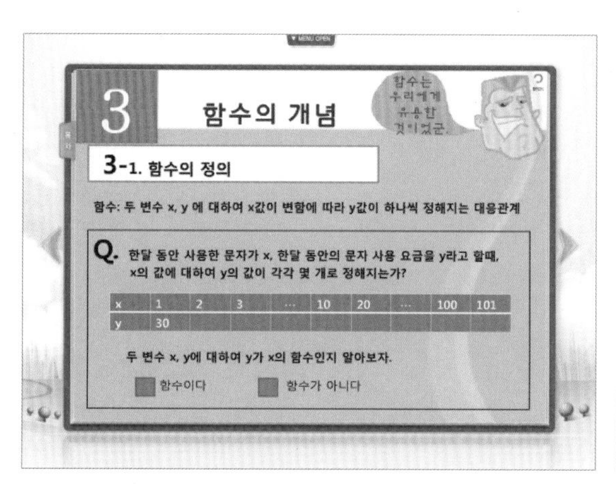

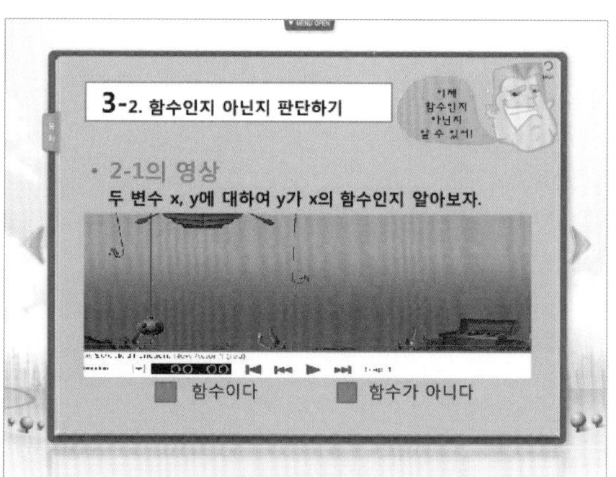

[그림 7] 3단계 공식적이고 엄밀하게 정의하기

[그림 8] 4단계 정의한 개념 활용하기

의 빈칸을 채우고, 함수 여부를 체크하는 활동을 한다([그림 7] 참조). 표의 빈칸은 타이핑으로 채울 수 있도록 설정하였고, 함수 여부도 클릭하여 체크하는 기능을 사용하였다.

(5) 4단계 정의한 개념 활용하기

3단계에서 정의한 엄밀한 개념을 앞에서 탐구했던 변화 상황에 적용하는 활동이다. 2, 3단계에서는 변하는 상황을 표현하는 것에 중점을 두었다면, 4단계에서는 같은 동영상이지만 관점을 바꾸어 함수 여부를 탐구하는 데 사용하였다([그림 8] 참조).

영상은 2, 3단계에서 다루었던 3개를 제공한다. 함수 여부를 체크하면 답과 비교해볼 수 있도록 설정하였다.

참고문헌

고호경 외 12인(2012). 중학교 수학1, 서울: 교학사.

교육과학기술부(2011). 스마트 교육 추진전략 실행계획, 서울: 교육과학기술부.

김부윤·이지성(2008). Instrument로서의 테크놀로지와 수학 학습 패러다임의 변화. 한국수학 교육학회 시리즈 A 〈수학교육〉, 47(3), pp.261–271.

신현성(2008). 수학지도의 설계 및 수업 모형, 서울: 경문사.

우정호(2000). 수학 학습-지도 원리와 방법, 서울대학교 출판문화원.

이광상(2007). 엑셀을 활용한 일차함수의 과정, 한국학교수학회 논문집, 10(2), pp.263–288.

이종희·김선희(2002). 인수분해 문제 해결과 유추, 대한수학 교육학회 〈학교수학〉, 4(4), pp.581–599.

이준열 외 6인(2012). 중학교 수학1, 서울: (주)천재교육.

이진경(2006). 수학적 모델링을 이용한 함수개념지도 연구, 중앙대학교 교육대학원.

정연준(2004). Sfard의 대상화이론에 대한 예비적 고찰, 수학 교육학 논총 25, pp.373–384.

조원주·권오남(2002). 중학교 함수영역에서 수학적 모델링을 활용한 수행과제와 구체적 평가기준안 개발, 한국수학 교육학회지시리즈 E, 14, pp.349–370.

허민 외 8인(2012). 중학교 수학 1. 서울: ㈜대교.

허희옥·임규연(2011). 21세기 학습자 및 교수자 역량 모델링, 서울: 한국교육학술정보원.

Drijvers, P., Doorman, M., Boon, P., Reed, H., & Gravemeijer, K.(2010). The teacher and the tool: Instrumental orchestrations in the technology-rich mathematics classroom. *Educational Studies in Mathematics, 75*(2), pp.213–234.

Lesh, R., & Doerr, H. M. (Eds.)(2003). *Beyond constructivism: Models and modeling perspectives on mathematic problem solving, learning and teaching*. Mahwah, NJ: Lawrence Erlbaum.

Partnership for 21st century skills(2009). *P21 Framework Definitions*. Available from http://www.p21.org.

Rose Mary Zbiek, M. Kathleen Heid, and Glendon W. Blume, & Thomas P. Dick(2007). Research on technology in mathematics education, A Perspective of constructs. In F. K. Lester(Ed.), *Second handbook of research on mathematics teaching and learning(1169–1207)*. Charlotte, NC: Information Age.

Sfard, A.(1991). On the dual nature of mathematical conceptions: Reflections on processes and objects as different sides of the same coin, *Educational Studies in Mathematics, 22*(1), pp.1–36.

스마트 교육을 통한 교실 혁명

중등 과학

과학 교육과 스마트 교수·학습 모형

01 과학 교육과 스마트 교수·학습 모형의 개요

1. 과학 교육과 21세기 학습자 역량

'맵시 있는, 영리한, 활기찬, 고급의' 등 복합적 의미를 내포하는 '스마트(SMART)'라는 용어가 이 시대를 이끄는 새로운 패러다임(Paradigm)으로 자리매김하고 있다. IT 기기를 포함하는 각종 제품과 기술에 스마트는 핵심 수식어가 되었다. 이는 지식 정보화 사회에서 넘쳐나는 정보를 효과적으로 활용함으로써 최고의 가치를 추구하는 'smart-being'에 대한 시대적 요구와 맞물려 나타나는 문화적 진화라 할 수 있다. 국내에서는 2009년을 시작으로 미국 애플 사의 iphone 3와 ipad가 최초로 판매되고 휴대전화가 그 고유의 기능을 능가하는 지능형 기기로 활용될 수 있음이 증명되면서 스마트 열풍이 가속화되었다. 이러한 변화는 디지털 제품과 기술 자체에도 영향을 끼쳤을 뿐 아니라, 그것을 사용하고 구현하는 주체인 인적·사회적 인프라에도 필연적인 선택압으로 작용하고 있다([그림 1] 참조).

1) 스마트 학습의 목표

이러한 시대적 분위기를 반영한 생태학적 의미로서 스마트는 어떻게 정의될 수 있을까? 현재로서는 만족할 만한 정의는 없는 듯하나, 그 수식어를 최초로 사용한 휴대전화와 태블릿 PC의 특징으로부터 그 성격을 가늠해볼 수는 있을 것이다. 일반적으로 널리 받아들여지고 있는 스마트폰 및 스마트 패드의 공통적 특징은 첫째, 다양한 애플리케이션(이하 '앱')의 제공, 둘째, 사용자의 필요와 흥미에 따른 선택적 앱 활용 가능성, 셋째, 앱 활용을 통한 생활의 질과 가치 향상으로 요약할 수 있다. 이들 특징으로부터 현 시대의 스마트 패러다임의 성격을 유추해보면, 사용 주체가 각각의 필요와 흥미에 따라 다양한 지식 정보들을 선택적으로 활용함으로써, 창조적이며 생산적인 삶의 가치를 추구하는 것이라 할 수 있겠다.

학습자들에게도 스마트한 변화가 일어나고 있다. 특히 초등·중등·고등 학생들은 기성세대들에 비해 이러한 시대적 분위기를 매우 친숙하게 느끼며 자연스럽게 학습하는, 소위 Generation Z(X, Y 세대에 이은) 혹은 i-generation(internet-generation) 등으로 일컬어지고 있다. 이들은 지금까지의 교육 환경과 비교해보았을 때, 더 영리하고 빠르게 온·오프 라인상의 지식과 정보를 활용하고 새로운 지식을 생성할 수 있는 환경에 놓여 있다. 특히 국내 학생들이 PISA 2009 DRA(Digital Reading Assessment,

[그림 1] 21세기가 요구하는 학습자상

디지털 매체 읽기 검사)에서 전체 19개 참여국 중 1위를 기록(PISA, 2011)할 만큼, 인터넷 상황에서 필요한 정보를 검색하고 문제를 해결하는 우리 학생들의 능력은 세계 최고 수준이라 할 수 있다. 이러한 학습자 특성의 변화와 시대적 요구를 반영하여 2011년 6월 교과부는 국가정보화전략위원회와 함께 '스마트 교육 추진 전략' 보고서를 공표하였다. 보고서는 스마트 교육을 '21세기 학습자 역량 강화를

[그림 2] **스마트 교육의 목표**(교육과학기술부, 2011)

위한 지능형 맞춤 학습 체제로 교육 환경, 교육 내용, 교육 방법 및 평가 등 교육 체제를 혁신하는 동력'으로 정의하고, SMART의 각 글자를 머리글자로 하는 다음 다섯 가지의 스마트 교육의 목표를 명시하고 있다([그림 2] 참조). (1) 자기주도적(Self-directed) 지식 생산자로서의 학습자 역할 변화, (2) 체험 및 문제 해결 중심 교과 학습 방법의 적용을 통한 동기(Motivated) 유발, (3) 학습자 적성과 수준 맞춤형 학습(Adaptive)의 지원, (4) 풍부한 교육 콘텐츠와 협력 학습(Resource Free)의 확대, (5) 학습의 시공간적·방법적 선택성이 보장되는(Technology embedded) 교육 환경.

이들 다섯 가지 스마트 교육의 목표로부터 과학 학습자 측면에서의 스마트 교육의 목적을 고찰해보면, 첫째, 자기주도적으로 문제를 해결하는 능력을 기르고, 둘째, 이 과정에서 창의성을 함양하고, 셋째, 동기를 유발하는 것이라고 할 수 있다([그림 3] 참조). 문제 해결력 배양, 창의성 함양, 동기 유발은 스마트 교육뿐 아니라, 지금까지 교육이 지속적으로 추구해온 핵심 목표라고 할 수 있다.

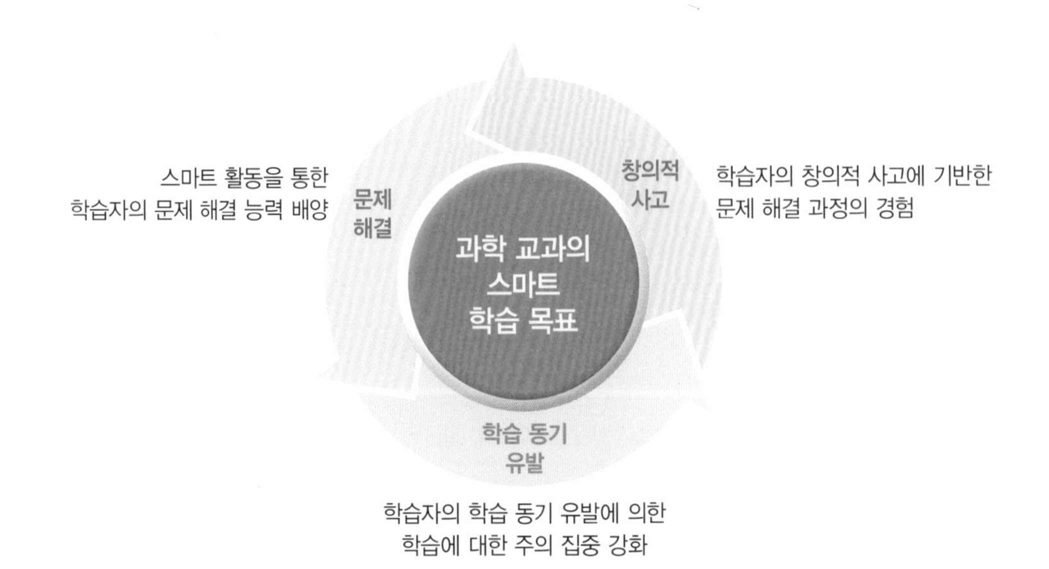

[그림 3] **과학 교과의 스마트 학습 목표**

즉, 스마트 교육이 현행 교육과 전혀 다른 목적을 지니고 있는 것은 아니며, 본질적인 교육 목적을 달성하기 위한 효과적·전략적 교육 패러다임으로 기능할 수 있음을 알 수 있다.

활동 내용과 세부 목표를 선정함에 앞서, 교과부의 스마트 교육 추진 전략 보고서(2011)의 비전과 추진 과제를 살펴본 결과, '스마트 교육을 통한 교실 혁명'을 비전으로 하는 다섯 가지 추진 과제(디지털 교과서의 개발 및 적용, 온라인 수업 및 평가의 활성화, 교육 콘텐츠의 자유 이용 및 안전한 이용 환경 조성, 교원 스마트 교육 실천 역량 강화, 클라우드 교육 서비스 기반 조성)가 제시되었다. 이들 중 가장 시급하면서도 깊이 있는 연구가 요구되는 부분이 '디지털 교과서 개발 및 적용'과 '교원의 실천 역량 강화' 과제라고 할 수 있다. 교육의 3요소가 학습자, 교육 과정, 교사임을 고려할 때 변화하는 학습자의 특성을 파악하고, 이들에게 효과적인 교육 기회를 제공하기 위한 교사와 교육 과정의 변화는 필수불가결한 것임이 틀림없기 때문이다. 특히 학습자가 배우고 습득해야 할 내용(What)의 효과적 전달 방식(How)에 대한 교사들의 깊이 있는 통찰이 요구된다. '스마트'라는 형용사가 유행어처럼 사용됨에 따라 학습자도, 교사도 그 단어의 교육적 함의와 본질을 잊은 채 수박 겉핥기식의 시늉만 내는 스마트 교수·학습을 할 위험성이 크다.

학생들의 흥미를 유발하기 위하여 사전 연구와 준비 없이 학습자의 스마트폰 사용을 허용한 교실 상황을 상상해보자. 학습자들은 교사가 소개한 앱을 다운받은 후, 교사의 눈을 피해 서로에게 메시지를 보내고, 인터넷으로 검색하고, 게임을 할 수도 있다. 교사는 그러한 학생들을 계속적으로 통제하고 불신하게 되고, 소모적인 신경전으로 시간을 낭비하게 될 수도 있다. 스마트 기기와 환경이라는 오픈 소스 및 인프라의 허용은 준비되지 않은 교사와 수업 현장에는 치명적인 악영향을 미칠 수 있다. 그러므로 교실 상황에 스마트 교육을 도입하기 전, 어떤 교과 학습 모델과 학습 프로그램을 구성하고, 어떻게 실제 교수·학습 과정을 진행할 것인가에 대한 연구가 절실하다.

이런 의미에서 본 연구는 장기적인 안목과 교육철학적 문헌 연구를 기반으로 하여 스마트 교육에 최적화된 교수·학습 모형을 개발하고, 이러한 모형을 적용한 학습 프로그램을 구성한 후 이를 수업에 적용하여 그 효과를 확인함으로써 스마트 학습자 양성을 위한 교육의 기초를 제공하고자 하였다.

2) 스마트 학습의 구성 요소

스마트 교육 추진 전략(교육과학기술부, 2011)에서는 스마트 교육의 핵심적 요소를 다섯 가지로 제시하고 있다. 자기주도적 측면에서 살펴보면, 학습자는 지식 수용자에서 지식의 주요 생산자로의 역할 변화를, 교사는 지식 전달자에서 학습의 조력자나 멘토로의 변화를 독려한다. 학습에 대한 흥미 측면은 정형화된 교과 지식 중심에서 체험을 기반으로 지식을 재구성할 수 있는 학습 방법을 강조하며, 창의적 문제 해결과 과정 중심의 개별화된 평가를 지향한다. 수준과 적성 측면에서는 교육 체제의 유연성을 강화하고 개인의 선호 및 미래 직업과 연계된 맞춤형 학습의 구현을 강조하며, 학

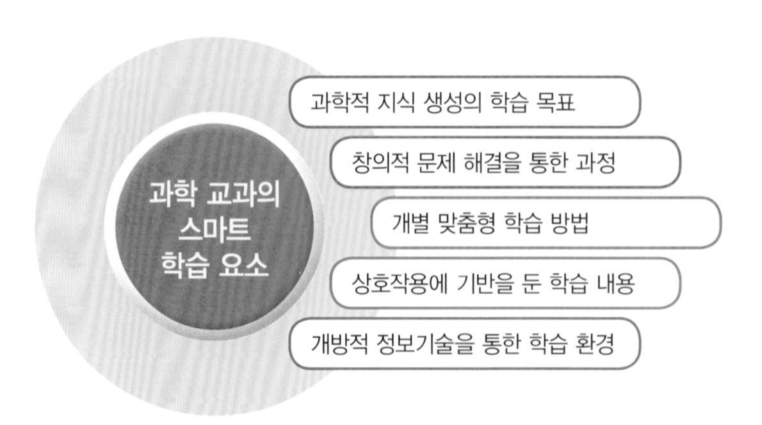

[그림 4] **과학 학습의 스마트 학습 요소**

교가 지식을 대량으로 전달하는 장소에서 수준과 적성에 맞는 개별화된 학습을 지원하는 장소로 진화해야 함을 지향하고 있다. 풍부한 자료 측면에서는 클라우드 교육 서비스를 기반으로 공공기관, 민간 및 개인이 개발한 풍부한 콘텐츠를 교육에 자유롭게 활용하는 오픈마켓을 지향하며, 집단지성, 소셜 학습 등을 활용한 국내외 학습자원의 공동 활용과 협력 학습을 확대하고자 한다. 마지막으로 정보기술 활용 측면에서는 정보기술을 통해 언제 어디서나 원하는 학습을 할 수 있고, 수업 방식이 다양해져 학습 선택권이 최대한 보장되는 교육 환경을 통해 개방화된 환경을 지향한다. 따라서 지식의 일방적 수용자가 아닌 지식의 생산자로서의 학습자, 학습에 대한 흥미와 동기 유발을 위한 체험 중심 및 창의적 문제 해결 과정, 교육 방법의 유연성과 개별 맞춤형 학습, 풍부한 콘텐츠와 네트워킹을 활용한 상호작용 활동, 개방화된 학습 환경 및 분위기 조성이 스마트 학습에 있어 핵심적인 요소라고 볼 수 있다.

특히 지식의 생성은 학습의 최종 지향점인 학습 목표에 해당하며, 창의적 문제 해결 과정의 경험은 학습의 과정을 의미한다. 또한 개별 맞춤형 학습과 집단 지성을 통한 상호작용은 학습 방법과 학습 내용의 중요한 지향점에 해당한다. 개방적 정보기술은 와이파이 환경이나 클라우드 컴퓨팅을 활용한 개방적 학습 환경의 조성을 의미한다고 볼 수 있다([그림 4] 참조).

따라서 과학 학습을 위한 스마트 학습 모형은 창의적 문제 해결 과정을 통해 과학 지식 생성, 상호작용 및 개별 학습이 가능하도록 정보기술을 활용할 수 있도록 구성되어야 한다. 이를 위해 본 연구에서는 학습 과정으로서의 문제 해결 과정, 창의적 사고와 문제 해결 과정, 창의적 문제 해결 과정과 상호작용의 관련성에 대해 고찰함으로써 과학 학습을 위한 스마트 학습 모형을 구성하고자 하였다.

2. 과학 교육에서의 스마트 교수·학습 모형의 개략

교수·학습 모형	수업 단계	주요 교수·학습 내용	적용 기술	핵심 학습자 역량
스마트 지식 생성 모형	지식 탐색	관찰, 경향성 탐색	정보 탐색	과학적 지식 생성
	지식 생성	가설 생성, 실험 설계	기록, 녹음	
	지식 평가	실험 수행, 가설 평가	데이터 수집·평가	
	지식 공유	발표, 결과 공유	기록물 공유	
스마트 지식 설명 모형	문제 인식	정보 탐색, 패턴 발견	정보 탐색	과학적 지식 설명
	설명 탐색	과학적 설명 제시	기록, 녹음	
	설명 구체화	과학적 설명 검증	데이터 수집·평가	
	설명 확장	과학적 설명 적용	데이터 적용	
	설명 공유	과학적 설명 공유	기록물 공유	

02 스마트 모델 1: 스마트 지식 생성 모형

1. 교수·학습 모형 설명

1) 학습 과정으로서의 문제 해결 과정

과학자는 그들이 밝히려고 하는 문제를 해결하기 위해 노력한다(Sargent, 2002). 이러한 맥락에서 과학 탐구 활동은 과학자들의 과학적 문제 해결 과정을 학습의 측면에서 모델링하여 제시한 것이라 볼 수 있다(NRC, 2000). 즉, 과학적 탐구 활동은 과학적 문제 해결 과정임과 동시에 두뇌의 지적 기능 중 중요한 부분인 인지적 과정에 해당한다(Polya, 1954; Wallas, 1926; Wang et al., 2006; Wilson & Clark, 1988). 일반적으로 문제 해결 과정은 주어진 사실(the givens), 목표(the goals), 조작 활동(the operations)의 세 가지 기본 요소를 포함한다(Ormrod, 1999; Polya, 1954). 문제 해결 과정에서 주어진 사실은 문제의 일부분으로서 주어진 정보, 목표는 문제에 대한 해결책의 바람직한 종료 상태, 조작 활동은 해결책의 목표 달성을 위해 실행될 수 있는 가능한 모든 활동들을 의미한다(Wang & Chiew, 2010). 그러므로 문제 해결 과정은 우리에게 주어진 정보들로부터 특정 목표에 도달하기 위해 수행하는 일련의 조작 과정에 해당하며, 대부분의 인지적 과정은 문제 해결 과정으로 표현될 수 있다. 이러한 문제 해결 과정에 대한 인지적 연구는 게슈탈트 심리학의 등장 이래로 학습과 지각에 대한 규명을 위해 오랫동안 진행되어왔다(Mayer, 1992; Newell & Simon, 1972; Ormrod, 1999; Polya, 1954; Robertson, 2001).

문제 해결의 인지적 과정을 네 단계로 구분하여 제시한 Wallas(1926)에 따르면, 문제 해결 과정은 문제를 정의하고, 해결책과 관련된 정보를 수집하는 단계로부터 시작된다. 수집된 정보를 바탕으로 문제에 대해 사고하고 문제에 대한 해결책을 생성하기 위한 활동들을 수행한다. 이와 같은 활동을 통해 생성된 해결책이 문제에서 주어진 목표와 일치하는지의 여부에 따라 옳은지 확인됨으로써 문제 해결 과정이 종료된다고 하였다.

Wallas와 유사한 관점에서 Polya(1954) 역시 문제 해결의 인지적 과정을 네 단계로 구분하였다. 문제에 대한 정의 및 정보 수집과 관련된 단계를 '주어진 사실'로 통합함으로써 문제로부터 주어진 사실을 확인하는 단계로부터 문제 해결 과정이 시작된다고 제시하였다. 주어진 사실로부터 문제가 파악되면 문제를 해결하기 위한 적절한 활동을 결정하게 되고, 문제 해결 활동의 실행을 통해 도출된 해결책에 대한 효율성을 확인하게 된다. 마지막으로 문제 해결을 위해 실행한 과정과 해결책에 대한 전체적인 효율성을 평가함으로써 최종적인 해결책을 선택한다고 하였다.

Wang & Chiew(2010)는 Wallas의 관점과 Polya의 관점을 종합하였으며, 학습자의 문제 해결 결과를 발표하는 단계를 추가하여 다섯 단계의 문제 해결 과정을 제시하였다. 이들이 제시한 과정을 살펴보면, 문제를 정의하는 단계, 해결책을 위한 목표와 과정을 찾는 단계, 해결책을 생성하는 단계, 적합한 해결책을 선택하는 단계, 문제 해결 결과를 발표하는 단계로 구분된다. 이 중 마지막 단계인 발표는 주어진 문제에 대한 설명, 해결책과 목표 도달에 대한 평가 기준 제시가 포함된 가장 중요한 단계라고 하였다.

이상의 결과를 종합해보면, 문제 해결 과정의 출발점은 주어진 문제가 지니고 있는 목표와 정보를 정의하고 확인하는 문제 탐색 단계라는 데 연구자들의 견해가 일치하고 있다. 이후의 단계에 대해서는 문제에 대한 사고하기, 해결책 지니기, 적절한 행동 선택, 행동의 수행, 해결책의 탐색, 해결책의 생성 등으로 차이를 나타내고 있다. 그러나 이러한 활동은 문제의 최종 목표인 해결책 도출에 필요한 활동들을 계획하고, 선택하며, 실행하는 해결책 생성 및 실행 단계를 의미하고 있다. 마지막 단계는 문제 해결을 위해 생성하고 실행된 다양한 해결책들에 대해 목표와의 일치 여부에 따라 해결책을 확인·평가함으로써 최종적으로 적합한 해결책을 선정하는 해결책 평가 단계로 귀결된다고 볼 수 있다.

문제 해결의 인지적 과정은 크게 세 단계로 구분될 수 있으나, 구성주의적 학습의 맥락에서 문제 해결의 완료는 학습에 참여한 구성원들과의 의사소통 과정이 포함되어야 할 필요성이 있다. 또한 문제 해결의 의사소통 과정은 학습자가 파악한 문제의 목표와 정보에 대한 설명, 수행한 활동에 대한 설명, 적절한 해결책 선정의 평가 기준 제시가 포함될 수 있을 것이다. 따라서 문제 해결 과정에 기반을 둔 학습의 과정은 문제에 대한 탐색, 해결책의 생성, 해결책에 대한 평가, 결과에 대한 의사소통으로 구성될 수 있을 것이다([표 1] 참조).

[표 1] **문제 해결 과정 기반 학습 과정**

Wallas(1926)	Polya(1954)	Wang & Chiew(2010)	학습 과정
문제의 정의	문제 확인	문제의 특징 확인	문제에 대한 탐색
문제에 대한 사고			
해결책 가지기	적절한 활동 정의	해결책 탐색	해결책의 생성
	문제 해결 활동 실행	해결책 생성	
해결책 확인	해결책의 효율성 평가	적합한 해결책 선택	해결책에 대한 평가
		결과의 표현	결과에 대한 의사소통

(1) 스마트 학습의 창의적 사고와 창의적 문제 해결 과정

과학 학습을 위한 스마트 학습의 목적은 창의적 사고가 가능한 문제 해결 과정에 대한 경험을 통해 학생들이 과학 학습에 대한 흥미를 유발하고, 몰입할 수 있도록 학습에 대한 동기 수준과 학습에 대한 태도를 향상시키는 데 있다. 따라서 스마트 학습을 위한 학습 모형은 창의적 사고 과정의 경험을 통해 과학 학습에 대한 동기 수준과 태도를 향상시킬 수 있도록 구성되어야 한다.

창의적 사고의 범주는 크게 발산적 사고와 수렴적 사고로 구분할 수 있다(Cropley, 2006; Guilford, 1959). Guilford(1959)는 창의성을 이루는 기본적인 사고에 대해 발산적 사고와 수렴적 사고를 제안하였다. 이 중 발산적 사고는 창의성과 강하게 관련되고, 수렴적 사고는 지능(Intelligence)과 관련되어 있다고 주장하였다. 그러나 창의성과 지능에 대한 최근의 연구들은 발산적 사고와 수렴적 사고가 서로 강한 긍정적 관련성이 있으며, 서로 단절된 사고의 영역이 아니라 상호불가분의 관계에 있다는 결과를 제시하고 있다(Sternberg & O'Hara, 2000).

일반적으로 발산적 사고는 다양한 측면에서 새로운 아이디어를 생성함으로써 다양한 해결책을 이끌어내는 사고 과정이며, 생성해낸 해결책들은 올바른 것일 수도 또는 그렇지 않을 수도 있는 개방성을 지니고 있다. 그러므로 발산적 사고는 주어진 정보들에 대한 종합적 고찰, 정해진 틀을 벗어난 사고, 이질적인 요소로 구성된 아이디어 생성과 같은 사고를 포함한다. 반면, 수렴적 사고는 고정화된 사고 조절 과정을 사용하여 다양한 정보들을 조합하여 하나의 해결책이나 목표로 수렴해나가는 사고 과정이다. 특히 범주화, 유사성과 패턴 발견, 다양한 정보들 사이의 상호관계 발견과 같은 사고 과정을 포함한다(Razoumnikova, 2000).

발산적 사고와 수렴적 사고를 포함하는 창의적 사고의 맥락에서 문제 해결 과정은 발산적 문제 해결과 수렴적 문제 해결의 두 가지 유형으로 구분될 수 있다(Guilford, 1967). 발산적 문제 해결 과정은 주로 새로운 아이디어를 생성하는 활동으로 통상 하나의 단일 목표나 해결책이 주어지지 않는다. 목표에 도달하는 과정은 알려져 있는 것을 선택하거나 새로운 방법을 구상할 수도 있으므로, 사례 연구나 탐색과 같은 활동에 적합하다고 볼 수 있다. 반면, 수렴적 문제 해결 과정은 주로 주어진 아이디어를 평가하는 활동이 대표적이므로 통상적으로 단일 목표가 주어지지만, 문제를 해결해나가는 과정은 주어지지 않는 경우가 일반적이다. 그러므로 수렴적 문제 해결 과정은 특정 이론이나 아이디어에 대한 입증 및 실증 과정, 서로 다른 정보들로부터 일반화를 이끌어내는 활동에 적합하다고 볼 수 있다(Wang & Chiew, 2010). 즉, 발산적 문제 해결 과정과 수렴적 문제 해결 과정은 동시에 이루어지기 어려우며, 서로 순차적인 구조를 통해 제시될 때 두 가지 창의적 사고의 경험이 가능할 것이다. 따라서 발산적 사고가 요구되는 발산적 문제 해결 과정과 수렴적 사고가 요구되는 수렴적 문제 해결 과정은 학생들에게 순차적인 구조로 제공될 때 서로 다른 방법과 목적을 지닌 두 가지 사고 과정의 혼란을 방지할 수 있을 것이다.

(2) 귀납적 과학 학습

귀납적 과학지식은 개개의 구체적인 사례나 현상의 관찰로부터 일반화에 이르는 귀납적 사고 과정을 통해 생성되는 것이다(Thurston, 1938; Sternberg & Gardner, 1983). 또한 귀납적 사고는 과학적 상황뿐만 아니라 일상생활에서 지식 체계를 구성하거나 활용하는 데 광범위하게 사용되고 있다(Hamers et al., 1998).

귀납적 추론은 특정 사실로부터 일반적인 결론으로 나아가는 과정이며, 일반화 또는 과학적 법칙에 도달하기 위해 과학자들이 사용하는 주요한 추론 과정이다(Wadsworth, 1996). 또 특정 대상이나 현상들 사이의 유사성과 차이점들을 추출할 때도 귀납적 사고 과정이 개입되어 일반화나 결론에 도달한다. 귀납적 사고 과정을 통해 도출된 결론은 새로운 경험 상황에 적용함으로써 검증되고, 미래의 특정 사실을 예측하기 위해 사용된다. 이때 귀납적으로 얻어진 결론은 예외적인 상황에 노출되지 않는 한 효율적으로 유지되며, 결론과 갈등을 일으키는 증거를 경험할 때 수정될 수도 있다(She & Liao, 2010).

이와 같은 귀납적 사고 방법의 일반적 정의 외에도 심리학적 측면에서는 귀납을 규칙성을 발견하는 과정으로 제시하고 있으며, 불확실한 상황에서 지식을 확장해나가는 과정으로 논의하기도 한다(Klauer & Phye, 1994; Holland et al., 1986). Klauer & Phye(1994)는 귀납적 추론의 구조를 속성과 관계, 유사성과 상이성에 따라 제시하였으며, 이러한 구조를 통해 공통성, 경향성, 분류 지식이 생성될 수 있다.

이 중 일반화는 관찰 대상의 속성에서 유사성을 발견하여 공통성으로 인식하여 기술하는 것이다. 판별은 관찰 대상들의 속성 차이를 발견하는 것으로 분류의 하위 구조에 속한다. 그러므로 분류는 관찰 대상들에서 공통성을 발견하여 범주화하고, 대상들에서 나타나는 차이점을 발견하는 귀납적 추론의 사고 과정에 해당한다. 관계 인식은 관찰 대상의 관계에서 나타나는 유사성에 대한 인식을 의미하며, 관계에서 발견되는 상이성을 통해 관계의 분화를 인식하게 된다. 결국 대상의 관계에 대한 유사성과 상이성을 발견함으로써 위계를 구성하는 귀납적 사고 과정이 이루어진다고 볼 수 있다.

(3) 귀추적 과학 학습

과학의 목적은 대상이나 현상에 대한 설명 체계를 제시하는 데 있으며, 설명 체계는 현상을 설명할 수 있는 원인에 대한 지식을 의미한다(Nagel, 1961; Salmon & Kitcher, 1989). 과학 활동을 과학적 탐구 활동이라고 보는 맥락에서 탐구 활동의 목적은 과학의 목적과 동일시될 수 있을 것이다. 그러므로 과학적 탐구의 목적은 인과적 질문에 대한 해답인 원인에 대한 설명 지식을 제공하는 데 있다고 볼 수 있다. 과학 활동을 통해 생성되는 지식 중 설명 지식에 대해 권용주 등(2003b)은 귀납적·귀추적 사고 과정을 통해 생성되며, 연역적 사고 과정을 통해 평가된다고 하였다. 이와 같은 주장은 설명 지식을 발견과 검증으로 구분하는 맥락과 동일한 관점(Klahr & Dunbar, 1988)이며, 귀납적·귀추적 사고 과정은 설명적 지식을 발견하는 과정에, 연역적 지식은 발견된 지식을 검증하는 과정에 해당한다고 볼 수 있다.

과학 활동을 통해 생성되는 설명 지식은 계속되는 검증 과정과 반증의 가능성으로 인해 잠정적인 특성을 지닌다고 볼 수 있는 반면(Hempel, 1966; Quine & Ullian, 1988; Raven et al., 1999; Reese, 1980; Runes, 1982; Tarbuck & Lutgens, 1994), 설명 지식 중 잠정적 특성을 지니는 것은 가설에 한정된다는 주장도 제기되고 있다(Enger & Ross, 2003; Kimball, 1994; Lawson, 1995; Moore et al., 1998; Slabaugh & Parsons, 1976; Uno & Moore, 2001). 설명의 잠정적 특성에 대해 서로 다른 주장이 제기되는 이유는 설명이란 중립적인 개념이 아니며, 잠정적 특성을 지니는 설명의 유형을 구분하는 기준이 모호하기 때문이다(이혜원 등, 2005; 권용주 등, 2003a; Lawson, 1995). 설명의 유형을 구분하는 것은 잠정적 설명이 검증될 때, 유형에 따라 검증 방법이 달라지기 때문에 과학 교육에 있어 매우 중요하다(권용주 등, 2006; 박순화 등, 2005).

설명의 유형에 대해 권용주 등(2006)은 목적론적 설명과 기계론적 설명으로 구분되는 자연관, 의문 발생의 시점에 따라 과거, 현재, 미래로 구분되는 잠정성의 시점, 설명의 주체인 설명자와 설명의 대상인 현상의 잠정성으로 구분되는 잠정성의 대상을 기준으로 구분하였다. 이러한 관점에서는 과학적 탐구 활동을 통해 생성되는 설명 지식이 어떠한 목적으로 잠정적인 명제를 제안하는가에 따라 가설, 추측, 예측으로 구분된다. 관찰된 현상들의 원인에 대한 임시적 설명으로 고안된 명제나 명제들의 집합이 가설이라는 관점(Lawson, 1995)과 동일한 맥락에서, 가설이란 현재 시점 현상의 원인이 되는 과거의 설명자를 잠정적으로 고안하여 진술한 명제라고 할 수 있다. 그러므로 가설을 생성하는 것은 관찰된 현상의 원인에 대한 잠정적인 명제를 제안하기 위한 활동이라고 볼 수 있다.

추측은 현재 시점 현상을 자세히 설명하는 현재의 설명자를 잠정적으로 고안하여 진술한 명제에 해당한다. 그러므로 과학적 탐구에 있어 추측은 관찰된 현상을 좀 더 구체적이고 상세히 설명해주는 잠정적인 명제를 제안하기 위한 활동이라고 할 수 있다. 마지막으로 예측이란, 현재 시점에서 관찰된 현상들을 바탕으로 현재의 특정 원인에 의해 발생할 가능성이 있는 미래의 현상을 잠정적으로 제안하기 위한 활동이라고 할 수 있다.

(4) 연역적 과학 학습

연역적 추론은 하나 혹은 그 이상의 알려진 일반적인 언명(Statement)으로부터 논리적으로 어떤 결론에 도달하기 위해 사용되는 추론 과정이라 할 수 있다(Johnson-Laird, 2000; Rips, 1999). 또한 알려진 일반적인 언명으로부터 특별한 상황에 대한 적용에 도달하는 과정을 포함한다. 연역적 추론에 대해 Wadsworth(1996)는 전제로부터 출발하여 결론 또는 일반적인 언명에서 새로운 사실이나 언명을 도출하는 과정이라고 하였다. 이러한 관점에 따라 연역적 추론에 기초한 추리나 결론이 사실이기 위해서는 반드시 전제인 일반 언명이 사실이어야 한다. 연역적 추론은 전제가 참이고, 결론이 전제로부터 논리적으로 도출되었다면 타당한 것이다(Johnson-Laird, 1985).

개인이 연역적으로 추리할 때는 후자가 전자로부터 따라오는 것인지 알아내기 위해 일반적인 개념(전제)으로부터 특별한 사례(결론)로 나아간다. Johnson-Laird & Byrne(1991)은 연역적 추리가 중심적인 지적 능력이라고 하였다. 계획을 수립하기 위해, 대안적 활동을 평가하기 위해, 가정과 가설의 결론을 알아내기 위해, 설명을 해석하고 표현하기 위해, 규칙을 개발하고 원리를 생성하기 위해, 논쟁과 협상을 지속하기 위해, 증거를 가늠하고 자료를 평가하기 위해, 경쟁 이론 사이에서 결정하기 위해, 그리고 문제 해결의 결과를 위해 필수적이다.

2) 스마트 지식 생성 학습 모형

창의성에 대한 일부 연구 결과들은 창의성을 학습되기 어려운 선천적인 것으로 간주하기도 하나, 영역 특수적 측면에서 창의성을 유발하는 인지적 과정인 창의적 사고 과정이 창의적인 문제 해결의 과정이라는 것에 의견이 일치되고 있다(Alexander, 1992; Mumford et al., 1991; Newell et al., 1962; Sternberg, 2005). 즉, 창의적인 문제 해결은 창의적 사고가 가능한 활동에 대한 훈련과 숙달을 통해 학습되거나 개선될 수 있는 가능성이 있는 것이다(Sternberg & Lubart, 1996).

이에 반해 교육 현장에서는 정규 수업 시간에 창의적 문제 해결 과정을 가르치는 것은 매우 어렵다고 인식하고 있으며, 정규 수업 시간보다는 교과 외 시간이나 클럽활동 시간에 주로 창의적 문제 해결 과정을 학습하는 데 초점을 맞추고 있다(Boden, 2004). 이러한 현상은 창의적 사고를 발산적 사고의 특징 중 하나인 '틀을 벗어난 사고'로만 간주하여 학생에 대한 안내를 최소화하고, 지나치게 브레인스토밍에 초점을 맞추었기 때문으로 볼 수 있다. 따라서 창의적 문제 해결 과정을 학습하기 위해서는 학생들이 성취욕과 창의적 문제 해결의 경험을 축적할 수 있도록 문제의 범위를 축소하고 문제 해결 과정을 안내함으로써 불필요한 시간 낭비를 감소시킬 필요가 있다(Barak & Mesika, 2007).

뿐만 아니라, 창의적 문제 해결 과정의 유용성 측면에서 수렴적 사고와 발산적 사고는 사회적 상호작용의 필요성을 함께 지니고 있기도 하다. 수렴적 사고는 공동 활동(Collaboration)이나 조정 활동(Coordination)에 적합한 반면, 발산적 사고는 즉석 제조(Improvisation), 개선하기(Innovation), 변화하는 문제에 대한 고찰과 관련이 있다(Bahar & Hansell, 2000; Nemeth & Goncalo, 2005).

창의적 사고와 공동 활동의 관계에 대한 연구(Ashton-James & Chartrand, 2009)에서 수렴적 사고는 지식이나 기술을 공유하는 집단, 즉 공통의 목표를 지닌 집단에서 상호작용할 때 주로 작용한다. 반면, 발산적 사고는 다양하거나 조직화되어 있지 않은 집단, 즉 공통의 목표를 지니지 않은 집단에서 상호작용할 때 정적인 상관을 나타낸다는 결과를 제시하고 있다. 결국 수렴적 사고와 발산적 사고를 유발하기 위해서는 학습 활동의 형태가 개인 활동 또는 공동 활동으로 구성될지의 여부를 결정해야 하며, 공동 활동의 경우 집단의 성격과 목적을 명확히 제시하여야만 할 것이다. 앞서 제시한 바와 같이, 스마트 수업의 과정이 발산적 문제 해결 과정, 수렴적 문제 해결 과정의 순서로 구성된다면, 발산적 문제 해결 과정에서의 공동 활동에서는 공통의 목표가 아닌 학생 각자에게 개별적인 목표가 제시되어야 한다. 반면, 수렴적 문제 해결 과정에서의 공동 활동에서는 수업에서 선행된 발산적 문제 해결 활동의 결과물을 바탕으로 집단의 공통 목표를 제공해주어야 할 것이다. 교육 현장에서 학생들의 상호작용 측면을 고려한다면, 발산적 문제 해결 활동은 개인 활동이나 공동 활동으로 구성하고, 수렴적 문제 해결 활동은 공동 활동으로 구성하는 것이 바람직할 것이다.

이상의 논의를 종합하면, 과학 학습을 위한 스마트 학습의 단계는 문제 해결 과정의 단계에 따라 구성될 수 있다. 또한 문제의 해결 과정을 지식의 생성 과정으로 간주할 수 있다면, 학습은 지식 탐색 단계, 지식 생성 단계, 지식 평가 단계, 지식 공유 단계에 따라 이루어질 수 있다. 또한 과학적 지식 생성 과정의 관점에서 학습 목표는 지식의 생성에 해당하며, 각 단계별 지식 생성의 방법적 측면들을 고려하여야 한다. 지식 탐색 단계에서는 주어진 문제에 대한 관찰과 경향성 탐색을 통한 패턴의 발견이 이루어질 수 있는 귀납적 지식 생성, 지식 생성 단계에서는 패턴의 발견을 통해 잠정적 지식을 생성하는 귀추적 지식 생성, 지식 평가 단계에서는 잠정적 지식을 검증하기 위한 가설-연역적 지식 생성으로 학습의 목표를 제시할 수 있다. 또한 생성한 지식을 공유하기 위한 마지막 단계에서는 개방화된 정보화 환경을 활용한 지식의 공유 활동과 과학적 지식에 대한 가치판단이 가능할 것이다.

과학적 지식 생성의 과정에서 창의적 사고의 흐름은 주어진 과학적 문제 상황에 대한 파악과 패턴의 발견을 통한 발산·수렴적 사고의 경험, 발견된 패턴으로부터 다양한 지식을 생성하는 발산적 사고의 경험, 생성된 과학적 지식의 검증을 위한 고안 및 검증의 과정을 통한 발산·수렴적 사고의 경험, 지식의 공유를 통해 통합적 지식을 생성하는 수렴적 사고의 경험으로 구성될 수 있을 것이다.

	학습 목표	학습 방법	스마트 활동	하드웨어	소프트웨어
지식 탐색	귀납적 지식 생성	관찰, 경향성 탐색	정보 탐색	컴퓨터, 태블릿, 스마트폰	애플리케이션, 이메일, SNS, 클라우드
지식 생성	귀추적 지식 생성	가설 생성, 실험 설계	기록, 녹음	컴퓨터, 태블릿, 스마트폰	애플리케이션, 이메일, SNS, 클라우드
지식 평가	가설-연역적 지식 생성	실험 수행, 가설 평가	공유 데이터 수집·평가	컴퓨터, 태블릿, 스마트폰	애플리케이션, 이메일, SNS, 클라우드
지식 공유	과학적 지식 공유	발표, 결과 공유	기록물 공유	컴퓨터, 태블릿, 스마트폰	애플리케이션, 이메일, SNS, 클라우드

[그림 5] **과학 지식 생성을 위한 스마트 학습 모형**

정보기술적 측면에서는 귀납적 지식 생성과 연계된 멀티미디어의 탐색, 다양한 잠정적 지식의 생성과 연계된 on-note를 통한 기록, 가설-연역적 지식 생성을 위한 수집된 데이터의 분석 및 해석, 생성된 지식의 공유 과정으로 구성될 수 있으며, 이상의 학습 요소와 방법들을 종합하면 [그림 5]와 같이 모식화할 수 있다.

2. 사용되는 스마트 기술

도구명	활용 화면	활용 용도	대안 도구
구글 문서 도구	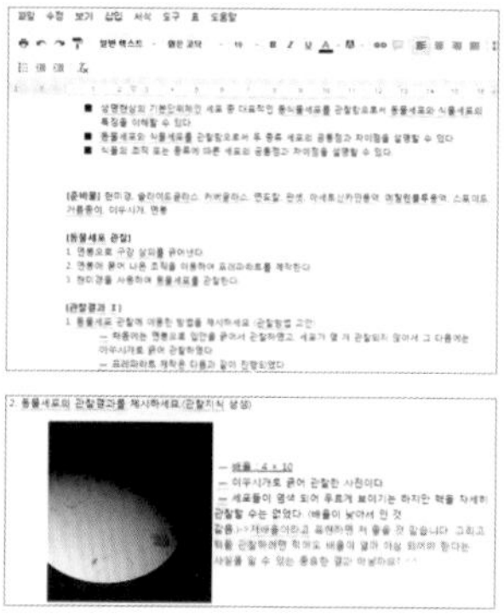 [동물세포 관찰] [illegible] [관찰결과 1] [illegible] — 배율 : 4 × 10 — 이쑤시개로 긁어 관찰한 사진이다 [illegible]	클라우드상에서 여러 명이 동시에 문서를 작성할 수 있는 웹 애플리케이션이다. 탐구 활동 보고서 작성과 작성 후 제출된 보고서에 대한 평가와 함께 교사의 피드백을 제공하는 데 사용할 수 있다.	pages
에버노트	 Evernote 20121027 10:3... 관찰결과 [illegible] 탐구결과 [illegible] 심화 질문 - 효모를 빵과 막걸리에 넣는 이유는? [illegible] Evernote 20121027 11:2... 1.0 MB	웹, 태블릿 PC, 스마트폰에서 동기화하여 사용할 수 있는 스마트 워크 애플리케이션이다. 학생들의 탐구 활동 보고서 작성, 탐구 활동 촬영, 녹화, 녹음 등을 할 수 있으며, 공유 기능을 통해 보고서를 제출할 수 있다.	keynote

3. 교수·학습 과정안

1) 교수·학습 과정안 요약

학교급	고등학교	학년	2학년	차시	3차시
교과	생명과학 Ⅰ	대단원	Ⅰ. 생명과학의 이해	소단원	01. 생명 현상의 특성
학습 목표	효모의 특징을 관찰하고 설명할 수 있다. 효모의 활성을 유발하고, 발효에서 발생하는 기체에 대해 설명할 수 있다. 효모의 활성을 실생활에 적용하여 설명함으로써 물질대사에 대해 이해할 수 있다.				
스마트 활동	효모의 특징 관찰 및 설명, 효모 활성 유발, 발효의 산물, 물질대사				
학습자 역량	과학적 지식 생성, 과학 탐구 과정 경험, 스마트 리터러시				
수업 진행	1단계 지식 탐색 → 2단계 지식 생성 → 3단계 지식 평가 → 4단계 지식 공유				
준비물	교사	인스턴트 드라이이스트(건조 활성 효모–제빵용), 설탕, 종이컵, 유리막대, 온도계, 비커, 핫플레이트, 비커, 전기포트, 증류수, 태블릿 PC			
	학생	태블릿 PC, 스마트폰, 필기도구, 교과서			

2) 교수·학습 과정안

● 도입

수업 단계		교수·학습 활동: 교사	교수·학습 활동: 학생	전략 및 유의점	시간(분)	활용 도구
지식 탐색	인식	컴퓨터를 활용하여 학습 목표를 학생들에게 제시한다. • 화면에 제시된 학습 목표를 같이 확인해봅시다. 탐구 활동 내용과 관련된 준비물에 대해 안내한다. • 각 모둠별로 제공된 준비물을 확인해보세요. • 오늘 활동은 어떤 것일지 생각해보세요.	전면 칠판에 제시되는 학습 목표를 인식한다. – 학습 목표를 확인한다. 탐구 활동 내용과 주어진 준비물을 확인한다. – 모둠별로 제공된 준비물을 화면에 제시된 목록과 비교하며 확인한다. – 수업에서 어떤 주제에 대해 학습할지 생각해본다.	지식 탐색 단계는 수업의 도입에 해당하며, 학생들이 학습 활동을 통해 도달하여야 하는 목표를 명확히 인식하는 단계다. 학습 목표는 과학적 지식의 생성이므로, 수업 활동인 효모 활성과 관련된 과학적 지식을 생성할 수 있도록 안내해야 한다.	2	

탐색	모둠별로 스마트폰의 테더링이 가능하도록 안내하며, 연결 상태를 확인한다. • 모둠별로 스마트폰의 테더링을 준비하고 자신이 가지고 있는 태블릿과 와이파이 연결 상태를 점검하세요. • 여러분의 활동을 기록하기 위해 태블릿 PC에서 에버노트를 실행하고 모둠별 대표자 아이디로 새로운 노트 작성을 준비하세요.	모둠원의 스마트폰을 이용하여 테더링을 준비하고 연결 상태를 확인한다. – (모둠별 대표자 또는 스마트폰 소지자) 소지한 스마트폰의 테더링 기능을 활성화한 후, 자신의 태블릿 와이파이 연결 상태를 확인한다. – 태블릿 PC에서 에버노트를 실행하고 로그인 상태를 유지한다. – 에버노트에서 새로운 노트북을 생성하고, 제목은 오늘 날짜의 주제를 입력한다.	와이파이 환경에서는 학생들의 테더링이 필요하지 않지만, 인터넷 검색이나 학습 관련 이외의 활동을 하지 않도록 통제할 수 있어야 한다. 수업 전 모든 학생들이 에버노트 계정을 가지고 있어야 한다.	5	
	모둠별로 준비된 인스턴트 드라이이스트를 관찰한다. • 준비된 인스턴트 드라이이스트의 포장지를 개봉하지 않고 어떤 것인지 살펴봅시다.	준비된 인스턴트 드라이이스트를 개봉하지 않은 상태에서 관찰한다. – 포장지를 개봉하지 않은 상태에서 제한된 정보에 대해 관찰하고 탐색한다.	Misson Guide는 교사가 사전에 모둠 대표자에게 이메일을 통해 전달하여야 한다.		
	인스턴트 드라이이스트에 대한 학생들의 인식 정도에 대해 발문한다. • 인스턴트 드라이이스트에 대해 알고 있는 사람이 있나요? • 이건 어디에 사용하는 것일까요? • 포장지에 보면 어떤 그림이 있나요?		인스턴트 드라이이스트(건조 효모)에 대한 발문들을 사전에 다양하게 준비하여야 한다.		
	인스턴트 드라이이스트를 오감을 이용하여 관찰하도록 안내한다. • 포장지를 개봉하고 여러분의 오감인 시각, 청각, 후각, 미각, 촉각을 이용하여 관찰해보세요.	인스턴트 드라이이스트를 오감을 이용하여 관찰한다. – 포장지를 개봉하고, 내용물을 오감(시각, 청각, 후각, 미각, 촉각)을 사용하여 관찰한다.	해당 수업은 효모를 사용하는 과정이 포함되어 있으므로, 학생들은 실험실 안전사항을 숙지하고 있어야 한다. 교사는 효모 활성과 관련된 활동을 사전에 수행하여 학생들이 범할 수 있는 오류를 점검하여야 한다. **예시 1** 건조 효모는 한 알 정도 먹어도 문제되지 않지만, 다량을 섭취하지 않도록 한다.		

		관찰 과정과 결과를 태블릿 PC를 이용하여 녹음(에버노트)하도록 안내한다. • 여러분이 관찰하는 동안 본 것을 촬영하고, 느낀 점을 에버노트의 촬영 기능과 녹음 기능을 이용하여 기록하세요. 물론, 직접 작성하는 것도 좋습니다.	관찰 결과를 태블릿 PC를 활용하여 촬영하고, 관찰 과정과 결과는 에버노트를 활용하여 기록한다. – 관찰 과정에서 본 것은 에버노트의 촬영 기능을 활용하여 촬영한다. – 관찰 과정에서 느낀 점이나 대화 내용은 에버노트의 녹음 기능을 활용하여 녹음한다.	태블릿 PC를 이용하여 관찰 결과를 촬영하는 것은 보고서 작성에 사용될 수 있으므로 학생들에게 수시로 촬영하도록 안내한다.		

활용 도구 스마트 패드 스마트폰 컴퓨터 전자칠판

활용 앱 실험 도구 동영상 사진 프레젠테이션 에버노트

● 전개

수업 단계		교수·학습 활동		전략 및 유의점	시간(분)	활용 도구
		교사	학생			
지식 생성	설명	모둠원들이 제시한 관찰내용을 통합하여 관찰 결과를 기록(에버노트)하도록 한다. • 포장지를 개봉하여 관찰한 결과를 모둠별로 모아 에버노트에 기록해보세요. • 관찰 결과는 통합해서 하나의 문장으로 기술하도록 해봅시다. 효모의 활성과 발효의 관계에 대해 자연스럽게 이해하도록 과학적 개념을 제시한다. • 드라이이스트는 건조된 효모를 말합니다. 효모는 빵을 부풀릴 때 주로 사용하죠. 빵을 부풀린다는 것은 화학적 변화를 유발하는 과정입니다.	관찰 과정에서 모둠원들의 대화 내용을 녹음하고 이를 통합하여 관찰 결과를 기록한다. – 포장지를 개봉하여 관찰한 결과를 모둠 내에서 의견을 종합하여 에버노트에 기록한다. – 가급적 관찰 결과는 한 문장으로 통합하여 기록한다. 교사의 설명을 듣고 효모 활성과 발효의 관련성을 이해한다. – 효모에 대해 이해하고, 효모의 발효 기능에 대해 이해한다. – 발효와 부패를 구분한다.	태블릿 PC에서 타이핑하는 것이 익숙하지 않다면, 녹음 기능을 활용하는 것이 더 유용하다. 타이핑을 하다가 시간을 효율적으로 사용하지 못할 수도 있다. 에버노트의 녹음 기능을 활용하여 녹음한 토의 내용을 재청취하면서 관찰 결과를 종합하도록 지도해야 한다. 단, 시간 제한을 두는 것이 수업 운영에 효율적일 수 있다.	5	

		• 효모와 같은 미생물에 의해 음식물의 특성이 변화되는 과정을 발효라고 하며, 부패와는 다른 과정에 해당합니다.				
	생성	효모의 활성을 확인하기 위한 탐구 과정을 설명하고, 탐구를 수행하도록 안내한다. • 종이컵에 40℃ 물을 넣고, 인스턴트 드라이이스트, 설탕을 넣고 잘 저어줍니다. 어떤 현상이 일어나는지 관찰해보세요. • 비커에 물, 이스트, 설탕을 넣고, 물의 온도를 유지하면서 설탕의 양을 증가시키며 관찰해보세요.	준비물을 탐구 과정에 따라 사용하여 효모 활성 확인을 위한 탐구 과정을 수행한다. – 종이컵에 40℃ 물을 넣고, 인스턴트 드라이이스트, 설탕을 넣고 잘 저어주며 거품이 발생하는 현상을 관찰한다. – 비커에 물, 이스트, 설탕을 넣고 물의 온도를 40℃로 유지하면서 설탕의 양을 증가시키면 거품 발생 정도가 증가하는 것을 관찰하고, 거품 발생에 대한 인과적 의문을 생성한다.	효모 활성 과정은 물과 건조 효모의 비율을 2:1로 섞고, 설탕을 효모의 2배 정도 넣어주면 빠르게 활성을 관찰할 수 있다. 또한 물의 온도를 높게 유지함으로써 반응속도를 증가시킬 수 있다. 그러므로 사전에 교사가 예비실험을 통해 과정을 숙지하고 있어야 한다.	10	
		효모 활성 과정에서 발생하는 기체에 대한 잠정적 설명 지식인 가설을 생성하도록 유도한다. • 효모를 활성화시키는 데 필요한 조건을 충족시키면 거품이 일어납니다. 거품이 일어나는 원인이 무엇인지에 대한 가설을 세워보세요.	효모 활성에서 발생하는 기체에 대한 가설을 모둠별로 생성하며, 모둠원의 대화를 에버노트의 녹음 기능을 활용하여 녹음하거나 메모 기능을 활용하여 기록한다. – 효모 활성화 과정에서 발생하는 거품의 원인이 무엇인지에 대한 가설을 고안한다.			
지식 평가	적용	모둠별로 스마트폰의 테더링이 가능하도록 안내하며, 연결 상태를 확인한다. • 모둠별로 테더링 상태를 확인하세요.	모둠원의 스마트폰을 이용하여 테더링을 준비하고 연결 상태를 확인한다. – 테더링 상태를 확인한다.	와이파이 환경에서는 학생들의 테더링이 필요하지 않지만, 인터넷 검색이나 학습 관련 이외의 활동을 하지 않도록 통제할 수 있어야 한다.	7	
		모둠별로 생성한 가설 지식을 평가하기 위해 태블릿 PC를 활용하여 효모 활성에서 발생하는 기체에 대해 검색 활동을 수행하도록 안내한다.	모둠별로 생성한 가설을 평가하기 위해 웹 검색을 통해 효모 활성에서 발생하는 기체에 대해 조사한다. – 자신의 모둠에서 생성한 가설이 옳은지 확인하기	효모의 활성 관련은 웹 검색 결과에 한정하지 않고 모둠의 토의 결과를 기반으로 설명할 수 있도록 안내한다. 그러므로 웹 검색 횟수나 시간에 제한을 두는 것이 효율적이다.		

수업 단계		교사	학생	전략 및 유의점	시간(분)	활용 도구
		• 자신의 모둠에서 생성한 가설이 옳은지 확인하기 위해 효모 활성과 관련된 웹 정보를 검색해보세요. 그리고 효모 활성이 적용된 사례도 함께 찾아보세요.	위해 효모 활성과 관련된 웹 정보를 검색하고, 효모 활성이 적용된 사례도 함께 검색한다.			
		모둠별 가설 지식과 검색 결과를 바탕으로 효모 활성 과정에서 발생한 기체가 무엇인지 기록하도록 한다. • 검색 결과를 바탕으로 종합하여 효모 활성 과정에서 발생한 기체가 무엇인지 기록하세요.	모둠별 가설 지식과 검색 결과를 바탕으로 효모 활성 과정에서 발생한 기체가 무엇인지 기록하도록 한다. – 검색 결과를 바탕으로 효모 활성 과정에서 발생한 기체가 무엇인지 기록한다.	교사는 효모 활성을 통해 발생한 기체에 대한 발문을 특정 모둠이나 전체에게 어떻게 제시할지 사전에 준비해야 한다. 또한 체크리스트를 활용하여 답변의 기회가 균등하게 제공될 수 있도록 준비할 필요가 있다.		
	평가	모둠별 가설 지식과 검색 결과를 바탕으로 효모 활성에 대한 모둠의 결론(가설에 대한 가치판단)을 내린다. • 모둠별로 생성한 가설 지식과 검색 결과를 바탕으로 효모 활성에 대한 모둠의 결론을 한 문장으로 기술하세요.	검색 결과와 탐구 결과를 통합하여 효모 활성 과정에서 발생한 기체에 대해 결론을 내린다. – 모둠별로 생성한 가설 지식과 검색 결과를 바탕으로 효모 활성에 대한 모둠의 결론을 한 문장으로 기술한다.	학생들의 결론이 정확하지 않다면, 좀 더 명확한 설명을 제시할 수 있도록 안내해야 한다.	5	

활용 도구 스마트 패드 스마트폰 컴퓨터 전자칠판

활용 앱 실험도구 동영상 사진 프레젠테이션 에버노트

● 정리

수업 단계		교수·학습 활동		전략 및 유의점	시간(분)	활용 도구
		교사	학생			
지식 공유	발표	결과를 발표하도록 하여 모든 모둠이 올바른 결론에 도달했는지 확인한다. • 모둠별로 효모 활성에 대한 활동 결과를 발표하도록 하겠습니다. 먼저 1모둠부터 발표하겠습니다. • 다른 사람들은 발표 내용을 경청해주세요.	탐구 결과를 교사의 안내에 따라 발표한다. – 효모 활성에 대한 활동 결과를 대표자가 발표한다. 다른 모둠의 발표 내용을 경청한다. – 발표 시에는 태블릿 PC의 에어 플레이 기능을 활용한다.	가능한 한 모든 모둠이 학습 결과를 발표할 수 있도록 시간을 배분한다. 각 모둠에서 발표하는 대표자는 모둠원 내에서 발표 기회가 균등하게 배분되도록 사전에 조율하는 것이 효율적이다.	10	

공유	효모의 활성이 적용된 사례를 결론을 통해 설명하도록 안내한다. • 효모 활성이 적용된 사례를 모둠별로 내린 결론을 바탕으로 설명해보세요. 설명은 에버노트에 기록하세요.	교사가 제시한 효모 활성의 적용 사례를 모둠별 결론을 통해 설명한다.	에버노트에 녹음한 모둠활동 내용을 재청취하면서 결과를 종합하여 설명을 완성할 수 있도록 지도한다.		
	녹음하고 기록한 내용을 정리하여 축약식 보고서를 작성하도록 안내한다. • 지금까지의 활동 과정에서 녹음하고 기록한 내용들을 정리해서 에버노트에 보고서를 작성하도록 하세요.	녹음하고 기록한 내용을 정리하여 축약식 보고서를 작성한다. – 활동 과정에서 녹음하고 기록한 내용들을 정리해서 에버노트에 보고서를 작성한다.	축약식 보고서는 형식에 구애받지 않고 자유롭게 작성하도록 안내한다. 단, 보고서에 포함되어야 하는 내용은 제목 위주로 제시되어야 효율적이다. 모든 학생들이 에버노트를 활용하여 수업 내용을 공유하기 위해서는 계정을 가지고 있어야 한다.	5	
	작성된 보고서는 공유하거나 이메일로 전송하도록 안내한다. • 작성된 보고서는 공유 노트북 설정을 통해 다른 모둠원들이 확인할 수 있도록 하며, 이메일로 선생님에게 제출하도록 하세요. 활동 결과와 의문점은 대표자가 정리하여 페이스북에 업로드하도록 합시다. • 다음 시간에는 모둠의 두 번째 대표자가 대표 활동을 수행할 예정입니다. 수업 클라우드에 올라온 활동 내용을 미리 준비해볼 수 있도록 하세요. 수고하셨습니다.	작성된 보고서를 공유하거나 이메일로 전송한다. – 작성된 보고서는 공유 노트북 설정을 통해 다른 모둠원들이 확인할 수 있도록 한다. – 보고서는 이메일로 교사에게 제출한다. – 활동 결과와 의문점은 페이스북에 업로드한다. – 다음 수업 주제를 수업 클라우드에서 확인한다.	차시 주제는 교사가 사전에 생성해놓은 클라우드에 업로드되어야 하며, 수업 클라우드에 대한 접근 권한을 모둠별로 배부하여야 한다.		

활용 도구 스마트 패드 전자칠판

활용 앱 에버노트 페이스북 다음 클라우드

3) 교수·학습의 고려사항 및 유의점

- 제시된 수업 활동은 기본적으로 스마트 기기에 대한 의존도가 매우 높은 편이다. 그러므로 학생뿐만 아니라 교사 역시 해당 기기 사용에 숙달되어 있어야 하며, 에버노트 역시 수업에 적용하기 전에 학생들이 사용할 수 있어야 한다.
- 교사 및 학생들은 에버노트 계정을 갖고 있어야 하며, 교사는 수업 전 학생들에게 해당 수업 활동과 관련된 주제에 대해 SNS, 이메일 등을 통해 공지하여야 한다.
- 제시된 수업 활동은 모둠별로 진행되는 학습 과정으로 구성되어 있다. 그러므로 모둠별 대표자는 모둠 구성원 내에서 차례를 정하거나 교사가 지정하여 순환식으로 변경되어야 무임승차 효과를 상쇄시킬 수 있다.
- 학생들이 SNS를 활용하기 위해서는 해당 SNS(페이스북) 계정이 필요하다.
- 효모의 활성을 확인하는 실험은 간단하게 진행할 수 있으나, 환기가 필요한 실험이다. 효모 활성 확인 과정에서 발생하는 냄새는 자칫 학생들의 학습 의욕을 감소시킬 수 있다. 그러므로 반드시 환기시설을 확인하고, 환기가 용이한 장소에서 실시해야 한다.

4) 교수·학습 자료

(1) 평가기준

<table>
<tr><th colspan="2">평가 범주</th><th colspan="2">수행 내용</th><th>배점</th><th>평가 근거</th></tr>
<tr><td colspan="2" rowspan="3">참여도</td><td>상</td><td>학습하기 위하여 동료들과 의견을 나누고 활동에 참여한 횟수가 10회 이상이다.</td><td rowspan="3">10</td><td rowspan="3">관찰 체크리스트</td></tr>
<tr><td>중</td><td>학습하기 위하여 동료들과 의견을 나누고 활동에 참여한 횟수가 5회 이상, 9회 이하다.</td></tr>
<tr><td>하</td><td>학습하기 위하여 동료들과 의견을 나누고 활동에 참여한 횟수가 4회 이하다.</td></tr>
<tr><td colspan="2" rowspan="3">과정</td><td>상</td><td>실험을 이해하고 순서에 맞게 실험을 수행한다.</td><td rowspan="3">45</td><td rowspan="3">관찰 체크리스트</td></tr>
<tr><td>중</td><td>실험을 이해하고 순서를 파악하였으나, 준비가 부족하다.</td></tr>
<tr><td>하</td><td>실험을 이해하지 못하고 주변의 도움을 받아 수행한다.</td></tr>
<tr><td rowspan="9">보고서</td><td rowspan="3">내용의 완성도</td><td>상</td><td>정보의 의미와 중요성을 설명하기 위한 핵심적 개념이 작품에 포함되어 있다.
주제를 완전히 이해할 수 있다.</td><td rowspan="3">15</td><td rowspan="9">결과 보고서</td></tr>
<tr><td>중</td><td>정보의 의미와 중요성을 설명하기 위한 핵심적 개념이 대부분 포함되어 있다.
주제를 이해하는 데 어려움이 없다.</td></tr>
<tr><td>하</td><td>정보의 의미와 중요성을 설명하기 위한 핵심적 개념이 상당 부분 빠져 있다.
주제를 이해하는 데 어려움이 있다.</td></tr>
<tr><td rowspan="3">구조의 논리성</td><td>상</td><td>보고서에 포함된 모든 개념들의 관계가 논리적이다.
주제를 충분히 이해할 수 있다.
설득력이 있다.</td><td rowspan="3">15</td></tr>
<tr><td>중</td><td>보고서에 포함된 대부분의 개념들 간 관계가 논리적이다.
보고서를 이해하는 데 어려움이 없다.</td></tr>
<tr><td>하</td><td>보고서에 포함된 개념들 간 관계 중 논리적으로 적절치 못한 것들이 많다.
주제를 이해하는 데 어려움이 있다.</td></tr>
<tr><td rowspan="3">주제와의 연관성</td><td>상</td><td>보고서에 포함된 개념이 모두 주제와 매우 밀접하게 연관되어 있다.
주제 설명이 매우 적절하다.</td><td rowspan="3">15</td></tr>
<tr><td>중</td><td>보고서에 포함된 개념이 대부분 주제와 연관되어 있다.
개념이 사용된 이유를 이해하는 데 어려움이 없다.</td></tr>
<tr><td>하</td><td>보고서에 포함된 핵심적 개념들 중 주제와 관련되어 있다고 볼 수 없는 것들이 많다.
주제를 충분히 이해하기가 어렵다.</td></tr>
<tr><td colspan="4"></td><td>100</td><td></td></tr>
</table>

(2) 웹사이트 리스트

- 네이버 지식백과–미생물–효모

terms.naver.com/entry.nhn?cid=200000000&docId=1156035&mobile&categoryId=200000478

terms.naver.com/entry.nhn?cid=578&docId=777207&mobile&categoryId=1323

terms.naver.com/entry.nhn?cid=578&docId=434678&mobile&categoryId=1323

(3) 체크리스트

(　　　)과 (　)학기 수업 태도 체크리스트

( )학년 ( )반 지도교사:

성명 \ 월/일		/ 교시	/ 교시	/ 교시	/ 교시	/ 교시	/ 교시	/ 교시	/ 교시	/ 교시	/ 교시	합계
1												
2												
3												
4												
5												
6												
7												
8												
9												
10												
11												
12												
13												
14												
15												
16												
17												
18												
19												
20												
21												
22												
23												
24												
25												
26												
27												
28												
29												
30												
31												
32												
33												

수행평가 태도평가 체크 기본 규칙

- 태도평가는 수행평가 전체의 20% 이하로 교과협의회에서 결정 후 반영
- 수업 태도 불량(수업 방해 행위 또는 언행, 엎드려서 잠자기 등) 시 1회는 경고 조치하고, 2회 이상 수업 태도 불량 시 1시간에 1회 적용
- 적용 방법: 100점 만점에서 1시간당 감점 점수는 교과별 특성에 맞게 협의하여 결정
- 학생회 및 학부모 민원사항: 교사별, 교과별 적용이 차이가 난다는 점
- 모든 교사가 이를 철저하게 적용해주시어 민원이 발생하지 않도록 유의

(4) 학습지

Mission Guide

Mission

생명체가 지닌 고유한 생명 현상 특성 중 하나인 물질대사에 대해 이해하고 발효 과정에서 발생하는 기체의 특성에 대한 과학적 지식을 생성하는 Mission이다. 주어진 재료로 Mission을 수행하면서 효모의 활성과 발효 과정에서 발생하는 기체의 특성에 대해 알아보고, 이를 바탕으로 실생활에 적용되는 사례를 제시하시오.

Mission 수행을 위해 제공된 재료

인스턴트 드라이이스트(건조 활성 효모-제빵용), 설탕, 종이컵, 유리막대, 온도계, 비커, 핫플레이트, 비커, 전기포트, 증류수, 태블릿 PC

효모 관찰하기

1. 인스턴트 드라이이스트의 겉봉투에 제시되어 있는 정보들을 탐색하여 드라이이스트의 일반적 특징에 대해 관찰하시오.
2. 봉투를 개봉하여 내용물을 오감(시각, 청각, 후각, 촉각, 미각)을 사용하여 관찰하고, 관찰 결과를 생성하시오.

효모 활성 관찰하기

1. 비커에 드라이이스트를 1/4가량 넣는다.
2. 온도가 40 ℃로 유지된 물을 종이컵에 다음과 같은 비율로 넣는다. (물 : 이스트 = 2 : 1).
3. 효모와 동일한 양의 설탕을 넣고, 비커를 핫플레이트에 올려놓은 상태에서 유리막대로 천천히 저어준다.
4. 설탕의 양을 변화시키거나 온도를 변화시키면서 변화를 관찰한다.

03 스마트 모델 2: 스마트 지식 설명 모형

1. 교수·학습 모형 설명

과학 학습을 학생들이 어렵고 재미없는 것으로 느끼는 원인이 무엇인지 발견하고 해결책을 마련하려는 노력은 오래전부터 있어왔다. 관련 연구들은 교수자가 학생에게 일방적으로 과학 지식을 전달하는 학습 방법에 원인이 있으므로 학습자에게 적합한 과학 학습 활동이 이루어져야 한다고 제시하였다(Bybee & Deboer, 1993; Deboer, 1991). 이러한 노력은 과학 학습의 여러 분야에서 진행되어왔으며, 개선된 다양한 과학 학습 프로그램들이 개발 및 보급되었다(AAAS, 1990; NRC, 2000). 그러나 과거 일부 프로그램들은 모호한 교육 목표, 요소에 대한 빈약한 정의, 목표에 대한 평가의 부재로 인해 현실적 적용 가능성 면에서 비판의 대상이 되기도 하였다(Hodson, 1990; Novak, 1998). 또한 과학 수업 실태 분석 연구들에서는 소수의 교사들만이 이러한 프로그램을 사용하고 있으며, 대부분의 교사들은 여전히 전통적인 수업을 유지한다는 결과를 제시하였다(Stake & Easley, 1978; Harms & Yager, 1981; NRC, 2000; Weiss, 1987). 그러므로 교수자 위주 학습 방법의 대안 제시에도 학생들에게 제시되는 과학 학습 활동은 학습자가 사전에 획득하였던 정보나 지식을 확인하는 형태가 주를 이루고 있다고 판단할 수 있다(NRC, 2005; Nelson & Ketelhut, 2007).

학습자에 적합한 과학 학습을 위한 다양한 방법들이 지속적으로 개발 및 보급되고 있으나 학습자는 과학 학습을 어렵고 재미없다고 느끼며, 심지어 학년이 높아질수록 이러한 경향성은 심화되는 것으로 알려져 있다(권난주·이재용, 2010; 박승재, 2002; 송진웅·박승재·장경애, 1992). 그렇다면 새로운 방식의 과학 학습 프로그램들이 교육 현장에 쉽게 적용 및 정착되지 못하고 학생들이 여전히 과학 학습에 어려움을 겪는 이유는 무엇인가? 이러한 의문에 대한 해답을 찾고 학습자에게 적합한 학습 방법을 제시하기 위해서는 학습의 의미에 대한 탐색 및 학습이 이루어지는 과정에 대한 이해가 선행되어야 한다(변정호 등, 2011).

학습에 대한 일반적인 정의는 인지적·감성적·환경적 영향에 따라 경험을 통해 학습자가 지식을 습득하는 과정으로 표현될 수 있다. 학습에 대한 이러한 정의는 지나친 포괄성으로 인해 학습을 바라보는 관점에 따라 다양하게 제시될 수 있는 가능성을 동시에 지니고 있다(Bush, 2006; Illeris, 2002). 자극과 반응의 연합을 학습의 중요한 요소로 간주하는 관점에 따르면, 학습자가 외부에서 주어진 자극에 대해 반응함으로써 동일하고 관찰 가능한 행동 결과를 드러내는 과정으로 학습을 정의한다(Skinner, 1968). 반면, 학습자의 인지적 구조를 중요시하는 관점에 따르면, 학습자에게 제공된 정보들의 집합을 인지적 과정을 통해 처리함으로써 지식이 발견되는 과정으로 학습을 정의하기도 한다(Bush, 2006; Miller, 1956). 또한 학습에 있어 상호작용과 구성 과정을 중요시하는 관점에 따르면, 학습자의 내적·외적 요소들의 상호작용을 통해 학습자가 능동적으로 지식을 구성하는 과정으로 학습을 정의하기도 한다(Osborne, 1996; Steffe & Gale, 1995; Vygotsky, 1978). 이와 같이 학습에 대한 정의가 다양화될 수 있는 것은 학습을 설명하는 방법과 학습을 설명하는 이론적 틀의 차이 때문이라고 볼 수 있다(Bush, 2006; Illeris, 2002).

Kuhn(1996)은 과학적 이론이나 모델을 이루는 설명 체계에 대해 포괄적 용어로서 패러다임을 제시한 바 있으며, 이는 당대의 과학적 관점, 이론, 모형, 가치 등을 결정하는 종합적 인식의 틀이라고 정의하였다. 학습에 대한 설명 체계 역시 학습에 대한 관점, 이론, 모형, 가치 등을 결정하는 인식 혹은 이론적 틀이라고 볼 수 있다. 그러므로 학습에 대한 설명 체계 역시 공유하는 인식과 이론적 틀의 유사성에 따라 동일하거나 서로 다른 학습 패러다임(Learning Paradigm)으로 지칭할 수 있을 것이다.

학습을 설명하는 방법과 이론적 틀은 매우 다양하기 때문에 유사성과 차이점에 따라 구분하는 정형화된 분류는 존재하지 않는다고 볼 수도 있을 것이다. 그러나 서로 다른 것으로 보이는 설명 체계들은 학습에 대한 설명에 있어 공유될 수 있는 부분들을 지니고 있기도 하다(Bush, 2006; Illeris, 2002). 특히 학습에 대한 기본 가정, 학습자, 학습 환경, 학습 방법, 학습 결과와 같이 학습을 이루는 주요한 요소들에 대한 유사성에 따라 설명 체계를 크게 행동주의적, 인지주의적, 구성주의적 관점으로 구분해볼 수 있다(Craft, 2001; Gredler, 2001; Hung, 2001; Matthews, 2000; Schunk, 2004; Wood, 1995).

행동주의적 관점은 자극과 반응의 연합을 학습으로 가정하며, 학습자로부터 관찰되지 않는 내적 처리 과정은 학습을 설명하기 위한 요소에 포함되기 어렵다는 설명 체계를 제시한다. 이에 반해 인지주의적 관점은 관찰 불가능한 부분은 관찰 가능한 행동 결과를 바탕으로 추론 가능하므로 내적 처리 과정을 포함시킬 수 있다는 설명 체계를 제시한다. 학습자의 내적 처리 과정에 대해 구성주의적 관점은 학습자의 내적 요인뿐만 아니라 외적 요인과의 상호작용을 통해 학습이 이루어진다는 설명 체계를 제시한다(Craft, 2001).

1) 구성주의 패러다임

학습자의 인지 구조 및 환경과의 상호작용을 중요한 요인으로 간주하고, 이러한 상호작용을 학습자 외적인 요인까지 확장하여 설명하는 관점을 구성주의 패러다임(Constructivism Paradigm)이라 할 수 있다(조희형과 최경희, 2002; Brunning, Schraw, & Ronning, 1999; Bush, 2006; Matthews, 2000). 구성주의 패러다임이 공유하는 이론적인 틀을 살펴보면, 크게 지식의 상대성, 학습의 자발성, 상호작용이 중심을 이루고 있다. 첫째, 지식은 학습자에 의해 구성되는 것이다. 그러나 지식은 학습의 결과를 의미하며, 학습의 결과 구성된 지식은 새로운 학습 내용으로 사용될 수 있다. 그러므로 구성주의적 설명 체계에서는 다른 패러다임과 달리 지식의 상대성을 제시한다고 볼 수 있다(Reid, 2005). 둘째, 학습을 구성하는 요소들은 상호작용의 관계에 있다. 그러므로 학습자 스스로 지식을 구성하는 과정은 학습 구성요소들의 상호작용을 통해 이루어진다(Nagowah, 2009). 셋째, 학습은 학습자가 스스로 지식을 구성하는 과정이므로, 학습자에 의해 자발적으로 이루어지는 것이다(Bush, 2006). 이러한 관점에 따라 구성주의 패러다임에서는 학습자마다 다른 논리적 규칙과 사고 모델을 통해 새로운 경험이 구성됨으로써 학습이 일어난다고 제시한다(Brunning, Schraw, & Ronning, 1999).

학습 요소들 간의 상호작용을 통해 학습을 설명하는 경우 구성주의 패러다임에 포함할 수 있으나, 각 설명 체계들은 상호작용의 요소와 방법, 학습 내용에 해당하는 경험의 종류에 따라 조금씩 다르게 제시되고 있다. 이러한 관점에 따라 구성주의 패러다임의 대표적 설명 체계를 급진적 구성주의와 사회적 구성주의로 구분해볼 수 있다(조희형과 최경희, 2002; Anderson, Reder, & Simon, 1996; Roth, 1995).

급진적 구성주의는 학습자의 인지적 특성에 있어 개인차가 존재한다는 가정에 따라 인지적 특성을 이루는 요소들 간의 상호작용을 중요시한다(Matthews, 1994). 그러므로 학습자가 지닌 인지적 특성에 의해 이전 경험이 활성화되면 외부에서 제공된 새로운 지식과 상호작용을 통해 연관성이 형성됨으로써 학습이 일어난다. 또 효과적인 학습을 위해서는 학습자 스스로 새로운 개념을 발견하고 검증할 수 있는 기회가 제공될 필요성을 함께 제시한다(Järvelä & Niemivirta, 1999). 결국 학습자에게 제공된 지식은 인지적 특성과 연관된 것이며, 기존에 학습자가 지닌 경험이라는 인지적 특성과의 상호작용을 통해 새로운 지식으로 구성되는 것이라 볼 수 있다. 사회적 구성주의는 급진적 구성주의에서 제시하는 인지적 특성의 개인차뿐만 아니라 학습자가 속한 사회 및 문화에 따라 개인차가 나타날 수 있다는 가정에 따라 인지적 상호작용과 사회문화적 상호작용을 동시에 강조한다(조희형과 최경희, 2002; Matthews, 1994). 그러므로 학습의 내용으로서 제시되는 지식은 학습의 맥락과 문화의 맥락 사이에 위치한 것이고, 학습자의 인지적 요소와 사회문화적 요소들의 상호작용을 통해 새로운 경험이 구성된다고 바라본다. 또한 학습자에 의해 구성된 경험은 동일한 상호작용을 통해 학습자의 인지적 특성에 영향을 미친다(Nagowah, 2009).

구성주의 패러다임은 학습자를 능동적인 지식의 구성자로 간주하며, 학습자의 상호작용을 통해 지식이 구성됨으로써 변화된 학습자의 내적 영역이 형성된다는 점을 공유하고 있다. 그러나 상호작용 측면에서 학습자의 인지적 상호작용에 의해 지식이 구성되는지, 사회적 상호작용에 의해 구성되는지에 따라 차이를 나타내었다. 급진적 구성주의는 학습자가 지닌 인지적 특성을 이루는 요소들의 상호작용과 학습 내용으로 제공된 지식을 인지적 경험과의 관련성을 파악함으로써 학습이 이루어진다. 상호작용의 측면에서 사회문화적 구성주의는 인지적 특성을 이루는 요소에 사회문화적 특성을 이루는 요소의 상호작용을 추가하였다. 따라서 학습자에게 제공되는 지식은 학습 요소들의 상호작용으로 인해 새로운 지식으로 구성되며, 새로이 구성된 지식은 학습자의 인지적 특성 혹은 인지 구조를 변화시키는 새로운 경험으로 작용한다. 결국 학습자에게 제공되는 지식은 학습자의 인지적 요소 혹은 사회문화적 요소와 관련된 경험이며, 새로이 구성된 지식은 피드백에 의해 학습자의 내적 요소들을 변화시키는 새로운 경험으로 기능한다. 따라서 학습의 내용인 지식은 학습자와 관련된 경험으로 볼 수 있으며, 학습자가 지니게 되는 경험은 다음에 제공되는 지식과의 관련성을 판단하는 학습자의 내적 요인으로서 존재하게 된다.

이와 같은 분석을 종합해보면, 구성주의 패러다임에서 제시하는 학습의 영역은 학습자와 학습 환경으로 구분될 수 있고 학습 환경은 인지적 경험을 제공하는 교수 환경과 사회문화적 환경으로 구분될 수 있다. 또한 학습의 구성요소는 학습 내용에 해당하는 지식, 학습 결과에 해당하는 구성된 지식(경험), 학습자 내적 영역(인지적 경험과 사회문화적 경험)으로 범주화될 수 있다.

구성주의 패러다임에서 제시하는 지식의 구성 과정은 학습자의 내적 영역에서 이루어지는 인지적 상호작용과 사회문화적 상호작용으로 가능해진다. 학습자가 구성한 지식은 학습 결과로 나타나고 새로운 구성 경험으로 학습자에게 다시 제공될 수 있다. 새로운 경험으로 기능하여 학습자 이전 경험과의 관련성에 따라 피드백되어 학습자의 내적 영역을 변화시킴으로써 학습이 이루어진다. 이러한 학습의 구성요소들에 의한 학습의 과정을 도식화하면 [그림 6]과 같이 나타낼 수 있다.

학습 패러다임에서 제시하는 학습의 요소와 과정은 조금씩 차이가 있으나, 공통적으로 학습자의 변화를 지향하고 있으며, 학습의 구조는 학습자 내적 영역과 외적 영역으로 구분될 수 있다. 또한 학습 패러다임에서 제시하는 학습 과정을 통시적 관점으로 바라보면, 학습자의 내적 영역은 인지적 및 사회문화적 상호작용과 관련된 학습자의 인지 구조가 학습의 중요한 요소 중 하나로 간주될 수

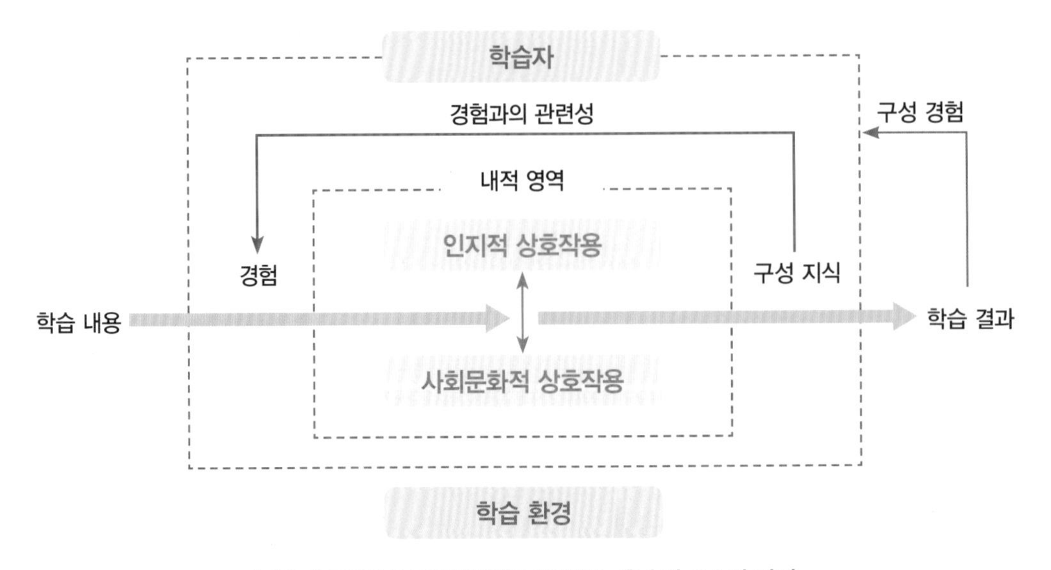

[그림 6] 구성주의 패러다임에서 제시하는 학습의 요소와 과정

있다. 따라서 학습자가 지니고 있는 인지 구조가 어떻게 외부에서 제공된 학습 내용을 처리하고 상호작용하여 학습 결과를 산출해내는지에 대한 탐색이 필수적이라 할 수 있다. 학습자의 인지 구조와 인지적 처리 과정에 대한 탐색 결과는 학습자가 외적 영역에 존재하는 학습 요소들과 어떻게 상호작용하는지에 대한 정보를 추가적으로 제공해줄 수 있을 것이다.

학습의 과정적 측면을 살펴보면 학습의 결과는 학습자에게 피드백 과정을 통해 다시 제공되어야 한다는 것을 알 수 있다. 피드백은 학습 환경으로부터 제공되는 외적 피드백과 학습자의 내적 피드백으로 구분되며, 두 가지 피드백이 모두 존재할 때 학습의 과정이 완성되는 것이라 볼 수 있다. 외적 피드백은 학습자의 외적 영역에서 주어지는 것으로 교수자가 반드시 고려하여 적절히 제시해야 하는 것이나, 내적 피드백의 경우 교수가가 제시하기 어려우며 학습자에 의해 자발적으로 발생하는 자가 피드백(Self-feedback) 과정이다. 내적 피드백에 대해 행동주의에서는 내적 보상으로, 인지주의에서는 학습자의 전이 성공, 구성주의에서는 경험과의 관련성으로 제시하고 있다. 그러므로 과학 학습을 구성하는 데 있어 내적 피드백과 외적 피드백을 유발할 수 있는 학습 요소가 학습자에게 제공되어야만 한다. 특히 과학 학습을 꺼리는 학습자에게 학습뿐 아니라 내적 변화를 유발하기 위해서는 이 두 가지 피드백이 상호 연계될 수 있도록 학습이 구성되어야만 할 것이다.

학습 과정에 있어 중요한 피드백 요소는 한 가지로 특정하기 어려우나 동기 이론의 측면으로 일견 설명될 수 있는 가능성이 있기도 하다. 내적 동기를 통해 학습하는 학습자는 학습 내용의 유용성을 이해하며, 중요성을 인식함과 동시에 흥미를 바탕으로 학습 목표를 성취하기 위해 자신의 학습 전략을 변경한다(Vansteenskiste, Lens, & Deci, 2006). 반면, 학습 환경에서 주어지는 보상의 일종인 외적 동기를 통해 학습하는 학습자는 외적 보상을 위해 학습하며, 보상이 제거되면 학습을 중단한다(Deci & Ryan, 2000).

2) 스마트 지식 설명 학습 모형

Dewey(1938)는 과학 학습이 과학적 지식을 교사가 전달하는 것이 아니라, 학습자 스스로 반성적 사고를 통해 문제 해결의 과정을 경험하는 것이어야 한다고 주장하였다. 문제 해결의 과정, 즉 과학의 과정을 경험해야 한다는 주장은 과학 학습의 중심이 교수자에서 학습자로 변화되는 전환점을 마련해주었다. Dewey 이후 인지심리학에 기반을 둔 Piaget의 인지심리학과 Bruner의 교과 일반 구조에 대한 학습 이론은 학습자 중심의 과학 학습이 정착되는 기틀을 제공하였다. 또한 학습자가 수행하는 실질적인 과학적 활동인 과학적 탐구는 Schwab에 의해 과학 학습의 중심원리로서 자리 잡게 되었다고 볼 수 있다.

과학 학습에 있어 중심적 역할을 수행하는 대상이 교수자가 아닌 학습자로 전환되어야 한다는 관점은 넓은 의미에서 구성주의의 영향이라고 볼 수 있다. 구성주의의 기원과 의미는 매우 다양하지만, 과학 교육과 관련한 구성주의적 관점은 급진적 구성주의와 사회적 구성주의로 구분될 수 있다(조희형과 최경희, 2002). 급진적 구성주의는 Kant의 이론, Piaget의 발달 이론, Bruner의 인지심리학에 바탕을 두고 있으며, 개인의 개념적 구조와 경험을 강조하고, 지식이나 개념의 객관성보다는 개인적 특성을 더욱 중요시한다(Matthews, 1994).

구성주의의 교육적 적용은 과학 학습의 중심이 학습자라는 일반적인 원리를 정당화하였으며, 학습자 중심의 과학 학습과 효율적인 학습 전략으로서 과학적 탐구가 중요시되는 인식의 계기를 마련하였다. 과학 학습의 전략에 해당하는 탐구 활동은 학습자 중심이라는 기본 원리를 지니고 있으며, 학습자의 활동을 바라보는 관점에 따라 크게 두 가지의 형태로 구분할 수 있다.

(1) 과학자의 활동 경험

과학자의 활동은 자연세계를 연구하고, 증거를 바탕으로 연구에 대한 설명을 제안하는 일련의 활동을 의미한다. 즉, 관찰 수행, 의문 생성, 정보 탐색, 연구 계획 수립, 계획에 따른 실험, 자료 수집 및 분석, 결과 예측, 연구 결과를 전달하기 위한 의사소통 등 과학자가 대상이나 현상을 탐구하기 위해 수행하는 모든 활동을 포괄한다(NRC, 1996).

과학 학습의 전략인 탐구에 대해 Dewey(1971)는 특정 문제 상황에서 안정된 상황으로 나아가는 통제와 변형의 작용을 경험하는 것이라고 제시하였으며, 과학적 방법만이 신뢰할 수 있는 것이라고 하였다. 또한 반성적 사고를 통해 특정 사실들로부터 이끌어낼 수 있는 새로운 사실에 대해 객관적 자료를 바탕으로 전후 관계를 논리적으로 검증하며 결론을 도출하는 과정이 탐구라고 제시하였다. 이와 같은 관점은 과학적 방법을 통해 과학 학습이 이루어져야 한다는 것이며, 신뢰할 수 있는 과학적 방법이란 과학자의 활동을 의미하는 것이라 볼 수 있다.

과학적 탐구가 과학자의 활동을 경험하는 것이라고 보는 관점에서 Bruner(1960)는 과학 학습을 위한 교육 과정이 해당 교과의 구조를 학습할 수 있도록 구성되어야 한다고 주장하였다. 특히 과학자가 하는 활동이나 학습자가 과학실에서 하는 활동이 모두 동일한 것이며, 단지 수준의 차이만 있을 뿐이라고 가정하였다. 또한 과학 교과의 일반적인 구조, 즉 과학의 과정을 학습하는 것이 학습의 일반적 전이(轉移)를 담보할 수 있는 것이라고 주장함으로써 과학자가 하는 활동을 학습자가 경험하는 것이 중요하다고 주장하였다.

따라서 과학 학습의 전략으로서의 과학적 탐구는 과학적 방법을 통해 이루어져야 하며, 최선의 과학적 방법은 과학자의 활동을 경험하는 것이라고 볼 수 있다. 이런 관점에서 Hodson(1993)은 과학을 학습하는 가장 효율적인 방법은 학습자에게 지원과 비평, 조언을 제공해줄 수 있는 전문가와 함께 과학 활동을 하는 것이라고 주장함으로써 교사가 과학자의 활동을 명확히 이해하고 수행할 수 있어야 한다고 주장하였다.

(2) 학습자의 개념 습득 과정

과학적 탐구가 과학자의 활동을 경험하는 것이라는 관점과 달리, 학습자에게 문제 해결을 위한 과정을 제시함으로써 학습자의 개념을 과학적 지식으로 변화시키는 데 과학적 탐구의 목적을 두는 관점이 존재한다(Erickson, 1979; Nussbaum & Novick, 1981; Karplus, 1977; Osborne & Freyberg, 1983; Renner, 1982). 특히 학습자의 개인차를 중시하고 학습자의 개별적인 활동과 지식의 구성 과정을 중요시하는 구성주의적 관점의 확산과 함께 학습자의 개념을 변화시키기 위한 교수·학습 모형들이 [그림 7]과 같이 제안되었다(Osborne & Freyberg, 1983).

Ausubel(1968)은 학습에 있어 가장 중요한 요소가 학습자의 사전 개념이라고 하였으며, 이러한 개념을 발견하고 그에 따라 학습이 이루어져야 한다고 주장하였다. 이와 유사한 관점에서 Driver(1980)는 학습자의 개념을 발견하고 과학적 지식과 상충되는 개념을 변화시키기 위해 학습자의 개념 습득 방법에 따라 과학적 탐구 활동이 수행되어야 한다고 주장하였다. 과학적 탐구에 있어 '학습자는 개념 습득을 위해 외부 정보로부터 유의미하다고 인식되는 것을 활동적으로 구성하며 생성한다.'는 관점은 과학자의 활동을 경험하는 것보다 학습자가 외부 정보를 처리하는 방법과 구조화하는 과정이 과학적 탐구가 되어야 한다고 주장한다(Gagne & White, 1978; Kamil & De Vries, 1978; Wittrock, 1977). 이러한 주장에 따르면 탐구란 학습자 스스로 이전 개념과 다른 현상에 대해 문제를 제기하고 잠정적 설명인 가설을 생성하며, 가설을 검증하기 위한 실험을 설계하고, 자료 수집을 통해 가설을 검증함으로써 개념을 변화시키는 활동이라고 볼 수 있을 것이다(Gallagher, 1971; Taba, 1966).

이상에서 살펴본 바와 같이 과학적 탐구에 대한 관점은 과학자의 활동을 경험하는 것이라는 관점과 학습자 스스로의 개념 습득 과정이라는 두 가지로 구분해볼 수 있었다. NSES(1996)에서는 과학적 탐구 활동이 학습자의 활동임과 동시에 과학자의 활동과 동일하다는 관점을 바탕으로, 과학자들이 자연세계를 연구하고 증거를 바탕으로 연구에 대한 설명을 제안하는 것과 같은 다양한 방법을 포함한다고 제시한다. 또한 과학적 탐구는 학생들의 과학적 지식과 이해를 발전시키며, 과학자가 연구하는 방법에 대한 이해를 포함하는 다방면에 걸친 것이라고 제안하고 있다. 따라서 과학적 탐구를 과학 학습의 전략으로 바라보면, 과학적 탐구 활동은 과학자의 활동을 경험함으로써 과학적 방법을 익히고, 이를 통해 학습자가 지니고 있는 개념을 과학적 지식으로 변화시키는 포괄적인 것이라고 정의할 수 있을 것이다.

[그림 7] 학습자의 개념을 변화시키기 위한 과학 학습 모형

순환 학습

Karplus & Thier(1967)는 탐구 활동에서 학생들이 비평형(Disequilibrium)에서 평형(Equilibrium)으로 전환될 수 있지만, 일부는 그렇지 못하다는 사실을 바탕으로 교수 접근법의 구성에 대해 예비적 탐색(Preliminary exploration), 창안(Invention), 발견(Discovery)의 세 단계를 제안하였다. 이를 바탕으로 SCIS(Science Curriculum Improvement Study) 프로그램에서는 탐색, 창안, 발견의 단계를 제시하였으며, 이를 통해 순환 학습이 등장하였다. 이후 용어의 혼동을 이유로 Karplus 등(1977)은 탐색(Exploration), 개념 소개(Concept introduction), 개념 적용(Concept application)으로 각 단계의 명칭을 수정하였다. Karplus가 제안한 순환 학습의 단계는 연구자들마다 서로 다른 용어로 사용하였으나, 현재는 Lawson(1988)이 제시한 탐색(Exploration), 용어 도입(Term introduction), 개념 적용(Concept application)으로 인식되고 있다.

Lawson(1988)이 제시한 순환 학습에 따르면, 탐색 단계에서 학생들은 주어진 새로운 상황에서 스스로의 활동을 통해 학습하며, 최소한의 안내를 통해 새로운 자료와 아이디어를 탐색한다. 용어 도입은 탐색 단계에서 발견된 규칙성과 연관된 새로운 용어의 소개로 시작되며, 교사가 직접 소개하거나 교과서나 영상 등을 이용할 수도 있다. 마지막 단계인 개념 적용에서 학생들은 새로운 용어와 추가적 예시에 대해 탐색과 용어 도입에서 사용한 사고의 패턴을 적용하게 된다. 그러나 순환 학습은 교수(Instruction)에 대해 개방적인 모델로서 정해진 틀에 의해 이루어진다기보다는 제시되는 교수·학습의 목적과 유형에 따라 각 단계가 달라질 수 있다. Lawson 등(1989)은 순환 학습의 유형을 서술적 순환 학습, 경험-귀추적 순환 학습, 가설-연역적 순환 학습으로 제시하고 있기도 하다. 이후 Martin 등(1999)이 순환 학습을 4Es(Exploration, Explanation, Expansion, Evaluation)로 제안하였으나, 최근 구성주의적 관점의 강조와 사전 지식 평가의 강조로 인해 참여 단계가 추가되어 5E 모형이 제시되었다(BSCS, 2006).

① 참여 단계(Engagement): 학생의 사전 지식 평가/호기심 유발/사전 지식 유도/학습 경험 사이의 연결 형성/사전 개념들(Conceptions) 도출/학생의 사고가 현재 수행하는 활동의 결과로 향하도록 조직

② 탐색 단계(Explorationt): 현재 학생이 지닌 개념, 과정, 방법 확인/개념적 변화가 조장되도록 일관성 있게 제공/학생은 새로운 아이디어 산출/의문과 가능성 탐색/예비 연구를 구성하기 위한 사전 지식 사용

③ 설명 단계(Explanation): 학생의 주의에 초점/학습자의 개념적 이해, 과정 기술, 행동 설명 위한 기회 제공/교사가 직접적으로 개념, 과정 소개를 위한 기회 제공/학습자들은 개념에 대해 이해한 내용 설명/학생들이 더 잘 이해하도록 안내하는 단계

④ 정교화 단계(Enlargement): 교사는 학생의 개념적 이해와 기술 확장, 자극/새로운 경험, 더 깊고 넓은 이해, 더 많은 정보 기술 제공/추가적인 활동 수행(이해한 것을 적용)

⑤ 평가 단계(Evaluation): 이해 정도와 능력 평가를 위한 단계/교육적 목표를 달성하는 방향으로 학습이 이루어지는지 평가

개념 변화 교수·학습

개념 변화 교수·학습은 학습자가 지니고 있는 관련 개념을 학습을 통해 변화시키기 위한 구체적 활동에 대한 모델이다. Piaget의 조절과 동화는 개념 변화 모형의 기저를 이루고 있으며, 학습자가 지니고 있는 선개념에 대해 가정하고 있는 구성주의적 관점에 기초를 두고 있다. 개념 변화 교수·학습은 다양한 형태로 제시되어 있으나, Wittrock(1974)은 인지적 변화에 기초한 교수·학습 모형을 제시하였으며, 이를 기반으로 개념 변화를 위한 구체적인 교수·학습 모형이 제시되었다(Osborne & Freyberg, 1983). 모형을 발생 학습 모형(Generative learning model)이라고 하였으며, 학습자가 지니고 있는 선지식 혹은 선개념이 과학적 혹은 비과학적일 수 있고, 구체적 혹은 추상적일 수 있는 것이므로 (Ausubel et al., 1978; Browning & Lehman, 1988; Driver, 1983; Hewson, 1983) 비과학적이거나 추상적인 학습자의 개념을 변화시키기 위한 교수·학습 방법에 해당한다고 하였다(Osborne & Freyberg, 1983).

① 예비 단계(Preliminary): 학생의 관점 파악 및 분류/과학적 관점 탐색 및 역사적 관점 동정/과거 관점을 버릴 수 있도록 하는 증거 제시

② 초점 단계(Focus): 동기 부여를 할 수 있는 경험 제공/제약 없는 개인적 질문 요청 및 참여/학생 반응 해석/학생 관점 해석 및 설명

③ 도전 단계(Challenge): 관점의 교환 및 보장/과학자의 관점에 대한 증거 제시/새로운 관점에 대한 학생들의 잠정적 반응 특징 수용

④ 적용 단계(Application): 수용된 과학적 관점을 사용하여 문제 고안/새로운 관점을 명확히 하기 위해 학생 보조/학생이 문제에 대한 해결책을 언어적으로 묘사할 수 있도록 보장/해결책에 대한 논의를 위해 참여, 자극 및 기여/발전된 문제를 풀도록 보조

순환 학습에서 제시하는 참여 단계와 발생 학습에서 제시하는 예비 단계는 주어진 과학적 문제 해결 상황에 대한 정보를 탐색하고, 문제 상황이 내포하고 있는 정보들로부터 과학적 설명을 고안할 수 있는 패턴을 발견하기 위한 과정이라고 볼 수 있다. 또한 순환 학습의 탐색 단계는 발생 학습의 예비 단계 및 초점 단계와 일부 중첩된다. 그러나 학생이 지닌 개념적 변화를 유발할 수 있도록 스스로 활동에 참여할 수 있는 기회를 제공하는 것은 매우 중요하다. 그러므로 발생 학습에서 의미하는 초점 단계와 유사하게, 학생들이 직접 개념을 변화시킬 수 있으며 동기를 부여받을 수 있는 활동이 필요하다. 순환 학습의 설명 단계는 과학적 개념이나 설명을 제공함으로써 학생이 스스로 고안한 개념을 교정할 수 있는 기회를 제공한다. 이는 발생 학습에서 제시하는 도전 단계와 유사하며, 스마트 학습에서는 교사의 안내를 통해 학생들이 웹 공간에서 다양한 과학적 개념들을 발견하고 종합하는 활동으로 대별될 수 있다. 즉, 탐색 단계에서 학생이 스스로 고안한 과학적 설명을 검

증하고 일반화하는 단계가 요구된다. 다음으로 순환 학습과 발생 학습 모두 적용 단계를 설정하고 있다. 이는 학생이 고안한 설명과 검증된 결과를 유사한 상황에 적용함으로써 학습의 전이를 유발하기 위한 단계에 해당한다. 마지막으로 순환 학습에서는 평가 단계를 설정함으로써 학생들이 학습 목표에 도달하였는지를 판별하게 되며, 발생 학습에서는 적용 단계에서 평가가 이루어지도록 하였다. 그러나 스마트 학습 활동에서는 크게 동료평가와 자기평가와 같은 내적 피드백이 가능한 평가의 방법이 유용할 수 있을 것이다. 이는 공동 활동에서 발생하는 개별평가의 단점을 극복하고 학생들을 공동 활동 학습에 참여하도록 독려할 수 있는 방법이다. 그러므로 스마트 학습 활동에서는 평가 단계를 학생이 고안하고 구체화하며, 확장 과정을 통해 일반화한 과정과 결과를 발표하고 공유함으로써 동료평가와 자기평가가 가능하도록 학습의 과정을 구성할 필요성이 있다.

따라서 과학적 설명을 학생 스스로 제시하고 다른 학생들과 공유할 수 있는 학습 모형의 단계는 순환 학습과 발생 학생에서 제시하고 있는 과정에 따라 크게 다섯 단계로 구성될 수 있다. 먼저 주어진 문제 상황이 내포하고 있는 정보를 탐색하고 패턴을 발견하는 문제 인식 단계, 발견된 정보와 패턴으로부터 문제 상황에 대한 과학적 설명을 제시하기 위해 아이디어를 고안하는 설명 탐색 단계, 자신이 고안한 과학적 설명을 문제 상황에 적용함으로써 설명을 검증하는 활동이 이루어지는 설명 일반화 단계, 일반화된 설명을 적용함으로써 해결책을 일반화하는 설명 확장 단계, 과학적 설명을 고안하고 일반화하며 확장하는 과정에 대한 점검과 적용 결과에 대한 발표와 클라우딩 기능을 통해 과학적 설명을 공유하는 설명 공유 단계로 구분할 수 있다([그림 8] 참조).

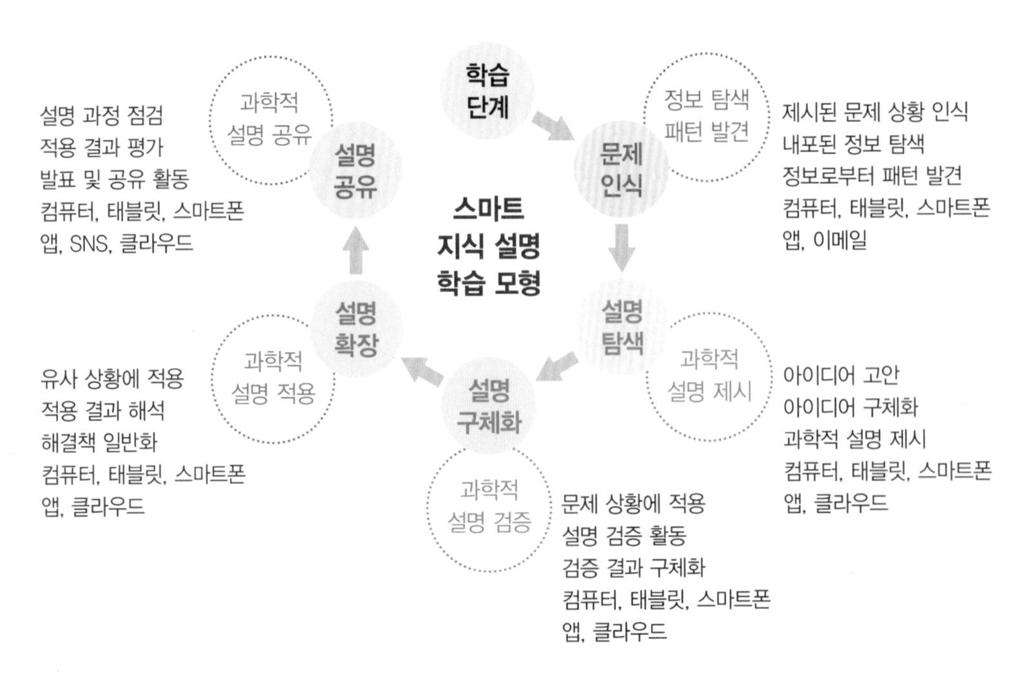

[그림 8] 과학 지식 설명을 위한 스마트 학습 모형

2. 사용되는 스마트 기술

도구명	활용 화면	활용 용도	대안 도구
구글 드라이브		구글 문서 도구는 클라우드상에서 여러 명이 동시에 문서를 작성할 수 있는 앱이다. 탐구 활동 보고서 작성과 작성 후 제출된 보고서에 대한 평가와 함께 교사의 피드백을 제공하는 데 사용할 수 있다.	pages
에버노트		웹, 태블릿 PC, 스마트폰에서 동기화하여 사용할 수 있는 스마트 워크 앱이다. 학생들의 탐구 활동 보고서 작성, 탐구 활동 촬영, 녹화, 녹음 등을 할 수 있으며, 공유 기능을 통해 보고서를 제출할 수 있다.	keynote

3. 교수·학습 과정안

1) 교수·학습 과정안 요약

학교급	고등학교	학년	2학년	차시	2차시
교과	생명과학 Ⅰ	대단원	Ⅰ. 생물체의 구성 단계	소단원	세포의 구조
학습 목표	현미경을 사용하여 동물세포와 식물세포를 관찰할 수 있다. 세포 관찰 결과를 과학적 개념을 사용하여 설명할 수 있다. 동물세포와 식물세포의 구조적 차이를 설명할 수 있다.				
스마트 활동	현미경 사용, 세포의 구조 설명, 동물세포와 식물세포의 공통점 및 차이점				
학습자 역량	과학적 개념 설명, 과학 탐구 과정 경험, 스마트 리터러시				
수업 진행	1단계 문제 인식 ▶ 2단계 설명 탐색 ▶ 3단계 설명 일반화 ▶ 4단계 설명 확장 ▶ 5단계 설명 공유				
준비물	교사	현미경, 면봉, 양파, (샐러리, 백합, 아메바 용액, 짚신벌레 용액), 단면 면도날, 슬라이드글라스, 커버글라스, 거름종이, 메틸렌블루 용액, 아세트산카민 용액, 스포이드, 핀셋, 해부침, 투명테이프, 태블릿 PC			
	학생	태블릿 PC, 스마트폰, 필기도구, 교과서			

2) 교수·학습 과정안

● 도입

수업 단계	교수·학습 활동		전략 및 유의점	시간(분)	활용 도구
	교사	학생			
문제 인식	컴퓨터를 활용하여 학습 목표를 학생들에게 제시한다. • 화면에 제시된 학습 목표를 같이 확인해봅시다.	전면 칠판에 제시되는 학습 목표를 인식한다. – 학습 목표를 확인한다.	문제 인식 단계는 수업의 도입에 해당하며, 학생들이 학습 활동을 통해 도달하여야 하는 목표를 명확히 인식하는 단계다.	10	
	탐구 활동 내용과 관련된 준비물에 대해 안내한다. • 각 모둠별로 제공된 준비물을 확인해보세요. • 오늘 활동은 어떤 것일지 생각해보세요.	탐구 활동 내용과 주어진 준비물을 확인한다. – 모둠별로 제공된 준비물을 화면에 제시된 목록과 비교하며 확인한다. – 수업에서 어떤 주제에 대해 학습할지 생각해본다.	학습 목표는 과학적 지식의 설명이므로, 수업 활동인 세포 관찰을 통해 설명해야 하는 것이 무엇인지 명확하게 제시해야 한다.		
	모둠별로 스마트폰의 테더링이 가능하도록 안내하며, 연결 상태를 확인한다. • 모둠별로 스마트폰의 테더링을 준비하고 자신이 가지고 있는 태블릿과 와이파이 연결 상태를 점검하세요. • 여러분의 활동을 기록하기 위해 태블릿 PC에서 에버노트를 실행하고 모둠별 대표자 아이디로 새로운 노트 작성을 준비하세요.	모둠원의 스마트폰을 이용하여 테더링을 준비하고 연결 상태를 확인한다. – (모둠별 대표자 또는 스마트폰 소지자) 소지한 스마트폰의 테더링 기능을 활성화한 후, 자신의 태블릿의 와이파이 연결 상태를 확인한다. – 태블릿 PC에서 에버노트를 실행하고 로그인 상태를 유지한다. – 에버노트에서 새로운 노트북을 생성하고, 제목은 오늘 날짜의 주제를 입력한다.	와이파이 환경에서는 학생들의 테더링이 필요하지 않지만, 인터넷 검색이나 학습 관련 이외의 활동을 하지 않도록 통제할 수 있어야 한다. 수업 전 모든 학생들이 에버노트 계정을 가지고 있어야 한다.		
	생명체의 기본 단위인 세포 관찰과 동물세포와 식물세포의 구조적 공통점과 차이점을 이해하기 위한 문제 상황의 Mission을 확인하도록 안내한다.	세포 관찰 과정을 이해하기 위한 Mission을 확인하도록 한다. – 모둠 대표자는 이메일을 열어서 학습 주제와 관련된 Mission을 모둠원들과 확인한다.	Misson Guide는 교사가 사전에 모둠 대표자에게 이메일을 통해 전달하여야 한다.		

• 모둠 대표자에게 이메일로 오늘 학습 주제와 관련된 Mission을 배부하였습니다. 이메일에 첨부된 Mission을 확인하세요.			
세포 관찰에 필요한 프레파라트 제작 방법에 대해 발문한다. • 세포는 광학기기를 사용해야 할 정도로 작은 구조물입니다. 세포를 관찰하기 위해 사용되는 도구에는 어떤 것이 있나요? • 현미경을 사용하여 세포를 관찰하기 위해서는 어떤 방법을 사용해야 하나요?	세포 관찰에 필요한 프레파라트 제작 방법에 대한 선생님의 발문에 대답한다. • 세포를 관찰하기 위한 도구에는 현미경이 있습니다. • 광학현미경을 사용하여 세포를 관찰하기 위해서는 프레파라트를 제작해야만 합니다.	해당 수업은 현미경을 사용하는 과정이 포함되어 있으므로, 학생들은 현미경 사용법을 사전에 습득하고 있어야 한다. 교사는 프레파라트 제작과 관련된 활동을 사전에 수행함으로써 학생들이 범할 수 있는 오류를 점검하여야 한다. **예시 1** 구강 세포 관찰을 위해서는 2시간 이내에 양치질을 하지 않은 상태여야 실험이 원활히 진행된다. **예시 2** 구강 세포 관찰을 위해 면봉이나 이쑤시개를 사용할 때 날카로운 부분으로 구강을 긁는 것이 아니라, 넓은 면을 사용하여야 한다. **예시 3** 입에 머금고 5회 정도 양치한 물을 비커에 모아 스포이드로 프레파라트를 제작할 수도 있다.	
Mission Guide에서 제시된 자료들을 파악하고 활동에 필요한 정보를 탐색하도록 하고, 동물세포 관찰을 위한 프레파라트를 제작하도록 안내한다. • Mission Guide에는 일반적인 동물세포 프레파라트 제작 방법이 제시되어 있습니다. 준비물을 활용하여 동물 프레파라트를 제작해봅시다.	Mission Guide에서 제시된 자료들을 파악하고 활동에 필요한 정보를 꼼꼼히 살펴보고, 동물세포 관찰을 위한 프레파라트를 제작한다. – Mission Guide에 제시된 동물세포 프레파라트 제작 방법을 통해 구강 세포 프레파라트를 제작한다.		
제작된 동물세포 프레파라트를 이용하여, 구강 세포를 관찰하고 촬영하도록 안내한다. • 현미경을 사용하여 여러분의 구강 세포를 관찰해 보세요.	제작된 동물세포 프레파라트를 이용하여 구강 세포를 관찰한다. – 구강 세포 관찰 결과는 스마트폰이나 태블릿을 활용하여 촬영하고, 모둠별 논의 내용은 녹음한다.	태블릿 PC를 이용하여 관찰 결과를 촬영할 때 현미경 어댑터(카메라 장착용)가 있으면 유용하다.	
관찰 과정과 결과를 태블릿 PC를 이용하여 녹음(에버노트)하도록 안내한다.	관찰 결과를 태블릿 PC를 활용하여 촬영하고, 관찰 과정과 결과는 에버노트를 활용하여 기록한다.	태블릿 PC에서 타이핑하는 것이 익숙하지 않다면, 녹음 기능을 활용하는 것이 더 유용하다.	

	• 여러분이 관찰하는 동안 본 것을 촬영하고, 느낀 점을 에버노트의 촬영 기능과 녹음 기능을 이용하여 기록하세요. 물론 직접 작성하는 것도 좋습니다.	– 관찰 과정에서 본 것은 에버노트의 촬영 기능을 활용하여 촬영한다. – 관찰 과정에서 느낀 점이나 대화 내용은 에버노트의 녹음 기능을 활용하여 녹음한다.			

활용 도구 스마트 패드 스마트폰 전자칠판

활용 앱 실험 도구 프레젠테이션 에버노트

● 전개

수업 단계	교수·학습 활동		전략 및 유의점	시간 (분)	활용 도구
	교사	학생			
설명 탐색	모둠원들이 제시한 관찰내용을 통합하여 관찰 결과를 기록(에버노트)하도록 한다. • 구강 세포를 관찰한 결과를 모둠별로 모아 에버노트에 기록해보세요. • 관찰 결과는 통합해서 하나의 문장으로 기술하도록 해봅시다. 동물세포의 구조에 대해 자연스럽게 이해하도록 과학적 개념을 제시한다. • 동물세포를 관찰한 결과, 무엇이 보이나요? 세포의 경계면과 핵이 보일 겁니다. • 여러분이 동물세포 관찰에 사용한 도구들을 통해 세포의 핵을 관찰할 수 있는 것이죠. 특히 염색약은 핵의 염색질을 염색함으로써 핵이 육안으로 보이도록 합니다. 그럼 동물세포 관찰 방법을 통해 다른 종류의 세포도 관찰할 수 있을까요?	관찰 과정에서 모둠원들의 대화 내용을 녹음하고, 이를 통합하여 관찰 결과를 기록한다. – 구강 세포를 관찰한 결과를 모둠 내 의견을 종합하여 에버노트에 기록한다. – 가급적 관찰 결과는 한 문장으로 통합하여 기록한다. 교사의 설명을 듣고 동물세포의 구조에 대해 이해한다. • 핵이 보여요. – 동물세포의 구조에 대해 이해하고, 세포의 일반적 구조에 대해 생각한다. – 염색약의 기능과 광학현미경 사용 결과로 보이는 핵의 관련성을 이해한다.	에버노트의 녹음 기능을 활용하여 녹음한 토의 내용을 재청취하면서 관찰 결과를 종합하도록 지도해야 한다. 단, 시간 제한을 두는 것이 수업 운영에 효율적일 수 있다. 동물세포의 구조를 이해할 수 있는 발문들을 사전에 다양하게 준비한다.	10	

	식물세포를 관찰하기 위해 사용할 수 있는 방법이 무엇인지 고안해보도록 한다. • 모둠 테이블에는 식물의 잎이 놓여 있습니다. 식물의 잎을 구성하는 세포를 관찰하는 방법을 자유롭게 구상해보세요. 그리고 관찰 과정을 간단한 도식을 통해 표현해보도록 하세요. • 모둠별 협의 내용은 에버노트의 녹음 기능을 활용하여 녹음하세요.	식물세포를 관찰하기 위해 사용할 수 있는 방법이 무엇인지 동물세포 관찰 방법을 바탕으로 고안한다. – 식물의 잎을 구성하는 세포를 관찰하기 위한 방법에 대해 모둠원들과 협의하여 자유롭게 고안한다. – 고안된 관찰 과정은 도식을 통해 표현한다. – 모둠별 협의 내용은 에버노트의 녹음 기능을 활용하여 녹음한다.	식물세포 관찰에 사용할 수 있는 실험재료들은 사전에 교사가 예비실험을 통해 사용 가능한지 확인해야 한다. 관찰 과정을 도식으로 표현하는 것은 빈 종이에 필기구를 사용하여 표현하도록 한 후 태블릿 PC로 촬영하는 것이 효율적일 수 있다.		
설명 일반화	모둠별로 스마트폰의 테더링이 가능하도록 안내하며, 연결 상태를 확인한다. • 모둠별로 테더링 상태를 확인하세요.	모둠원의 스마트폰을 이용하여 테더링을 준비하고 연결 상태를 확인한다. – 테더링 상태를 확인한다.	와이파이 환경에서는 학생들의 테더링이 필요하지 않지만, 인터넷 검색이나 학습 관련 이외의 활동을 하지 않도록 통제할 수 있어야 한다.	10	
	모둠별로 고안한 식물세포 관찰 방법을 검증하기 위해 태블릿 PC를 활용하여 식물세포 관찰 방법에 대해 검색 활동을 수행하도록 안내한다. • 자신의 모둠에서 생성한 가설이 옳은지 확인하기 위해 식물세포 관찰 방법과 관련된 웹 정보를 검색해보세요.	모둠별로 고안한 식물세포 관찰 방법을 평가하기 위해 웹 검색을 통해 관련 정보를 조사한다. – 자신의 모둠에서 고안한 관찰 방법이 옳은지 확인하기 위해 식물세포 관찰과 관련된 웹 정보를 검색한다.	세포 관찰 방법은 웹 검색 결과에 한정하지 않고 모둠의 토의 결과를 기반으로 설명할 수 있도록 안내한다. 그러므로 웹 검색 횟수나 시간에 제한을 두는 것이 효율적이다.		
	모둠별로 고안한 관찰 방법과 검색 결과를 바탕으로 식물세포 관찰 방법이 무엇인지 기록하도록 안내한다. • 검색 결과를 바탕으로 종합하여 적합한 식물세포 관찰 방법을 기록하도록 합니다.	모둠별로 고안한 관찰 방법과 검색 결과를 바탕으로 식물세포 관찰 방법으로 적합한 것이 무엇인지 기록한다. – 검색 결과를 바탕으로 식물세포 관찰 방법으로 적합한 것을 선정한다.			
	확정된 식물세포 관찰 방법에 따라 식물 잎세포 관찰을 위한 프레파라트 제작 및 세포 관찰을 수행하도록 안내한다.	선정된 식물세포 관찰 방법에 따라 식물 잎세포 관찰을 위한 프레파라트 제작 및 세포 관찰을 수행한다.	식물세포 관찰은 식물 잎의 뒷면 조직을 관찰하는 것이 쉽다.		

	• 식물 잎세포 관찰을 위한 관찰 방법을 적용하여 잎세포를 자유롭게 관찰해보도록 하세요.	– 식물 잎세포 관찰을 위한 관찰 방법을 적용하여 잎세포를 자유롭게 관찰한다.	식물 잎을 구하기 어렵다면, 콩나물이나 샐러리의 뿌리, 줄기 단면을 관찰하는 것이 효율적이다.		
설명 확장	관찰 결과를 바탕으로 세포의 구조적 패턴을 발견하도록 발문한다. • 식물 잎세포와 앞서 관찰한 동물세포의 공통점은 무엇인가요? • 차이점은 무엇이었나요?	세포의 구조적 패턴에 대한 교사의 발문에 대답한다. • 식물세포와 동물세포의 공통점은 핵이 존재한다는 것입니다. • 차이점은 식물세포의 경우 세포벽이 있다는 것입니다.	교사는 발문을 특정 모둠이나 전체에게 어떻게 제시할지 사전에 준비해야 한다. 또 체크리스트를 활용하여 답변의 기회가 균등하게 제공될 수 있도록 준비할 필요가 있다.	10	
	동물세포와 식물세포의 공통점과 차이점에 대한 설명을 일반화하도록 한다. • 여러분 모둠의 생각을 자유롭게 녹음하고, 공통점과 차이점에 대해 각각 한 문장으로 기술해보세요.	동물세포와 식물세포의 공통점과 차이점에 대한 설명을 구체화하기 위해 모둠원들과 논의한다. – 모둠원들의 생각을 자유롭게 녹음하고 공통점과 차이점에 대해 각각 한 문장으로 정리한다.	학생의 답변(설명)이 정확하지 않다면, 좀 더 명확한 설명을 제시할 수 있도록 안내해야 한다.		
	동물세포와 식물세포의 구조에 대한 웹 정보를 검색하도록 안내하고, 모둠별로 일반화한 공통점과 차이점을 비교하여 자신들의 과학적 개념에 대해 가치판단하도록 한다. • 웹 검색을 통해 여러분이 제시한 동물세포와 식물세포의 공통점 및 차이점에 대한 과학적 설명이 올바른 것인지 확인해보도록 합시다. 만약 옳지 않다면, 어느 부분이 틀렸는지도 확인해보세요.	동물세포와 식물세포의 구조에 대한 웹 정보를 검색하고, 모둠별로 일반화한 공통점과 차이점을 비교하여 자신들이 고안한 세포의 공통점과 차이점에 대한 설명이 옳은지에 대해 판단한다. – 웹 검색을 통해 동물세포와 식물세포의 공통점 및 차이점에 대한 모둠의 설명이 올바른 것인지 확인한다.	세포 관찰 방법은 웹 검색 결과에 한정하지 않고, 모둠의 토의 결과를 기반으로 설명할 수 있도록 안내한다. 그러므로 웹 검색 횟수나 시간에 제한을 두는 것이 효율적이다.		

활용 도구 스마트 패드 스마트폰

활용 앱 실험 도구 에버노트

● 정리

수업 단계	교수·학습 활동		전략 및 유의점	시간(분)	활용 도구
	교사	학생			
설명 공유	결과를 발표하도록 하여 모든 모둠이 올바른 결론에 도달했는지 확인한다. • 모둠별로 활동 결과를 발표하도록 하겠습니다. 먼저 1모둠부터 발표하겠습니다. 다른 사람들은 발표자의 발표 내용을 경청해주세요.	학습 결과를 교사의 안내에 따라 발표한다. – 세포 관찰에 대한 활동 결과를 대표자가 발표한다. 다른 모둠의 발표 내용을 경청한다. – 발표 시에는 태블릿 PC의 에어 플레이 기능을 활용한다.	가능한 한 모든 모둠이 학습 결과를 발표할 수 있도록 시간을 배분해야 한다. 각 모둠에서 발표하는 대표자는 모둠원 내에서 발표 기회가 균등하게 배분되도록 사전에 조율하는 것이 효율적이다.	10	
	녹음하고 기록한 내용을 정리하여 축약식 보고서를 작성하도록 안내한다. • 지금까지의 활동 과정에서 녹음하고 기록한 내용들을 정리해서 에버노트에 축약식 보고서를 작성하세요.	녹음하고 기록한 내용을 정리하여 축약식 보고서를 작성한다. – 활동 과정에서 녹음하고 기록한 내용들을 정리해서 에버노트에 보고서를 작성한다.	에버노트에 녹음한 모둠활동 내용을 재청취하면서 결과를 종합하여 설명을 완성할 수 있도록 지도해야 한다. 축약식 보고서는 형식에 구애받지 않고 자유롭게 작성하도록 안내한다. 단, 보고서에 포함되어야 하는 내용은 제목 위주로 제시되어야 효율적이다.		
	작성된 보고서는 모둠원들끼리 공유하거나 이메일로 전송하도록 안내하며, 최종 보고서는 구글 드라이브에서 보고서 양식에 따라 모둠원이 모두 참여하여 작성하도록 한다. • 축약식 보고서는 공유 노트북 설정을 통해 다른 모둠원들이 확인할 수 있도록 하며, 최종 보고서는 모둠원들을 공유 작업자로 설정하여 구글 드라이브에서 작성하도록 하세요. 최종적으로 작성이 끝난 보고서는 선생님을 공유 작업자로 설정하여 보고서에 대해 피드백 받도록 합시다.	작성된 보고서를 공유하거나 이메일로 전송한다. – 작성된 보고서는 공유 노트북 설정을 통해 다른 모둠원들이 확인할 수 있도록 한다. – 최종 보고서는 모둠원들을 공유 작업자로 설정하여 구글 드라이브에서 함께 작성한다. – 완성된 최종 보고서는 선생님을 공유자로 설정하여 피드백 받는다. – 활동 결과와 의문점은 페이스북에 업로드한다. – 다음 수업 주제를 수업 클라우드에서 확인한다.	최종 보고서는 학습 이후 공동 활동을 통하여 구글 드라이브(문서 도구)상에서 작성이 이루어지도록 한다.		

	• 활동 결과와 의문점은 대표자가 정리하여 페이스북에 업로드하도록 합시다. • 다음 시간에는 모둠의 두 번째 대표자가 대표활동을 수행할 예정입니다. 수업 클라우드에 올라온 활동 내용을 미리 준비해볼 수 있도록 하세요. 수고하셨습니다.				

활용 도구 스마트 패드 전자칠판

활용 앱 에버노트 구글 드라이브 페이스북 다음 클라우드

3) 교수·학습의 고려사항 및 유의점

- 제시된 수업 활동은 기본적으로 스마트 기기에 대한 의존도가 매우 높은 편이다. 그러므로 학생뿐만 아니라 교사 역시 해당 기기 사용에 숙달되어 있어야 하며, 에버노트 역시 수업에 적용하기 전에 학생들이 사용할 수 있어야 한다.
- 교사 및 학생들은 에버노트 계정을 갖고 있어야 하며, 교사는 수업 전 학생들에게 해당 수업 활동과 관련된 주제에 대해 SNS, 이메일 등을 통해 공지하여야 한다.
- 제시된 수업 활동은 모둠별로 진행되는 학습 과정으로 구성되어 있다. 그러므로 모둠별 대표자는 모둠 구성원 내에서 차례를 정하거나 교사가 지정하여 순환식으로 변경되어야 무임승차 효과를 상쇄시킬 수 있다.
- 학생들이 SNS를 활용하기 위해서는 해당 SNS(페이스북) 계정이 필요하다.
- 제시된 수업 활동에는 구글 드라이브를 사용하여 최종 보고서를 작성하도록 되어 있다. 그러므로 모든 학생들이 구글 계정을 갖고 있어야 하며, PC 사용이 원활하여야 가능하다.

4) 교수·학습 자료

(1) 평가 기준

<table>
<tr><th colspan="2">평가 범주</th><th colspan="2">수행 내용</th><th>배점</th><th>평가 근거</th></tr>
<tr><td colspan="2" rowspan="3">참여도</td><td>상</td><td>학습하기 위하여 동료들과 의견을 나누고 활동에 참여한 횟수가 10회 이상이다.</td><td rowspan="3">10</td><td rowspan="3">관찰
체크리스트</td></tr>
<tr><td>중</td><td>학습하기 위하여 동료들과 의견을 나누고 활동에 참여한 횟수가 5회 이상, 9회 이하다.</td></tr>
<tr><td>하</td><td>학습하기 위하여 동료들과 의견을 나누고 활동에 참여한 횟수가 4회 이하다.</td></tr>
<tr><td colspan="2" rowspan="3">과정</td><td>상</td><td>실험을 이해하고, 순서에 맞게 실험을 수행한다.</td><td rowspan="3">45</td><td rowspan="3">관찰
체크리스트</td></tr>
<tr><td>중</td><td>실험을 이해하고 순서를 파악하였으나, 준비가 부족하다.</td></tr>
<tr><td>하</td><td>실험을 이해하지 못하고, 주변의 도움을 받아 수행한다.</td></tr>
<tr><td rowspan="9">보고서</td><td rowspan="3">내용의 완성도</td><td>상</td><td>정보의 의미와 중요성을 설명하기 위한 핵심적 개념이 작품에 포함되어 있다.
주제를 완전히 이해할 수 있다.</td><td rowspan="3">15</td><td rowspan="9">결과 보고서</td></tr>
<tr><td>중</td><td>정보의 의미와 중요성을 설명하기 위한 핵심적 개념이 대부분 포함되어 있다.
주제를 이해하는 데 어려움이 없다.</td></tr>
<tr><td>하</td><td>정보의 의미와 중요성을 설명하기 위한 핵심적 개념이 상당 부분 빠져 있다.
주제를 이해하는 데 어려움이 있다.</td></tr>
<tr><td rowspan="3">구조의 논리성</td><td>상</td><td>보고서에 포함된 모든 개념들의 관계가 논리적이다.
주제를 충분히 이해할 수 있다.
설득력이 있다.</td><td rowspan="3">15</td></tr>
<tr><td>중</td><td>보고서에 포함된 대부분의 개념들 간 관계가 논리적이다.
보고서를 이해하는 데 어려움이 없다.</td></tr>
<tr><td>하</td><td>보고서에 포함된 개념들 간 관계 중 논리적으로 적절치 못한 것들이 많다.
주제에 대한 이해에 어려움이 있다.</td></tr>
<tr><td rowspan="3">주제와의 연관성</td><td>상</td><td>보고서에 포함된 개념이 모두 주제와 매우 밀접하게 연관되어 있다.
주제 설명이 매우 적절하다.</td><td rowspan="3">15</td></tr>
<tr><td>중</td><td>보고서에 포함된 개념이 대부분 주제와 연관되어 있다.
개념이 사용된 이유를 이해하는 데 어려움이 없다.</td></tr>
<tr><td>하</td><td>보고서에 포함된 핵심적 개념들 중 주제와 관련되어 있다고 볼 수 없는 것들이 많다.
주제를 충분히 이해하기가 어렵다.</td></tr>
<tr><td colspan="4"></td><td>100</td><td></td></tr>
</table>

(2) 체크리스트

(   )과 (   )학기 수업 태도 체크리스트

( )학년 ( )반 지도교사:

월/일 성명		/ 교시	/ 교시	/ 교시	/ 교시	/ 교시	/ 교시	/ 교시	/ 교시	/ 교시	/ 교시	합계
1												
2												
3												
4												
5												
6												
7												
8												
9												
10												
11												
12												
13												
14												
15												
16												
17												
18												
19												
20												
21												
22												
23												
24												
25												
26												
27												
28												
29												
30												
31												
32												
33												

수행평가 태도평가 체크 기본 규칙

- 태도평가는 수행평가 전체의 20% 이하로 교과협의회에서 결정 후 반영
- 수업 태도 불량(수업 방해 행위 또는 언행, 엎드려서 잠자기 등) 시 1회는 경고 조치하고, 2회 이상 수업 태도 불량 시 1시간에 1회 적용
- 적용 방법: 100점 만점에서 1시간당 감점 점수는 교과별 특성에 맞게 협의하여 결정
- 학생회 및 학부모 민원사항: 교사별, 교과별 적용이 차이가 난다는 점
- 모든 교사가 이를 철저하게 적용해주시어 민원이 발생하지 않도록 유의

(3) 학습지

Mission Guide

Mission

생명체의 기본 단위인 동물세포와 식물세포의 구조적 특징을 확인하기 위한 관찰을 수행하고, 동물세포와 식물세포의 공통점과 차이점을 발견하여 일반적인 설명을 제시하는 Mission이다. 주어진 재료를 활용하여 Mission 수행을 위한 과정을 고안하고, 결과로부터 패턴을 발견하여 동물세포와 식물세포의 공통점과 차이점에 대한 설명을 제시하시오.

Mission 수행을 위해 제공된 재료

현미경, 면봉, 양파, (X_1, X_2, Y_1, Y_2는 적용 과정에서 추가 지급 예정), 단면 면도날, 슬라이드글라스, 커버글라스, 거름종이, 메틸렌블루 용액, 아세트산카민 용액, 스포이트, 핀셋, 해부침, 태블릿 PC

현미경 프레파라트 제작 방법

1. 슬라이드글라스를 준비한다.
2. 제작에 사용할 시료를 최대한 얇게 추출하여 슬라이드글라스 위에 펼친다.
3. 물을 2~3방울 떨어뜨린다.
4. 커버글라스를 덮고 거름종이로 살짝 눌러 물기를 제거한다.
5. 현미경을 사용하여 관찰한다.

광학현미경 사용 방법

1. 재물대 위에 프레파라트를 올려놓는다.
2. 대물렌즈 배율을 저배율로 설정한다.
3. 접안렌즈를 통해 관찰하며, 조동나사를 조정하여 상을 찾는다.
4. 미동나사를 사용하여 초점을 맞춘다.
5. 대물렌즈 배율을 고배율로 설정하여 위 과정을 반복한다.

04 e-Book 적용 사례

1. 적용 개요

실제 교육 현장에서 스마트 교육을 적용할 때는 수업에 지나치게 많은 탐구 활동을 적용하기보다는 하나의 활동을 심도 있고 효율적으로 적용해야 한다. 또한 스마트 기기 사용 미숙으로 시간 지연이 일어날 수 있으므로 수업 전 스마트 기기 사용법을 숙달해야 하고, 개인별 태블릿 PC 사용과 무선 인터넷 환경으로 학생들의 주의가 분산될 수 있으므로 모둠별 기기 지급 및 스마트폰을 활용한 테더링이 적합하다. 뿐만 아니라, 학생들 간 상호작용 시간을 확보하고, 보고서 작성에 소요되는 시간을 절약하기 위해 모둠별 상호작용 과정 및 학습 과정은 녹음해야 한다.

본 연구에서는 이를 바탕으로, 1차시로 구성된 '효모의 활성 탐구' 학습을 스마트 지식 생성 모형에 적용한 e-Book을 개발하였다. 사용한 스마트 기기용 앱은 에버노트이며, 개발한 학습 모형에 따른 수업 지도안의 내용 타당도는 정기적 회의와 상호 타당도 평가를 통해 확인하였다. 이 e-Book의 경우도 실제 적용 전 학생들에게 태블릿 PC의 기본적 사용법과 에버노트의 계정 설정, 사용법을 익힐 수 있는 시간을 별도로 마련하였다.

2. 적용 방법

(1) 지식 탐색 단계

지식 탐색 단계에서는 귀납적 지식 생성 과정에 따라 주어진 과학적 문제 해결 상황의 주제가 되는 효모를 관찰하는 활동이 이루어진다. 또한 관찰된 결과는 모둠 태블릿 PC에 기록하며, 관찰 과정에서 학생들의 상호작용 내용(대화 내용)과 교수자의 학습 전달 내용은 에버노트의 선택적 기능인 녹음 기능을 활용하여 녹음한다. 녹음한 내용은 관찰 과정이 종료된 후 모둠별 귀납적 지식을 생성할 때 재청취할 수 있도록 한다. 또한 관찰 과정에서 사진의 촬영 역시 에버노트의 촬영 기능을 사용하여 보고서에 실시간으로 삽입하도록 한다. 뿐만 아니라, 필요할 경우 관찰 과정을 동영상으로 삽입하도록 한다.

학생들은 이 단계에서 효모에 대해 오감을 활용하여 관찰하고, 인터넷 검색은 하지 않는다. 이때 스마트 기기는 학생들의 탐구 활동에 보조적인 도구로서, 손으로 필기하는 시간을 절약하고 시각적

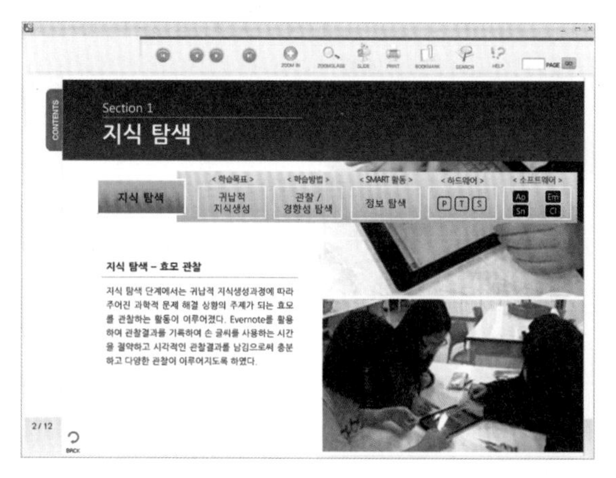

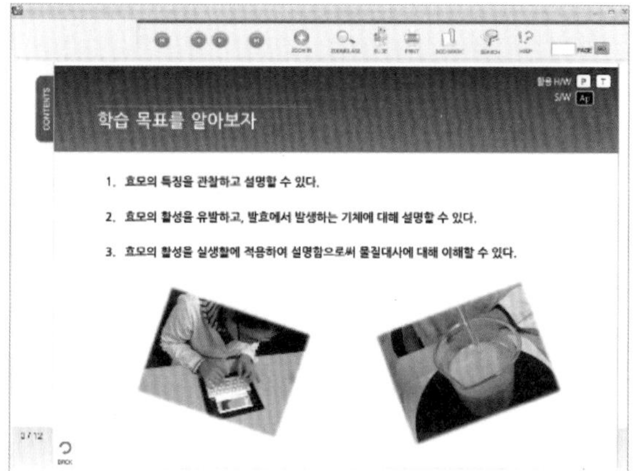

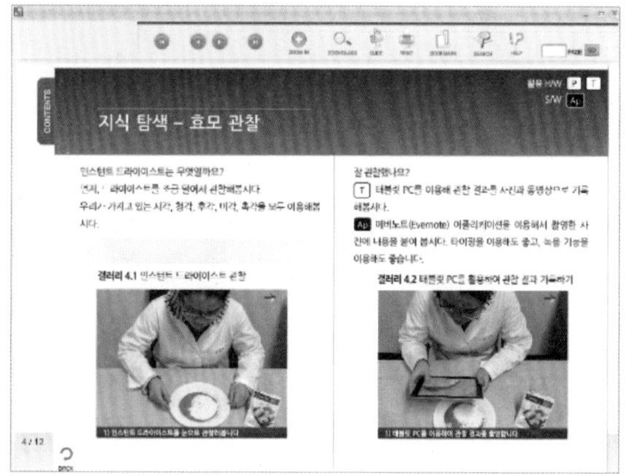

[그림 9] **지식 탐색 단계 e-Book**

으로 관찰한 결과를 기록으로 남기는 데 유용한 도구가 된다.

(2) 지식 생성 단계

이 단계에서 학생들은 지식 탐색 단계에서 발견한 효모의 패턴과 교수자의 안내에 따라 예비적 효모의 활성을 확인함으로써 발생하는 현상에 대한 인과적 의문을 생성하고, 이에 따른 잠정적 가설 지식을 다양하게 제시한다. 이 단계에서도 역시 웹 검색은 하지 않으며, 모둠 활동 내에서도 개별 학생들이 모두 각자 효모 활성 확인 과정을 수행하도록 한다. 이를 통해 상호작용이 가능하면서 개별 학습 활동이 가능하도록 수업이 진행된다. 또한 개별 활동에서 나타나는 결과의 차이와 예상의 차이를 서로 공유함으로써 발산적인 사고가 촉진되어 다양하면서도 상반된 아이디어들이 생성될 수 있는 기회가 제공된다.

(3) 지식 평가 단계

지식 평가 단계에서는 모둠별로 생성된 다양한 잠정적 설명 지식인 가설에 대한 가치판단을 위

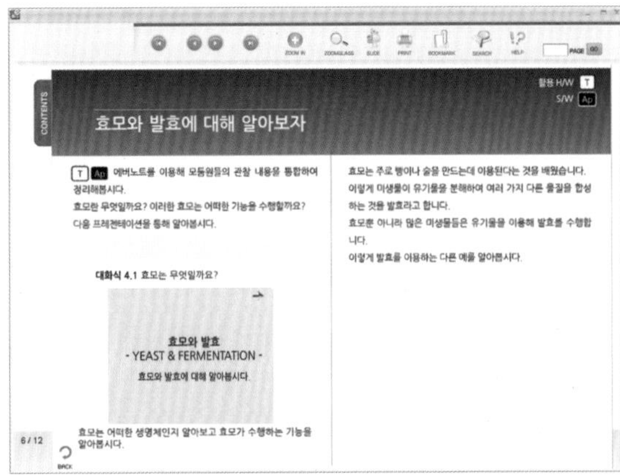

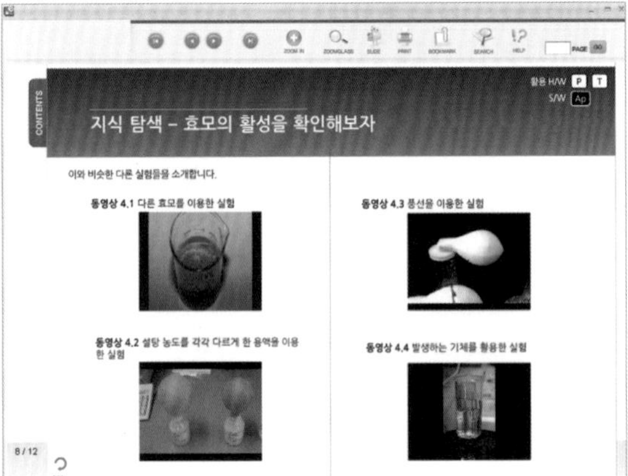

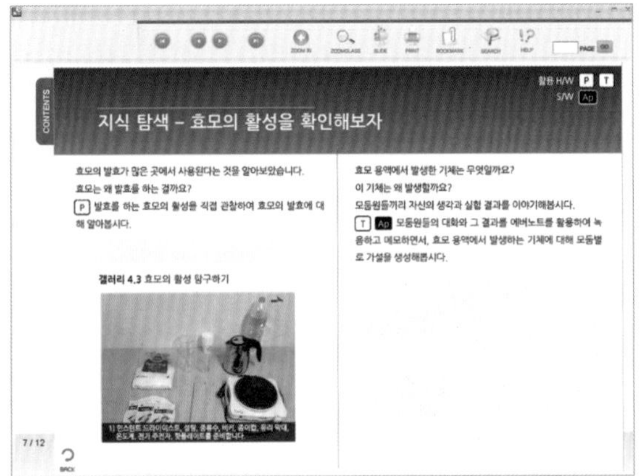

[그림 10] 지식 생성 단계 e-Book

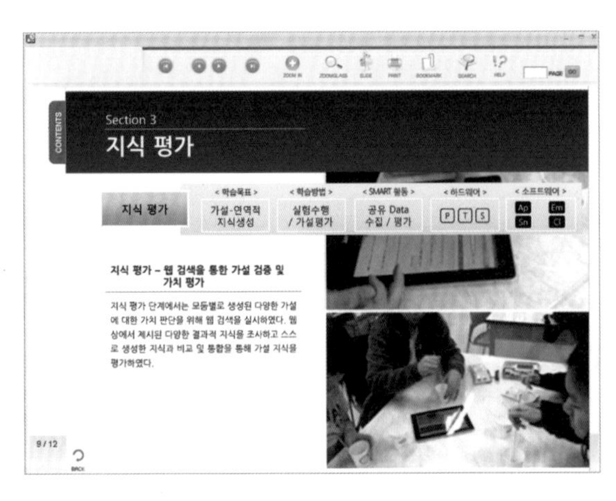

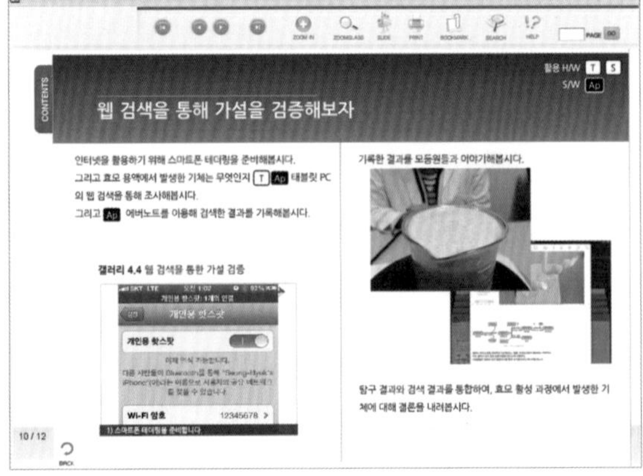

[그림 11] 지식 평가 단계 e-Book

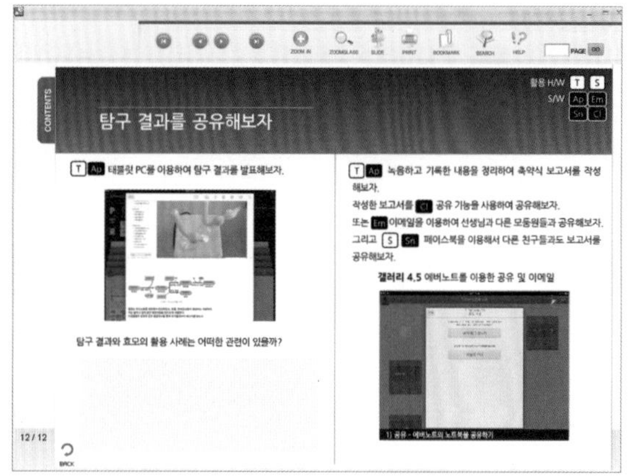

[그림 12] **지식 공유 단계 e-Book**

해 모둠별 테더링 기능을 활용하여 웹 검색을 실시하며, 웹상에서 제시된 다양한 결과적 지식들을 조사하고 학생들 스스로 생성한 지식 간의 비교 및 통합을 통해 가설 지식을 평가하도록 한다. 이 단계에서는 웹 검색 활동보다 조사 결과와 가설 지식의 평가를 위한 상호작용 활동에 중점을 두어 수업을 진행한다.

(4) 지식 공유 단계

이 단계에서는 이전 단계에서 생성한 지식들과 기록된 내용들을 토대로 간단한 약식 보고서를 작성하도록 한다. 약식 보고서는 모둠별 활동 과정을 자유롭게 기록할 수 있도록 단계별 소제목만 제시하며, 이에 따라 모둠별로 다양한 방식으로 보고서를 작성한다. 특히 보고서 작성을 위해 앞선 단계에서 녹음한 내용들을 재청취할 수 있도록 하며, 작성이 끝난 보고서는 공유 기능을 통해 공유함과 동시에 다른 모둠과 교수자의 이메일로 전송하도록 한다. 이를 통해 각 모둠은 다른 모둠의 지식을 공유할 수 있으며 비교할 수 있다.

참고문헌

교육과학기술부(2011). 2009 개정교육 과정에 따른 과학과 교육 과정, 교육과학기술부 고시 제2011-361호.

권난주·안재홍(2012). 융합 및 통합 과학교육 관련 국내 연구 동향 분석, 한국과학교육학회지, 32(2), pp.265-278.

권용주·정진수·강민정·김영신(2003). 과학적 가설 지식의 생성 과정에 대한 바탕 이론, 한국과학교육학회지, 23(5), pp.458-469.

권용주·정진수·이준기(2006). 생명현상에 대한 과학교사들의 잠정적 설명의 유형, 한국생물교육학회지, 34(2), pp.297-305.

박순화·고경태·정진수·권용주(2005). 생물학 탐구에서 학생들이 생성한 가설검증방법의 유형, 한국과학교육학회지, 25(2). pp.230-238.

변정호·이일선·권용주(2011). 학습 패러다임 분석을 통한 과학학습의 구성 요소와 과정에 대한 고찰, 중등교육연구, 59(2). pp.415-441.

이혜원·양일호·조현준(2005). 초·중학생의 관찰, 예상, 가설의 이해, 초등과학교육, 24(3), pp.236-241.

조희형·최경희(2002). 구성주의와 과학교육, 한국과학교육학회지, 22(4), pp.820-836.

Alexander, P. A.(1992). Domain knowledge: Evolving themes and emerging concerns. *Educational Psychology, 27*, pp.33-51.

Ashton-James, C. E., & Chartrand, T. L.(2009). Social cues for creativity: The impact of behavioral mimicry on convergent and divergent thinking. *Journal of Experimental Social Psychology, 45*, pp.1046-1040.

Bahar, M., & Hansell, M. H.(2000). The relationship between some psychological factors and their effect on the performance of grid questions and word association tests. *Educational Psychology, 20*, pp.349-364.

Barak, M., & Mesika, P.(2007). Teaching methods for inventive problem-solving in junior high school. *Thinking skills and creativity, 2*, pp.19-29.

Boden, M. A.(2004). *The creative mind: Myths and mechanisms*. NY: Basic Books.

Brostow, W.(2001). Instruction in materials science and engineering: modern technology and the new role of the teacher. *Materials Science and Engineering, A302*, pp.181-185.

Cropley, A. J.(2006). In praise of convergent thinking. *Creativity Research Journal, 18*, pp.391-404.

Guilford, J. P.(1959). Creativity. *American Psychologist, 5*, pp.444-454.

Guilford, J. P.(1967). *The nature of human intelligence*. NY: McGraw-Hill.

Mayer, R. E.(1992). *Thinking, problem solving, cognition*(2nd ed.). W. H. Freeman and Co.

Mumford, M. D., Mobley, M. I., Uhlman, C. E., Reiter-Palmon, R., & Doares, L. M.(1991). Process analytic of creative capacities. *Creatively Research Journal, 4*, pp.91-122.

National Research Council(2000). *Inquiry and the national science education standards: A guide for teaching and learning*. National Academy Press.

Nemeth, C. J., & Goncalo, J. A.(2005). Creative collaborations from afar: The benefits of independent of correct solutions. *Journal of Applied Social Psychology, 31*, pp.48-58.

Newell, A., & Simon, H. A.(1972). *Human problem solving*. Prentice Hall.

Newell, A., Shaw, J. C., & Simon, H. A.(1962). The processes of creative thinking in H. E. Gruber, G. Terrell, & M. Wertheimer(eds.), *Contemporary approaches to creative thinking*. NY: Atherton Press.

Ormrod, J. E.(1999). *Human learning*(3rd ed.). Prentice Hall Inc.

Polya, G.(1954). *Patterns of plausible inference*. Princeton, NJ, USA: Princeton University Press.

Porter, A. L., Roessner, J. D., Oliver, S., & Johson, D.(2006). A system model of innovation process in university STEM education. *Journal of Engineering Education, 95*(1), pp.13–24.

Razoumnikova, O. M.(2000). Functional organization of different brain areas during convergent and divergent thinking: an EEG investigation. *Cognitive Brain Research, 10*, pp.11–18.

Robertson, I.(2001). *Problem solving*. Psychology Press.

Sargent, R. W. H.(2002). Engineering science–or scientific engineering: Danckwerts memorial lecture. *Chemical Engineering science, 57*, pp.1075–1077.

Sternberg, R. J.(2005). The domain generality versus specificity debate: How should it be posed? In J. C. Kaufman & J. Baer(eds.), *Faces of the muse: How people think, work, and act creatively in diverse domains*. Mahwah, NJ: Erlbaum.

Sternberg, R. J., & Lubart, T. I.(1996). Investing in creativity. *American Psychologist, 51*(7), pp.677–688.

Sternberg, R., & O'Hara, L. A.(2000). Intelligence and creativity. In R. Sternberg(ed.), *Handbook of intelligence*. Cambridge: Cambridge University Press.

Wallas, G.(1926). *The art of thought*. NY, USA: Harcourt Brace.

Wang, Y., & Chiew, V.(2010). On the cognitive process of human problem solving. *Cognitive Systems research, 11*, pp.81–92.

Wang, Y., Wang, Y., Patel, S., & Patel, D.(2006). A layered reference model of the brain(LRMB). *IEEE Transactions on Systems, Man, and Cybernetics* (C), *36*(2), pp.124–133.

Wilson, L. B., & Clark, R. G.(1988). *Comparative programming language*. Wokingham, UK: Addison–Wesley Publishing Co.

스마트 교육을 통한 교실 혁명

중등 사회

지리 교육과 스마트 교육 학습 모형

01 지리 교육과 스마트 교수·학습 모형의 개요

1. 지리 교육과 21세기 학습자 역량

21세기를 살아가는 인간이 갖추어야 할 역량과 능력에 대한 연구는 다양한 분야에서 이루어지고 있다. 과거 농경 사회와 산업 사회에서 필요한 기초 능력이 3R(Reading, wRiting, aRithmetic)이었다면, 21세기의 지식 정보 사회에서는 이를 토대로 고차원적인 사고 능력과 이를 분석·해결할 수 있는 다양한 기술과 지식을 접목한 종합적인 능력이 포함되어야 한다(한국교육학술정보원, 2011).

지리학의 학문적 목표가 지표상의 자연·인문적 현상에 대한 공간적 접근을 통해 각종 공간적인 문제에 대한 해답이나 문제 해결을 위한 합리적이고 과학적인 대안을 제시하는 것이라고 한다면, 지리 교육의 가치는 이러한 지리학적인 사고 체계 속에서 지리학을 배우는 학습자에게 지리적 사고를 할 수 있도록 기여하는 데 있다(이경한, 1995). 따라서 지리 교육은 학교 현장에서 학생들에게 우리나라와 세계의 각종 자연 및 인문 현상을 지리적으로 제대로 이해하고, 이와 관련된 각종 공간적인 현상과 공간 문제에 대해 다양한 관점과 시각을 가지도록 도와주는 종합적인 교과목이다. 이에 따라 지리 교과에서 제공하는 기본적인 지리적 사실과 현상에 대한 연구와 이를 위한 각종 지리적 분석 기법의 이용, 지리적 원리와 개념의 적용 역시 스마트 교육에서의 지리 학습과 교육에 필요한 내용이다.

지리 교육에서는 학생들이 공간 지각을 체계적으로 개발하고 익히기 위해서 지도 읽기와 도해력, 사진이나 도표, 그래프 자료의 이해와 분석 같은 능력을 익히는 것이 중요하다. 특히 야외 조사와 답사에서 도해력이나 지도 읽기를 통한 지리 자료 및 지리 정보의 분석은 조사 지역을 이해하는 데 필수적이다. 이러한 관련 학습과 활동들이 학생 주도적으로 학생 자신의 흥미와 학습 수준에 맞추어 진행될 경우, 자연스럽게 지리에 대한 호기심과 학습 동기가 생긴다. 특히 사회과 교육에서 지리는 야외 조사나 실습이 어느 타 과목보다 중요하고 야외 수업에서의 공동 조사와 자료 수집 및 분석은 학생들 간 협업과 협동심을 자연스럽게 유도하고 발전시킬 수 있다(Hawkins, 1987).

이러한 지리 과목의 교육적 이점과 장점은 스마트 교육에서도 활용할 수 있다. 특히 지리 수업과 야외 조사에서 실습은 학생들의 자발적인 참여를 유도할 수 있고, 지리 관련 지식의 습득에서 학습자(학생)의 자기주도적인 학습 요소의 개발에 기여할 수 있다. 이러한 자기주도적 학습과 자발성은 스마트 교육을 통해서 직접적으로 확인할 수 있는 요소로서 스마트 지리 교육에서 구체적으로 추구해야 할 목표이기도 하다.

21세기 학습자 역량을 강화하는 측면에서 스마트 지리 교육적 관점을 갖추기 위해서는 무엇보다 지리적 식견이 필요하다. 지리적 식견은 지리적 사고를 효과적으로 하는 데 중요할 뿐만 아니라 공간 문제의 해결 능력을 갖추는 데도 필수적이다. 이를 위해서, 지역지리적 관점뿐만 아니라 계통지리적 관점의 지리적 식견이 필요하다(Harper, 1990). 스마트 지리 교육에서 학생들의 지리적 통찰력은 중요한 주제이기 때문에 지리학의 이론적 구조를 제공할 수 있는 스마트 교수·학습 모형 및 방안의 연구가 필요하다. 또한 지리학의 본질을 이해하고, 지리학의 기본 개념을 이해하며 탐구하려는 노력들이 지리에서의 스마트 교육 목적과 목표에 담겨 있어야 한다. 그리고 스마트 지리 교육은 지역에 대한 학습자의 인식 능력 배양, 지리 정보 및 자료 처리 능력, 공간 문제 제기와 공간 문제 해결 능력에 중점을 두어야 한다. 일찍이 지리 학습자 핵심 역량의 중심 내용이 비판적 공간 사고력을 통한 지리적 통찰력(Geographic Insights)을 갖는 것이라는 주장(Harper, 1990)이 있어 왔고, 이는 여전히 지금의 고도 정보화 사회의 핵심 인재의 역량인 고차원적 사고를 통한 복합적 문제 해결력과도 일맥상통한다. 즉, 21세기 지리 학습자의 역량의 핵심은 비판적인 공간 사고력과 해결 능력을 갖추는 것이고, 때문에 지리적 통찰력은 지리 수업은 물론 스마트 교육에서의 지리 교육에서도 추구해야 할 주요한 교육적 목표다. 이를 위한 직접적인 스마트 교육에서의 지리 교육적 실천 방안은 바로 스마트 지리 수업의 교수·학습 모형을 개발 및 적용하는 것이다. 스마트 지리 수업의 교수·학습 모형은 스마트 교육의 지리 수업의 성공을 좌우하는 중요한 잣대라고 할 수 있다.

지리 교육은 지리학적 지식이 교육적 실현을 통해서 실천되어야 하는 지리학의 학문 분야다. 이를 위해 지역지리적 접근 방법과 공간분석적 접근 방법에 기초한 지리적 통찰력이 중요한 지리 교육의 목표가 되어왔고, 스마트 교육의 지리 교육에서도 이를 실현할 수 있는 교육 목표와 세부 내용들이 연구되어야 한다. 따라서 스마트 지리 교육도 민주 사회의 건전한 시민으로서 풍부한 소양과 상식을 지닌 사람의 육성에서, 지리적 통찰력과 학문적 소양을 가진 인간의 양성으로 이해되어야 한다. 이를 위해 스마트 교육에서 지리 교육의 기본 과제는 학습자가 자기주도적이고 자발적으로 인간의 지표에 대해 기본적인 지리적 이해를 가지고 자연·인문 환경의 지역 차와 상호작용, 생활의 다양성을 이해하도록 관련 교육 목표와 내용, 그리고 교수·학습 모형을 개발하는 것이다. 이러한 내용을 이해하고 생활에서 실천하는 것은 21세기 지리 학습자의 역량이 될 수 있고, 스마트 교육과 지리 수업에서는 관련 연구와 활동을 접목해야 한다.

2. 스마트 학습과 지리 수업

지리 수업이 다른 사회과 수업과 구별되는 가장 큰 특징은 야외 수업 혹은 답사를 통해 교과서 내용을 확인하고 심화할 수 있다는 점이다. 지리학은 자연과 인문 현상의 통합적 접근을 통해서 인간 생활의 다양한 측면을 공간적으로 해석하고, 문제를 해결하는 학문이다. 따라서 교실의 지리 수업에서 배우는 각종 현상을 야외 수업이나 답사를 통해서 학생들이 직접 확인하는 것은 학교 교육의 학문화가 실현되는 한 예로 볼 수 있다.

지금까지 이러한 야외 수업이나 답사를 통한 지리 수업의 확대에 대해서는 많은 접근 방법과 연구들이 진행되어왔다. 특히 최근 들어 정보통신의 발달로 인해 다양한 ICT와 결합된 지리 수업의 접근들이 학교 교육 현장에 접목되고 있다. 이러한 측면에서 스마트 기기를 활용한 지리 수업은 스마트 학습의 측면에서 새로운 지리 교육의 가능성을 제시하고 있다. 즉, 사회과 교육에서 야외 수업과 답사를 통한 교실 수업의 새로운 확대 가능성은 지리 과목의 스마트 학습에서 가장 현실적이고 실제적인 사례를 찾을 수 있다. 예를 들어 초등 사회과의 지리 수업에서 스마트 기기를 활용한 경우, 학습 목표 달성에서 약 48%의 인지도가 상승했으며, 학습 내용의 이해에서 약 70%의 학생이 학습 향상을 경험한 것으로 조사되었다(Davey, 2007).

본 연구에서는 스마트 기기를 통한 학습과 지리 수업의 관련성에 대한 논의를 바탕으로 지리 교육에서 스마트 교육의 직접적인 접근 방법과 적용 방법의 사례들을 제시하고자 한다. 이를 위해 본 연구는 크게 세 부분으로 구성되어 논의를 진행한다. 먼저 지리 수업에서의 ICT와의 관련성을 스마트 기기를 중심으로 살펴보고, 두 번째로 야외 수업과 답사를 사례로 스마트 학습과 지리 수업의 연계성과 관련성을 세부적으로 논의하고자 한다. 마지막으로 이러한 논의들을 바탕으로 앞으로의 스마트 교육 환경의 변화에서 지리 교육이 나아가야 할 방향과 관련 논의들을 제기하고자 한다.

1) 지리 수업과 ICT 변화의 관련성

ICT가 학교 교육 및 학교 수업에 미친 영향력은 정보통신 기술의 발달과 밀접한 관련이 있다. 교실의 물리적 환경의 개선과 수업에서의 교수·학습에 미친 영향은 차치하고라도 학습자인 학생의 정보통신에 대한 친밀도는 교사에게 미친 영향보다 더 크다고 할 수 있다. 일명 '디지털 세대'라고 하는 현 세대의 학생들은 그 어느 세대보다도 다양한 정보통신 환경에 노출되어 있고, 각종 IT 디바이스의 사용에 익숙한 세대다. 그들은 사물과 객체의 표현이 점차적으로 텍스트 위주에서 시각화된 각종 아이콘 위주로 변화하는 환경에 익숙하다.

이러한 교육 안팎의 급격한 정보통신 생태계의 변화는 교실 수업과 교수·학습의 ICT 적용에서도 변화를 요구하고 있다. 개인용 컴퓨터 위주의 실내 수업에 한정될 수밖에 없었던 ICT 교육 환경이 최근 모바일 기기의 등장으로 교실의 공간적 범위가 교실 바깥으로 확대되고 있으며, 학습자인 학생들과도 언제 어디서나 교육할 수 있는 환경이 되고 있다. 즉, 지금까지는 제한된 공간(교실)에서 정해진 시간(수업)에 교수·학습이 이루어졌다면, 앞으로는 시간과 공간의 제약 없이 언제 어디서나 학습 활동과 수업을 할 수 있는 시대가 되는 것이다. 이러한 ICT 환경은 이전의 가르치고 배우는 관념과 교실에서의 수업에 대한 생각에 일대 전환을 가져오는 계기가 된다.

[표 1] **지리 수업과 관련된 스마트 학습 활동 및 내용**

지리 수업의 주요 주제	활동 내용
지리적 문제 탐구 및 능력 배양	
지리적 현상의 관찰과 자료 수집	답사 기록 자료 수집 및 분석 답사 지역의 사진이나 동영상을 인터넷에서 사전에 수집한다. 답사 지역과 지점을 지도에 표시하고, 각 지역 및 지점별로 수집한 사진과 동영상 자료를 업로드한다.
의사소통	다양한 수단을 통한 의견 교환 및 의사소통(학생과 교사, 학생과 학생) 학교 홈페이지 혹은 소셜 네트워크에 답사한 내용과 자료를 탑재하고, 관련 내용을 해당 웹사이트에 상세히 입력한다.
야외 답사	위치 정보 탐색 및 수집, 지도 학습 답사 경로를 지도(예: 구글 어스, 포털 서비스 지도 등)상에 상세히 표시하고 관련 내용과 링크되도록 한다.
다양한 지도 자료의 활용 능력	경로 탐색, 설정, 검색 답사 중 각종 인터넷 지도나 포털 서비스의 지도를 활용하여 답사 지역과 지점을 확인하면서 경로를 따라 답사를 진행한다.
관련 자료 활용 능력	2차 자료 수집 능력 및 ICT 활용 능력 향상 답사 중간중간에 필요한 상황에 따라 답사 지점의 부가적인 관련 정보와 내용을 확인한다.
장소에 대한 이해 및 관련 지식 습득	
특정 장소의 지리적 특성에 대한 이해 및 관련 지리 정보의 습득	장소 정보 수집 및 분석 답사 장소에 대한 소감이나 느낌, 동료 학생들과의 대화, 답사 장소의 특징을 알 수 있는 다양한 소재들을 사진이나 동영상으로 기록한다.
특정 장소의 위치에 대한 이해와 관련 지리 정보의 습득	지도 학습 및 지도를 이용한 지리 지식 습득 답사를 마친 후 인터넷 지도(예: 구글 어스, 포털 서비스 지도 등)에 답사 지역과 답사 지점들을 일목요연하게 정리하여 그 위치를 표시한다.
지리적 패턴 및 과정의 이해	
자연 및 인문 지리적 사물과 사상의 공간적 변화의 인식	지리 정보 수집 및 분석, 의사결정 능력·문제 해결력 향상, 지리적 통찰력 증대 [교실 수업] 답사 때 기록한 메모, 사진, 동영상 등 각종 자료를 바탕으로 조사 지역의 지리적 특징과 공간적인 변화, 지리적인 문제 등 다양한 지리적 통찰력을 확인하는 문제에 대해 논의한다.

스마트 학습에 대한 학계의 명확한 정의는 아직 정리되고 있지 않다. 하지만 스마트 기기의 활용 방안에 대해서는 광범위한 논의들이 진행되고 다양한 사례들이 제시되고 있다. 일반적으로 스마트 기기가 지리 수업에 활용되는 이유는 시간과 공간의 제약 없이 이메일, 인터넷, 자료 송수신, 자료 처리, 사진 및 동영상 등의 정보통신 활동을 수행할 수 있다는 점 때문이다.

이러한 일반적인 기능들은 지리 수업의 교수·학습에서도 가능성과 장점을 확인할 수 있다. [표 1]

에서 제시한 바와 같이 본 연구에서는 스마트 학습을 위한 지리 수업의 가능성으로서 (1) 지리적 문제 탐구와 능력 배양 측면과 (2) 장소에 대한 이해 및 관련 지식 습득 측면, (3) 지리적 내용의 패턴과 과정의 이해 측면을 고려한다.

2) 스마트 학습과 지리 수업

스마트 기기를 활용한 지리 수업은 교실 수업과 야외 수업으로 나눌 수 있다. 교실 수업에서는 스마트 기기와 학습 소재의 명확성을 고려해야 한다. 이와 관련하여 두 가지 접근이 가능하다. 먼저 교과서 내용의 추가적인 전달 측면과 스마트 기기를 통한 학습 효과 측면이다.

스마트 학습의 교실 수업에서 교과서 내용의 전달 측면의 경우, 교과서 자체가 한정된 지면과 분량에서 최대한 압축적으로 학습 내용을 전달하고 있기 때문에 관련된 추가적인 정보와 사실을 학생들에게 효과적으로 전달하기에는 한계가 있지만, 주요 학습 주제나 탐구 학습, 심화 학습에서 스마트 기기를 이용하면 관련 사실과 지식, 정보를 쉽게 파악할 수 있다. 이를 통해 학생들은 교과서의 핵심 내용을 기반으로 확장된 지리 지식과 지리적 문제 해결을 위한 통찰력을 얻을 수 있다.

교실 수업에서 스마트 기기를 통한 학습 효과 측면은 스마트 기기를 통해서 학습 효과를 확인할 수 있는 소재와 주제의 채택과 관련이 있다. 스마트 기기에서는 지리적 현상의 시계열적인 변화를 다양한 동영상이나 디지털 콘텐츠로 제공할 수 있다. 예를 들어 지형 단원에서 지형 변화 혹은 지형 형성 과정에 대한 동영상을 QR코드나 증강현실 콘텐츠를 통해서 제공함으로써 학생들은 교과서의 모식도로 볼 때보다 지형 형성 과정에 대해 보다 쉽게 이해할 수 있다. 또한 최신의 지역 변화에 대한 정보를 인터넷을 통해서 확인할 수 있어 교과서 내용과 인터넷 정보의 결합을 통해서 보다 확장된 지리적 사고를 할 수 있다.

스마트 기기를 활용한 야외 수업에서는 학생들에게 흥미가 있거나 익숙한 지역을 고려해야 한다. 스마트 기기를 이용하면 실시간으로 답사 경로, 장소, 지점들의 정보를 검색하고 저장할 수 있으며, 최종적으로 답사 장소의 부가적인 활동지를 통해서 답사에 참여한 학생들을 평가할 수도 있다. 이를 위해 교사는 사전에 활동지를 인터넷에 탑재하고, 학생들은 해당 지점에서 활동지를 내려받아 답사를 수행하면 된다. 야외 수업이지만, 실내의 교실 수업과 같이 개인 활동과 그룹 활동이 조화를 이루도록 답사 수업을 구성하여 진행한다. 이를 바탕으로 자연지리 답사 수업의 경우, 최대한 지형 경관을 볼 수 있는 장소를 선정하는 것이 중요하다. 인문지리 답사 수업에서는 인문지리적 요소와 특색이 있는 지역이나 장소를 선정하는 것이 중요하다. 야외 수업의 형태로 답사가 진행되기 때문에 최대한 학생들의 활동 내용에 초점을 두고, 지리적 관찰과 정보 수집 및 분석, 답사 후 실내에서의 추후 활동까지 고려한 야외 학습 활동을 고려해야 한다.

이러한 지리 수업의 스마트 학습을 위해서 교사가 유의해야 할 사항은 사전에 반드시 스마트 기기 사용법을 숙지하고 있어야 한다는 점이다. 만약 교사와 학생들이 스마트 기기를 제대로 다루지 못하거나 스마트 기기의 장애와 같은 문제가 발생한다면, 학습 효과를 기대하기가 어렵다. 따라서 사전에 교실 수업에서 스마트 기기 사용법을 충분하게 익히는 과정이 필요하다. 동시에 교사는 스마트 활용과 지리 수업 내용 간의 연계성을 최대한 강조하여 스마트 학습 수업을 진행해야 한다. 단순한 기기 활용이 아니라 기기 내의 각종 스마트 환경을 기반으로 교과서 내의 제한적인 지리 정보 및 학습 내용을 확장한다는 개념에서 스마트 학습의 지리 수업을 진행해야 한다. 즉, 단순한 기기의 익숙함이 아니라 지리 수업의 학습 수행적 의미가 학생들에게 인식될 수 있도록 사전 수행 절차 계획을 세심하게 수립해야 한다.

3) 스마트 교육과 지리 수업의 향후 방향

스마트 기기를 활용한 지리 수업의 장점은 무엇보다 참여 학생들에게 수업의 흥미와 적극적 참여를 유도할 수 있다는 점이다. 스마트 환경 자체는 야외 수업과 답사에 유익한 기능들을 제공하고 있고, 더불어 지리 학습과 관련된 흥미롭고 다양한 애플리케이션(이하 '앱')들이 스마트 기기와 스마트 교육 환경에 맞추어 개발되고 있다.[1] 또한 스마트 지리 수업은 학생 개인별로 개별 수업 및 답사 활동이 가능하며 학생이 독립적으로 자기주도적으로 특정 주제에 대한 지리 지식을 습득할 수 있다. 상황에 따라 스마트 기기를 통해서, 인터넷 접속 및 동료 학생과의 협업을 통해서, 주어진 지리 문제를 해결하거나 대안을 찾을 수 있다. 또한 답사를 인솔하는 교사와의 소셜 네트워크를 통해서 즉각적인 학습의 피드백이 가능하다. 이러한 스마트 지리 수업의 직간접적인 이점은 사회과에서 교실 수업과 야외 수업의 통합성을 가능하게 하는 사례일 뿐만 아니라 스마트 지리 교육의 실천 방안으로 제시될 수 있다.

3. 지리 교육과 스마트 교육을 위한 지리 교수·학습 모형[2]

1) 스마트 지리 교육에서의 교사의 전문성

스마트 교육에서 교사는 특정 교과에 대한 전문적 지식을 기반으로 자율성을 발휘할 수 있어야 한다. 스마트 교육의 효과와 장점을 최대한 수업에 반영하기 위해서 스마트 교육의 가치와 목적에 맞게 수업을 설계해야 한다. 지리 수업의 경우도, 교사는 스마트 교육의 내용과 효과를 충분히 반영하기 위해서 전체적인 수업의 운영 능력을 갖추어야 할 뿐만 아니라 스마트 교육을 지리 수업의

---

1) 보다 자세한 내용은 Careers in Geography–Smartphone Activity, www.geography.org.uk/resources/careers/smartphones/#11721 참조.

2) 본 내용 중에서 교수·학습 모형에 관한 일반적인 내용은 사회과 지리 수업과 평가(이경한, 2009, 교육과학사)의 2장 지리 수업 활동의 설계와 체계화 내용을 기초로 작성하였다.

관련 활동으로 전환시킬 수 있는 능력을 갖추어야 한다.

지리 교사의 스마트 교육 전문성은 보통의 지리 교사의 전문성과 크게 다르지 않다. 일반적으로 사회과 지리 교사의 전문성이 지리학적 지식, 교수·학습과 관련된 지식과 학습자 이해 능력을 포함한다면(이경한, 2009), 스마트 교육에서 지리 교사는 이러한 일반적 전문성에 덧붙여 스마트 교육에 대한 이해가 필요하다. 교실 수업에서 지리학적 지식이 "지리 수업 내용의 대전제이자 지적 토대"(이경한, 2009)라고 한다면, 스마트 교육에서는 이러한 지리학적 지식이 스마트 기기와 관련 환경에서 어떻게 구현되고 교실 수업에서 적용될 수 있는지, 보다 현실적이고 실천적인 지리학적 지식에 대한 고민이 필요하다. 이에 따라 기존의 지리 교수·학습 모형에 기반을 두어 스마트 교육에서의 지리 교수·학습 모형이 설계될 필요가 있다.

그리고 스마트 교육 역시 스마트 기기와 소셜 미디어, 모바일과 같은 물리적 환경과 교실 환경에서 교과 콘텐츠라는 소프트 환경이 융합되어 교수 활동이 전개되어야 한다. 스마트 지리 교육에서는 이 모든 것을 고려한 최소한의 전형적 교수·학습 모형이 개발되어야 한다. 또한 교사의 스마트 교육에서의 지리 수업 내용의 지적 이해 및 활용 능력은 지금까지 학습자들이 이해하기 어려웠거나 학습에 부담이 되었던 다양한 지리적 사실, 개념, 지리학적 지식의 일반화와 관련 이론, 지역지리적 지식과 내용을 학습하는 데 매우 중요하다. 이것은 학생들로 하여금 스마트 지리 교육을 통해서 지리와 관련된 각종 문제를 분석하는 데 중요한 역할을 한다. 이를 위해서 먼저 고민해야 할 문제는 '교사의 지리학적 전문 지식을 스마트 교육과 어떻게 융합할 것인가?'이다. 이를 위한 가장 우선적인 방법이 스마트 교육에서의 지리 교수·학습 모형의 설계다.

스마트 교육에서 교수학적 지식은 스마트 지리 교육의 내용을 가르치고 평가하기 위한 교수자의 지적 능력을 의미한다. 교수자는 스마트 지리 교과의 내용을 어떻게 가르치고 평가할 것이며, 이를 위해 어떻게 수업 목적과 목표, 교육과정과 수업 방법, 평가 방법 등을 개발하고 적용할 것인가를 고민해야 한다. 스마트 지리 교육에서 교수학적 지식은 교사와 학생 간의 상호작용과 지리 교과 내용의 피드백에서, 스마트 교육의 효과와 장점을 얼마나 효과적으로 반영하고, 이를 교과 내용과 연관하여 수업에 얼마나 잘 적용하는지에 대한 교사의 능력을 말한다. 일반적인 지리 교육에서 교과 내용의 상호작용과 피드백이 교사의 능력과 직결되기 때문에, 스마트 교육에서도 학생들의 지리 교과 학습을 촉진하고 자기주도적인 지식화에 기여하는 부분에, 스마트 지리 교육의 교수학적 지식을 직접적으로 적용해야 한다. 교사는 학생들의 자기주도 학습을 유도하고 도와주는 일종의 조력자적 입장에서 상호작용을 하며, 학생들의 학습 결과에 대한 피드백 체계도 학생들의 자기주도적 학습을 확인할 수 있도록 준비되어야 한다.

스마트 지리 교육에서 학습자의 이해도 중요하다. 스마트 교육에서 지리 교사는 학습자와 그들의 능력에 대해 충분히 이해하고 있어야 한다. 학습자의 자기주도적 학습 능력을 높이고, 학습자 간의 소통과 공감을 유도하며, 이를 통해 문제 해결을 위한 비판적 능력을 길러야 한다. 따라서 스마트 지리 수업 활동의 최종적인 대상이자 수업 활동의 직접적인 당사자에 대한 교사의 이해 능력은 필수적이다.

스마트 교육에서 지리 교사의 전문성은 적합한 과제 분석과 이를 통한 스마트 수업 활동을 통해서 확인된다. 지리 수업에서 과제는 교실 수업뿐만 아니라 수업 종료 후 학생들이 지리 지식을 확장하는 데 필수적인 과정이다. 수업 과정에서 이루어지는 즉각적인 과제 분석과 수업 후 학생들이 수행한 과제를 분석하고, 이를 지리 수업 활동에 연계하는 것은 성공적인 스마트 교육의 지리 수업에도 필수적인 부분이다. 특히 스마트 교육 환경에서는 언제 어디서나 필요한 지리 과목의 지식과 요소를 학생 스스로 자발적으로 수행할 수 있기 때문에, 교실 내뿐만 아니라 수업 종료 후 지리적 내용 및 사실, 자연지리와 인문지리의 통합적 연계에 대한 스마트 지리 과제 수행은 스마트 지리 교육에서 반드시 고려해야 할 교사의 전문적 소양이다. 따라서 성공적인 스마트 지리 교육과 수업은 최대한 스마트 교육과 연관되는 지리 과제와 그 과제의 분석에 달려 있다고 할 수 있다.

2) 스마트 지리 수업 설계 방안

스마트 지리 교육에서 수업 설계는 지리 교사가 수업을 설계하는 것은 물론 전체적인 흐름을 이해하는 첫 단계다. 수업 설계는 교사가 스마트 교육의 수업 목표를 달성하기 위해 준비하고 진행하는 모든 지리 수업의 계획적인 행위로 이해할 수 있다. 따라서 스마트 교육의 지리 수업은 교사에 의한 체계적이고 의도적인 수업 설계 및 수업 준비 행위로 이해해야 한다.

스마트 교육에서 지리 수업 설계는 본질적으로 스마트 교육의 이해와, 지리 교육과정 및 학습자의 요구에 대한 종합적인 분석, 체계적인 지리 과제 분석이 이루어진 후에 실시하는 수업 계획과 전략이다. 즉, 스마트 교육을 고려하여 단순하게 지리 교과서 내용을 분석하고, 이를 스마트 기기와 연계하여 수업을 진행하려는 설계는 제대로 된 스마트 지리 수업 설계가 아니다. 왜냐하면 지리 교과의 교육과정 분석과 학습자의 요구를 바탕으로 한 지리 수업 설계의 구성은 실제 지리 수업 활동을 직접적으로 구속하고 수업의 평가까지도 좌우하기 때문이다. 특히 스마트 지리 교육은 학습자의 자발성과 자기주도적 학습 의욕에 바탕을 두고, 창의적인 지리 지식의 융합적 사고를 지향해야 하기 때문에 수업 설계 단계에서부터 교사의 논리적인 사고와 창의적 활동을 잘 반영해야 한다. 수업을 진행할 교사는 스마트 교육에 대한 충분한 경험과 이해와 흥미, 태도를 보여야 한다. 따라서 스마트 지리 수업의 성공은 얼마나 스마트 교육의 이념과 체계가 지리 수업 설계에 충분히 반영되어 있는가에 달려 있고, 이를 바탕으로 지리 수업이 수행되어야 한다. 수업이 수행된 이후 수업의 설계안에 대한 평가 및 검증, 개정 활동도 반드시 뒤따라야 한다.

지리 수업 설계는 자연지리와 인문지리의 종합적인 체계 속에서 이루어지고, 이는 교육과정을 중심으로 한 수직적 체계와 지리 수업을 중심으로 한 수평적 체계로 나누어진다(이경한, 2009). 따라서 스마트 지리 수업의 설계도 이러한 큰 틀에서 이해되고 계획되어야 한다.

스마트 교육의 수직적 체계하에서 지리 수업 설계는 국가 수준, 지역 수준, 학교 수준 및 교과 수준의 교육과정을 바탕으로 이루어져야 한다. 개별 교사가 스마트 교육 체계 안에서 교실 수업을 원활하게 수행하기 위해서는 무엇보다 상위 수준의 국가 단위 교육과정에 대한 이해에서 출발하여 교실 환경에 적합한 수업 설계까지 연계해야 한다. 전통적인 수업에서는 이러한 상위 교육과정에 대한 반영 없이 교과서나 교사용 지도서를 중심으로 교사 재량에 따라 수업이 설계되는 경향이 많다. 이러한 상황은 스마트 지리 수업 설계에서도 충분히 발생할 수 있다. 특히 스마트 교육의 교실 수업의 경우, 갑작스러운 기기 오작동 하나만으로도 계획된 수업 설계가 반영될 수 없는 상황이 발생한다. 특히 지리 수업 내용은 설계에서 실행까지 자연지리적 요소와 인문지리적 요소 등 상호복합적으로 적용해야 할 수업 요소와 인자들이 많기 때문에 교사는 미시적 수준까지 세심하게 설계해야 한다. 다시 말해, 스마트 지리 수업에서 학생들이 배워야 할 내용과 스마트 교육의 가치에 부응하는 방식으로 학습하려면, 교사가 각 수업 시간은 물론, 크게는 국가 수준의 교육과정에서부터 작게는 교수·학습 과정의 세세한 부분까지 고려하는 수업을 설계해야 한다.

수평적 체계로서의 수업 설계의 경우, 주요 구성 요소는 크게 교사와 학생의 입장에서 고려할 수 있다. 교사의 입장에서는 무엇보다 스마트 교육에 대한 태도와 경험, 열성, 흥미가 중요하다. 지리 수업 내용은 거의 모든 단원에서 장소적 스케일에서 지구적 스케일까지 동적인 공간 영역의 수업 인자와 요소들이 복합적으로 작용하고 있다. 따라서 교사에게는, 수업 설계에서 이러한 관계와 관련성이 어떻게 스마트 교육 환경에서 최대화될 수 있을지 교사와 학생의 조건, 학습 단원, 학습 결과 등을 하나의 체계로서 바라보는 스마트 지리 교육의 안목이 필요하다. 이러한 요소들을 수평적인 관계 속에서 어떻게 수업에 반영하여 수업의 완성도를 높힐 것인가에 대해 교사는 수업 설계 단계에서 충분하게 고려해야 한다. 스마트 지리 수업에서 교사는 철저히 미시적 수준의 수업 설계를 고려하여 이를 교실 수업에서 실천하고 평가·확인할 수 있는 실천자다. 따라서 교사는 큰 틀에서 스마트 교육과 관련된 지리 수업의 전체적인 요소들을 이해해야 하고, 이후 각각의 개별적인 단위 수업의 설계를 실시해야 한다. 전체적인 스마트 교육 체계의 조망 속에서 지리 수업의 설계가 이루어질 때 실질적인 스마트 지리 교육 및 지리 수업이 이루어질 수 있다. 즉, 상호연계된 지리 수업의 요소들을 이해하면서 스마트 교육의 지리 수업을 설계할 때 제대로 된 스마트 지리 수업 설계가 이루어질 수 있다.

4. 지리 교육에서의 스마트 교수·학습 모형의 개략

<table>
<tr><th>교수·학습 모형</th><th>수업 단계</th><th>주요 교수·학습 전략</th><th>활용 도구</th><th>핵심 학습자 역량</th></tr>
<tr><td rowspan="4">구글 어스 이용
학습 모형</td><td>학습 목표 제시</td><td>학습 목표 이해하기
학습 동기 유발하기</td><td>전자칠판</td><td rowspan="4">문제 해결력,
의사소통,
테크놀로지 리터러시,
자기주도성</td></tr>
<tr><td>개념 탐구</td><td>다양한 위치 이해</td><td>PPT</td></tr>
<tr><td>탐구 활동
(위치 찾기)</td><td>지도(구글 어스)를 이용한 위치 찾기
자료 작성</td><td>구글 어스</td></tr>
<tr><td>정보 공유</td><td>발표 및 평가
자료 공유</td><td>클래스팅</td></tr>
<tr><td rowspan="4">협동 학습 모형</td><td>학습 목표 제시</td><td>학습 목표 이해하기
학습 동기 유발하기</td><td>전자칠판</td><td rowspan="4">문제 해결력,
의사소통,
자기주도성,
협력,
배려,
책무성,
사회적 능력</td></tr>
<tr><td>지역 이해</td><td>지역 이해하기</td><td>PPT</td></tr>
<tr><td>변화 파악</td><td>변화 파악하기</td><td>PPT</td></tr>
<tr><td>정보 공유</td><td>발표 및 평가
자료 공유</td><td>클래스팅</td></tr>
<tr><td rowspan="4">토의 학습 모형</td><td>학습 목표 제시</td><td>학습 목표 이해하기
학습 동기 유발하기</td><td>전자칠판</td><td rowspan="4">문제 해결력,
의사소통,
유연성,
자기주도성,
협력,
배려</td></tr>
<tr><td>문제 인식</td><td>환경 문제 파악하기</td><td>PPT</td></tr>
<tr><td>문제 해결</td><td>환경 문제 해결 방안 찾기</td><td>전자칠판,
스마트 패드</td></tr>
<tr><td>정보 공유</td><td>발표 및 평가
자료 공유</td><td>클래스팅</td></tr>
</table>

02 스마트 모델 1: 구글 어스 이용 학습 모형

1. 교수·학습 모형 설명

지리 수업에 있어서 지도는 교과서를 보조하는 부교재적인 성격을 띠고 있지만, 그 자체만을 활용하여 수업을 진행해도 될 만큼 그 안에 풍부한 정보를 담고 있다. 본 학습 모형에서는 지도를 교과서의 부교재로 활용하기보다는 주교재로서 활용하여 수업을 진행한다.

우리가 살아가고 있는 지역을 축소하여 나타낸 한 장의 지도에는 축소 비율에 따른 거리를 나타내는 축척 개념과, 우리가 살아가고 있는 공간에 대한 개념, 그 안에서 활동하고 있는 사람들과 건물의 지역적인 분포에 대한 개념, 시공간적 흐름에 따라서 나타나는 변천의 개념, 인간에 의한 지역적인 변화나 지형적인 변화를 보여주는 관계에 대한 개념 등이 담겨 있다(이종원, 2008; 김경숙 외, 2009). 이러한 지도를 활용하여 중학교 지리 수업에서는 세계 여러 국가의 위치를 찾거나 인구의 이동, 위도에 따른 기후의 변화 등 다양한 단원에서 수업을 진행할 수 있다.

하지만 한 장의 지도를 가지고 이 모든 것을 설명하기에는 지도가 표현할 수 있는 내용이 많이 부족한 편이다. 축척의 변화나 시공간적인 변화에 따른 내용을 표현하기 위해서는 여러 장의 지도가 필요하며, 여기에는 많은 제약이 따른다. 그렇기 때문에 본 연구에서 개발한 모형에서는 이를 보완하는 방안으로서 스마트 교육에 적합하게 구글 어스를 활용하여 수업을 진행하고자 한다.

스마트 패드에서 구동하는 구글 어스는 지도뿐만 아니라 위성사진도 볼 수 있으며, 확대와 축소뿐만 아니라 시공간적인 변화도 찾아볼 수 있기 때문에, 구글 어스를 가지고 수업을 진행할 경우 지도 한 장만을 가지고 수업을 진행하는 데 있어서 나타나는 문제점을 해결할 수 있다.

본 모형으로는 구글 어스를 가지고 세계 여러 나라의 위치를 찾는 활동을 통해 축척에 대한 개념 및 방위·위치에 대한 개념 등을 학습할 수 있으며, 학생들은 또한 작성한 자료를 미투데이 또는 클래스팅을 활용하여 공유하는 활동을 통해 사고의 폭을 한 단계 더 넓힐 수 있다.

2. 사용되는 스마트 기술

도구명	활용 화면	활용 용도	대안 도구
스마트 패드 (아이패드)		기존의 컴퓨터를 대신하여 동영상 재생, 인터넷 검색, 필기, SNS 활용 등 다양한 기능을 수행할 수 있다. 구글 어스 등 앱과 동영상을 재생할 수 있으며, SNS를 활용하여 학생과 교사 간의 정보를 공유하는 활동을 할 수 있다.	컴퓨터
구글 어스	 Google earth	구글에서 제작한 프로그램으로, 전 지구의 위성사진 및 3D 지도를 보여준다. 세계 여러 나라의 위치를 경도와 위도를 통해 살펴볼 수 있다.	백지도, 사회과부도/ 지리부도
클래스팅		교육용으로 만들어진 폐쇄형 SNS로서, 교사와 학생 간 상호작용과 정보 공유에 활용할 수 있다. 클래스팅으로 학생들이 수행한 과제를 공유함으로써 교사와 학생 또는 학생 간 상호작용을 할 수 있으며, 학생들의 과제물에 교사가 댓글을 달아서 피드백을 할 수 있다.	인터넷 카페, 미투데이, 페이스북, 트위터

3. 교수·학습 과정안

1) 교수·학습 과정안 요약

학교급	중학교	학년	1학년	차시	1차시
교과	사회	대단원	Ⅰ. 내가 사는 세계	소단원	1. 세계 여러 나라의 위치
학습 목표	위치를 표현하는 다양한 방법에 대해서 이해한다. 구글 어스를 이용하여 여러 나라의 위치를 찾을 수 있다.				
스마트 활동	정보 검색: 구글 어스를 활용하여 여러 나라의 위치 찾기 정보 공유: 클래스팅을 이용하여 서로의 정보 공유하기				
학습자 역량	문제 해결력, 의사소통, 테크놀로지 리터러시, 자기주도성				
수업 진행	1단계 학습 목표 인지하기 → 2단계 개념 전달하기 → 3단계 탐구 활동(위치 찾기) → 4단계 정보 공유하기				
준비물	교사	전자칠판, 스마트 패드, 스쿨박스, 앱, PPT			
	학생	스마트 패드, 앱			

2) 교수·학습 과정안

● 도입

수업 단계	교수·학습 활동		전략 및 유의점	시간(분)	활용 도구
	교사	학생			
수업 준비	스마트 기기 점검 수업 분위기 조성	스마트 기기 점검 수업 준비	분위기 조성	2	
동기 유발	학습 동기 유발 • 동영상(Nation of the world) • 지도(전 세계의 여러 나라) • 여러 나라의 '위치'를 보여주는 자료를 제시하고, 안내를 통해 학생들의 이해를 돕는다.	학습 동기 유발 • 동영상(Nation of the world) • 지도(전 세계의 여러 나라) • 제시된 자료를 통해 위치를 표현하는 다양한 방법에 대해 이해할 수 있도록 한다.	학습 자료 제시 • 동영상 및 사진 등 학습 자료를 제시하여 학습자의 학습 동기 및 호기심을 유발한다.	6	

수업 단계	교사	학생	전략 및 유의점	시간(분)	활용 도구
	■ **적절한 자료의 예시**  [전 세계 여러 나라의 위치와 이름을 소개하는 짧은 동영상] [전 세계의 다양한 국가 지도] • 교사는 적절한 자료의 제시와 함께 질문을 통하여 학생들의 참여를 유도하고, 배경지식을 파악할 수 있도록 한다.				
목표 제시	학습 목표 제시 • 위치를 표현하는 다양한 방법 • 지도를 이용하여 위치 찾기	학습 목표 인지 • 위치를 표현하는 다양한 방법 • 지도를 이용하여 위치 찾기	학습 목표 인지 • 큰 목소리로 따라 읽으며 학습 목표를 인지한다.	2	

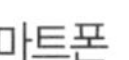

활용 도구: 스마트 패드, 스마트폰, 컴퓨터, 전자칠판

활용 앱: 동영상, 사진, 프레젠테이션, 검색 엔진, 구글 어스

● 전개

수업 단계	교수·학습 활동		전략 및 유의점	시간(분)	활용 도구
	교사	학생			
개념 전달	■ **구글 어스 이용 안내** [구글 어스] [구글 어스 실행 화면] ① 스마트 패드에 설치된 구글 어스를 선택한다. ② 설정 화면에서 위선과 경선을 표시할 수 있도록 한다.		사용법 안내 • 스마트 패드에 설치된 구글 어스 앱을 실행시키고 추가 기능의 활성화를 위한 설정 방법을 안내한다.	2	
	위치를 표현하는 다양한 방법				
	개념 이해하기 ① 지리적 위치–개념 안내 ② 관계적 위치–개념 안내 ③ 수리적 위치–개념 안내	개념 이해하기 ① 지리적 위치 ② 관계적 위치 ③ 수리적 위치	학습지 제시 • 학습의 개념을 안내한 다음 스마트 패드를 활용하여 학습자의 학습 활동을 유도할 수 있는 학습지를 제시한다.	10	

	질문 제시하기 ① 우리나라의 지리적 위치: 일정 지역의 위치를 대륙, 해양, 반도, 섬 등의 지형지물의 관점으로 나타내는 위치 ② 우리나라의 관계적 위치: 주변국과의 상호작용으로 나타내는 위치 ③ 우리나라의 수리적 위치: 지구 표면상의 일정 지점을 위도와 경도로 나타내는 위치	질문 대답하기 ① 지리적 위치: 유라시아 대륙 동쪽 끝에 위치하고 있으며 태평양을 끼고 있다. ② 관계적 위치: 북쪽으로 중국과 러시아를 국경선으로 맞대고 있고, 동남쪽에는 일본과 국경을 접하고 있다. ③ 수리적 위치: 북위 33~43도, 동경 124~132도 사이에 위치하고 있다.			
위치 찾기	구글 어스를 활용한 위치 찾기		학습 지도 • 학습자의 원활한 학습 활동을 이끌어 낸다.	5	
	대륙별 국가 제시 대륙 / 국가 아시아 / 중국, 인도 유럽 / 독일, 영국 아메리카 / 미국, 브라질 아프리카 / 리비아, 세네갈 오세아니아 / 호주, 뉴질랜드	대륙별 국가 찾기 • 과제 설명: 교사가 제시하는 국가 또는 자신이 원하는 국가의 위치를 구글 어스를 활용하여 찾고, 지리적 위치, 관계적 위치, 수리적 위치를 설명한다.			

활용 도구 스마트 패드

활용 앱 동영상 사진 프레젠테이션 검색 엔진 구글 어스

● 정리

수업 단계	교수·학습 활동		전략 및 유의점	시간(분)	활용 도구
	교사	학생			
개별 발표	발표 지도 및 피드백 • 작성한 자료를 전자칠판에 띄운 후 발표를 할 수 있도록 지도한다.	내용 확인 및 피드백 • 자신이 작성한 자료를 발표한다.	학습자의 참여를 유도할 수 있도록 칭찬 및 점수를 부여한다.	7	
과제 안내	과제 안내 • 학생들이 학습지 3쪽에 제시된 "내가 가고 싶은 나라 소개하기"를 작성한 뒤, 이를 공유할 수 있도록 스캔 또는 카메라로 촬영한 다음 클래스팅과 같은 SNS에 업로드할 수 있게 안내한다.		과제를 제시한다.	3	
	정보 공유 안내 • 클래스팅을 활용하여 자신의 자료를 업로드할 수 있도록 지도한다.	자료 올리기 • 클래스팅에 자신의 자료를 업로드하고 서로의 자료를 공유한다.	클래스팅 사용법을 안내한다.	3	

구분	내용	비고	시간	도구
	■ 클래스팅 사용 안내 지도 CLASSTING / TING / 우리반이랑 반팅할까? [클래스팅 메인 화면] [자료 업로드 화면] ① 앱 스토어나 플레이 스토어를 통해서 클래스팅을 다운 받는다. ② 교사는 학생들에게 계정을 만드는 방법에 대해서 안내한다. ③ 교사는 클래스팅(게시판)의 주소를 공지하여 학생들이 가입할 수 있게 한다. ④ 가입이 완료되었으면 학생들이 자신의 자료를 클래스팅에 올리도록 안내한다.	사용법 안내 • 학습자가 작성한 학습 자료는 클래스팅을 이용하여 업로드할 수 있도록 하며, 이를 통해 학습자 간 자료 공유 및 교사와의 피드백이 활성화될 수 있도록 한다.	5	
차시 예고	다음 차시 예고			전자칠판

활용 도구 스마트 패드 스마트폰 컴퓨터 전자칠판

활용 앱 동영상 사진 프레젠테이션 클래스팅

3) 교수·학습의 고려사항 및 유의점

(1) 교수·학습 내용상의 고려사항

- 암기 중심의 학습이 이루어지지 않도록 유의한다.
- 내용의 이해를 통해 세계 여러 나라의 정확한 위치를 찾을 수 있도록 지도한다.
- 위치를 표현하는 다양한 방법에 대해서 학생들이 개념적인 혼동을 겪지 않도록 적절한 자료를 제시한다.

(2) 교수·학습 방법상의 고려사항

- 스마트 기기를 사용할 수 없는 경우, 또는 스마트 환경이 구축되어 있지 않은 경우에는 위선과 경선이 그려진 백지도를 가지고 수업을 진행한다. 정확한 위치의 파악을 위해서 활동지에 위선과 경선이 그어진 백지도를 학생들에게 나누어주고, 백지도를 받은 학생들은 정확한 위치를 표현하기 위해 자를 가지고 제시된 위치를 찾을 수 있도록 한다.

(3) 스마트 기기 활용 방법 및 유의점

스마트 패드

- 스마트 패드를 사용할 경우 학생들이 와이파이 네트워크를 이용하여 다른 학급의 수업에 참여하는 행동이나 수업과 관련이 없는 행동을 하지 않도록 사전에 지도한다.

클래스팅

- 학생들의 성취 수준 파악 및 수업의 진행을 위해 수업과 관련된 앱 또는 홈페이지에 실명으로 가입하도록 지도한다.
- 상대방의 과제물에 대해 댓글을 달 경우에는 상대방을 배려하고 존중하며 다양한 의견을 수용할 수 있는 태도를 가지도록 지도한다.

구글 어스

- 스마트 패드에 구글 어스가 설치되어 있지 않은 경우에는 앱 스토어 또는 마켓을 이용하여 설치할 수 있도록 지도한다.
- 구글 어스에서 위선과 경선을 살펴볼 수 있도록 추가 기능을 안내한다.

4) 교수·학습 자료

(1) 평가 기준

평가 범주		수행 내용		배점	평가 근거
내용의 이해		상	위치를 표현하는 방법을 모두 이해하고, 이를 적용하여 다양한 나라의 위치를 표현할 수 있다.	30	관찰 체크리스트
		중	위치를 표현하는 방법 두 가지를 이해하고, 이를 적용하여 다양한 나라의 위치를 표현할 수 있다.		
		하	위치를 표현하는 방법 한 가지를 이해하고, 이를 적용하여 다양한 나라의 위치를 표현할 수 있다.		
태도		상	수업에 적극적으로 참여하고, 클래스팅에 10개 이상의 댓글을 남겼다.	30	관찰 체크리스트
		중	수업에 적극적으로 참여하고, 클래스팅에 5개 이상, 10개 미만의 댓글을 남겼다.		
		하	수업에 소극적으로 참여하고, 클래스팅에 5개 미만의 댓글을 남겼다.		
보고서	내용의 완성도	상	위치를 표현하는 방법을 모두 사용하여 보고서를 작성하였다.	40	결과 보고서
		중	위치를 표현하는 방법 중 두 가지를 사용하여 보고서를 작성하였다.		
		하	위치를 표현하는 방법 중 한 가지를 사용하여 보고서를 작성하였다.		
				100	

(2) 웹사이트 리스트

- Yakko's World www.youtube.com/watch?v=NC1qkLn6IRI

- World Flag Map eflagshop.com/media/catalog/category/800px-Flag-map_of_the_world.svg.png

- 클래스팅 www.classting.com

(3) 학습지

I. 내가 사는 세계-세계 여러 나라의 위치	1학년　반　번
	이름:

〈개념 파악하기〉

1. 다음은 우리가 살고 있는 지구다. 위치를 표현하는 다양한 방법에 대해서 알아보자.

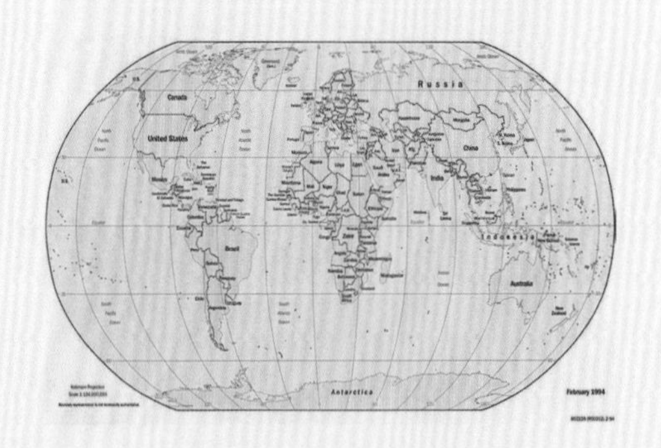

① 지리적 위치는 (　　　　　)과 같은 지형지물의 관점에서 파악하는 위치를 말한다.
② 관계적 위치는 (　　　　　)와의 상호적인 관계 속에서 나타나는 위치를 말한다.
③ 수리적 위치는 (　　　　　)와의 값으로 나타내는 위치를 말한다.

〈개념 적용하기〉

2. 다음 내용에 해당하는 나라는 어디인지 맞춰보자.

이 나라는 유럽과 아시아 대륙에 위치하고 있는 나라로서 북쪽에는 북극해가 위치하고 있으며 동쪽에는 태평양이 위치하고 있다. 이 나라는 세계에서 제일 면적이 크다.

① 중국　　② 인도　　③ 일본　　④ 미국　　⑤ 러시아

3. 그림의 나라들은 우리나라 주변에 위치하고 있는 나라들이다. 이 나라들을 가지고 우리나라의 위치를 설명해보자.

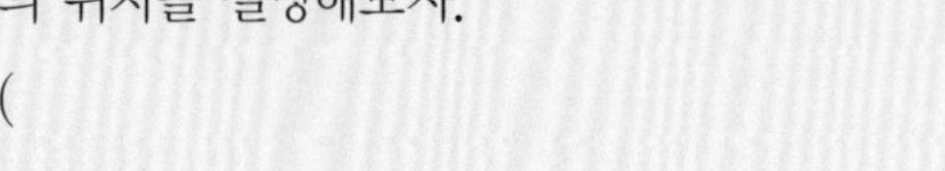

(　　　　　　　　　　　　　　　　　　　　)

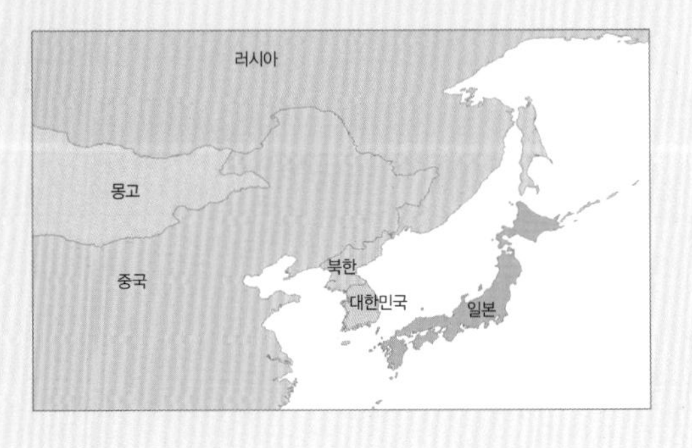

4. 빈칸에 알맞을 단어를 찾아서 우리나라의 위치를 정확하게 설명해보자.

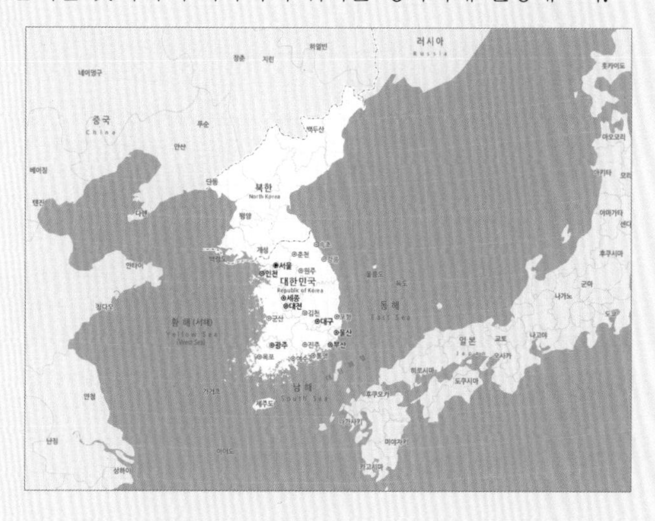

우리나라는 (　　　) 대륙의 동쪽 끝 반도에 위치하고 있는 나라로서, 동쪽으로는 큰 바다인 (　　　)을 접하고 있다. 우리나라의 주변에는 북쪽으로 러시아가 있으며, 서쪽으로는 (　　　)이 위치하고 있고, 남동쪽으로는 일본이 위치하고 있다. 또한 우리나라는 (　　　) 33~43도, (　　　) 124~132도에 위치하여 4계절이 뚜렷하며, 표준 시간에 비해서 9시간이 빠르다.

5. 우리나라와 비슷한 위도대에 위치한 나라가 아닌 것은?

① 중국　　② 미국　　③ 이라크　　④ 호주　　⑤ 스페인

〈내가 가고 싶은 나라 소개하기〉

6. 자신이 여행을 가고 싶은 나라의 위치를 친구들에게 설명해보자.

(1) 내가 가고 싶은 나라의 위치를 아래의 지도에 표시해보자.

(2) 내가 가고 싶은 나라의 이름과 국기를 그려보자.

(3) 내가 가고 싶은 나라의 위치에 대해서 친구들에게 설명해보자.

① 내가 가고 싶은 나라의 지리적 위치

② 내가 가고 싶은 나라의 관계적 위치

③ 내가 가고 싶은 나라의 수리적 위치

* 작성한 활동지는 사진을 찍은 뒤 클래스팅에 업로드하여 친구들과 공유하자.

03 스마트 모델 2: 협동 학습 모형*

1. 교수·학습 모형 설명

협동 학습이란 소수의 집단이 공동의 목표를 달성하기 위해서 함께하는 학습의 한 방법이다. 협동 학습을 통하여 소집단에 속한 개개인은 공동의 목표를 달성하기 위해 역할을 분담하여 과제를 수행해나간다. 수업에 참여하는 학생이 자신이 속한 집단에 대한 책임과 의무를 지니고 있기 때문에 수업의 효과가 극대화될 수 있는 장점도 있지만, 허위 학습 집단과 같이 소집단 내에서 서열화 및 불신으로 인하여 개개인의 잠재력이 충분히 발휘되지 못하는 문제점도 존재한다. 따라서 스마트 지리 수업에서 협동 학습은 유용성을 정하는 기준으로 학생 자신과 구성원들이 어떻게 자발적으로 노력하는가와 능력 있는 학생들이 어떻게 과제를 공동으로 분담하여 수행하는가에 주목해야 한다. 그리고 이러한 내용이 스마트 지리 수업의 협동 학습 수업 설계에 반영되어야 한다. 본 연구의 협동 학습 모형을 통해 실시되는 수업의 단계는 [표 2]와 같다.

교사는 협동 학습의 시작 이전에 학생들의 수준 차이를 고려하여 소집단을 구성한다. 소집단의 크기는 2~6명이 한 집단이 될 수 있도록 하고, 소집단을 구성하였으면 학습 목표 제시와 함께 협동 학습을 통하여 학생들이 수행해야 할 과제를 제시한다. 지역 이해 단계에서는 협동 학습을 수행하기 위한 기본적인 개념 또는 자료를 제시하고 이와 함께 소집단의 협동 학습을 실시하는 데 필요

[표 2] **협동 학습 모형의 지리 수업 단계**

교수·학습 모형	수업 단계	주요 교수·학습 전략
협동 학습 모형	학습 목표 제시	학습 목표 이해하기 학습 동기 유발하기
	지역 이해	지역 이해하기
	변화 파악	변화 파악하기
	정보 공유	발표 및 평가 자료 공유

* 본 내용에서는 과제 중심의 협동 학습과 보상 중심의 협동 학습의 구분 없이 일종의 범용적인 협동 학습 모형 체계에 근거하였다.

한 정보도 제공할 수 있도록 한다.

변화 파악 단계에서는 지역 이해 단계에서 제공받은 정보를 가지고 소집단에 속한 개개인이 역할 분담을 통해 자신에게 주어진 역할을 수행하고 아이디어를 제시하면서 공동의 목표를 달성하기 위해 노력하도록 독려한다. 정보 공유 단계에서는 소집단에서 작성한 자료를 클래스팅이나 미투데이와 같은 SNS에 업로드할 수 있도록 하고, 타 집단의 자료를 살펴보면서 개개인의 사고의 틀을 확장시킬 수 있도록 돕는다.

2. 사용되는 스마트 기술

도구명	활용 화면	활용 용도	대안 도구
스마트 패드		기존의 컴퓨터를 대신하여 동영상 재생, 인터넷 검색, 필기, SNS 활용 등 다양한 기능을 수행할 수 있다. 구글 어스 등 앱과 동영상을 재생할 수 있으며, SNS를 활용하여 학생과 교사 간의 정보를 공유하는 활동을 할 수 있다.	컴퓨터
클래스팅		교육용으로 만들어진 폐쇄형 SNS로서, 교사와 학생 간 상호작용과 정보 공유에 활용할 수 있다. 클래스팅으로 학생들이 수행한 과제를 공유함으로써 교사와 학생 또는 학생 간 상호작용을 할 수 있으며 학생들의 과제물에 교사가 댓글을 달아서 피드백을 할 수 있다.	인터넷 카페, 미투데이, 페이스북, 트위터
글로그스터		게시판과 같이 학습 내용과 관련된 동영상이나 사진, 문구 등을 하나의 화면에 담아서 공유할 수 있는 프로그램이다. 수업 시작 전에 학생들의 동기 유발을 위해 학습 내용과 관련된 자료를 제시하거나, 수업을 마친 후 정리하는 과정에서 이번 차시에 배운 내용을 다시 한 번 피드백할 때 사용할 수 있다.	프레지, PPT
구글 어스		구글에서 제작한 프로그램으로, 전 지구의 위성사진 및 3D 지도를 보여준다. 세계 여러 지역의 위성사진뿐만 아니라 사진을 통해서 지역의 모습을 살펴볼 수 있다.	사진

3. 교수·학습 과정안

1) 교수·학습 과정안 요약

학교급	중학교	학년	1학년	차시	1차시
교과	사회	대단원	Ⅲ. 다양한 지형과 주민 생활	소단원	3. 해안 지역의 주민 생활
학습 목표	해안 지역 주민의 생활에 대해서 이해할 수 있다. 해안 지역의 변화에 대해서 설명할 수 있다.				
스마트 활동	정보 검색, 정보 공유				
학습자 역량	자기주도성, 테크놀로지 리터러시, 문제 해결력				
수업 진행	1단계 학습목표 인지하기	2단계 지역 이해하기	3단계 변화 파악하기	4단계 정보 공유하기	
준비물	교사	전자칠판, 스마트 패드, 스쿨박스, 앱, PPT			
	학생	스마트 패드, 앱			

2) 교수·학습 과정안

● 도입

수업 단계	교수·학습 활동		전략 및 유의점	시간 (분)	활용 도구
	교사	학생			
수업 준비	스마트 기기 점검 수업 분위기 조성	스마트 기기 점검 수업 준비	분위기 조성	2	
동기 유발	학습 동기 유발 • 글로그스터(해안 지역의 주민 생활) • 사진(해안 지역의 다양한 경관) • 해안 지역의 경관 및 그 안에서 일어나는 다양한 주민들의 생활을 보여주는 자료를 제시하고, 안내를 통해 학생들의 이해를 돕는다.	학습 동기 유발 • 글로그스터(해안 지역의 주민 생활) • 사진(해안 지역의 다양한 경관) • 제시된 자료를 시청하고, 해안 지역에서 이루어지는 다양한 주민들의 생활에 대해서 이해를 할 수 있다.	자료 제시 호기심 유발	3	G

	■ **적절한 자료 제시** 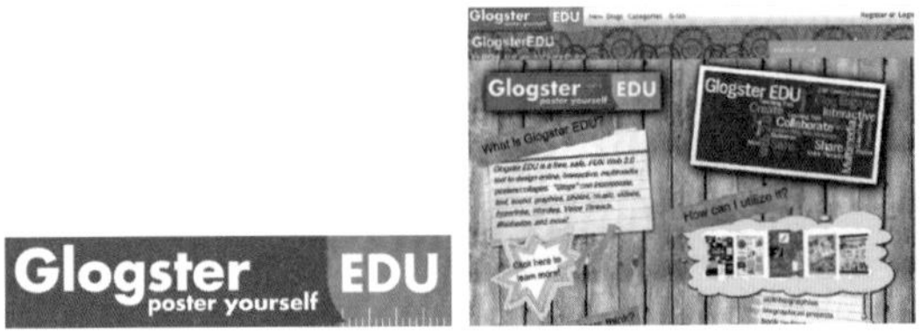 [글로그스터] • 글로그스터는 사진과 동영상을 한 화면에 보여줄 수 있는 게시판과 같은 앱으로서 교사는 전자칠판을 이용해 수업과 관련된 자료를 학생들에게 제시할 수 있다. 수업 시작을 위한 학습 동기 유발 과정과 학습의 마무리 과정인 정리 과정에서 적절히 사용할 수 있다.		글로그스터로 작성한 이미지 자료를 제시하여 학습자의 학습 동기 및 흥미를 유발할 수 있도록 한다.		
목표 제시	학습 목표 제시 • 해안 지역의 다양한 주민 생활 • 해안 지역의 변화 설명하기	학습 목표 인지 • 해안 지역의 다양한 주민 생활 • 해안 지역의 변화 설명하기	큰 목소리로 따라 읽으며 학습 목표를 인지한다.	2	

활용 도구 스마트 패드 스마트폰 컴퓨터 전자칠판

활용 앱 동영상 사진 프레젠테이션 검색 엔진 구글 어스 글로그스터

● 전개

수업 단계	교수·학습 활동		전략 및 유의점	시간(분)	활용 도구
	교사	학생			
지역 이해	어업이 발달한 해안 지역		학습지 제시 • 동해안과 같이 우리나라에서 어업이 발달한 지역의 사례를 동영상 또는 사진과 같은 자료를 통해 제시함으로써 학습자의 이해를 돕는다.	5	
	• 지역 이해: 어업이 발달한 지역의 특징에 대해 안내한다. 어업이 발달하게 된 원인 어업이 발달하게 된 지역 질문 유도 • 우리나라에서 어업이 발달한 해안 지역	• 지역 이해: 특징 파악하기 질문에 대답하기			
	■ **적절한 자료 제시** 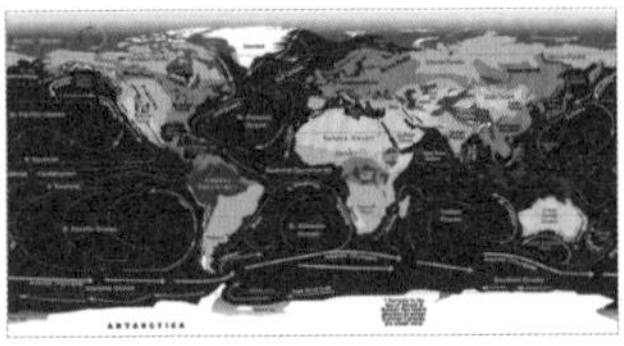 [전 지구적 해류] 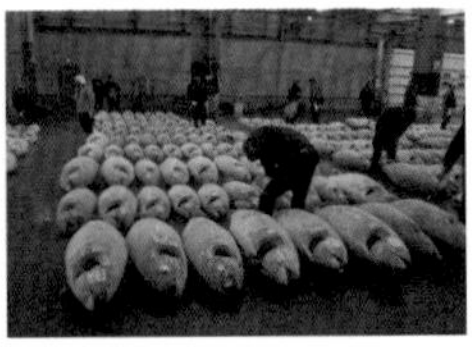 [도쿄의 수산시장]		글로그스터를 이용해 동영상 및 사진 자료를 제시한다.		

교사 활동	학생 활동	자료 및 유의점	시간	
• 해류(난류와 한류)가 표시되어 있는 지도를 학생들에게 제시하고, 난류와 한류가 만나는 지역(조경수역)에 풍부한 어장이 형성되는 이유에 대해 설명해준다. 또 어업이 발달한 세계적인 도시의 사진을 제시한다.				
교통이 발달한 해안 지역				
• 지역 이해: 교통이 발달한 지역의 특징에 대해 안내한다. 교통이 발달하게 된 원인 교통이 발달하게 된 지역 질문 유도 • 우리나라에서 교통이 발달한 해안 지역	• 지역 이해: 특징 파악하기 질문에 대답하기	부산과 같이 우리나라에서 해안 교통이 발달한 지역의 사례를 동영상 또는 사진과 같은 자료를 통해 제시함으로써 학습자의 이해를 돕는다. 글로그스터를 이용해 동영상 및 사진 자료를 제시한다.	5	
■ **적절한 자료 제시**  [외로포르트]  [부산항] • 해상교통이 발달한 지역에서 나타나고 있는 주민 생활과 관련된 사진을 제시하고, 교통이 발달한 이유에 대해 설명해준다.				
관광이 발달한 해안 지역				
• 지역 이해: 관광이 발달한 지역의 특징에 대해 안내한다. 관광이 발달하게 된 원인 관광이 발달하게 된 지역 질문 유도 • 우리나라에서 관광이 발달한 해안 지역	• 지역 이해: 특징 파악하기 질문에 대답하기	제주도와 같이 우리나라에서 관광이 발달한 지역의 사례를 동영상 또는 사진과 같은 자료를 통해 제시함으로써 학습자의 이해를 돕는다. 글로그스터를 이용해 동영상 및 사진 자료를 제시한다.	5	
■ **적절한 자료 제시**  [하와이]  [부산 해운대] • 관광이 발달한 지역에서 나타나고 있는 주민 생활과 관련된 사진을 제시하고, 관광이 발달한 이유에 대해 설명해준다.				

<table>
<tr><td></td><td colspan="2">산업이 발달한 해안 지역</td><td></td><td></td></tr>
<tr><td></td><td>• 지역 이해: 산업이 발달한 지역의 특징에 대해 안내한다.
산업이 발달한 원인
산업이 발달한 지역
질문 유도
• 우리나라에서 산업이 발달한 해안 지역</td><td>• 지역 이해: 특징 파악하기
질문에 대답하기</td><td>인천과 같이 우리나라에서 산업이 발달한 지역의 사례를 동영상 또는 사진과 같은 자료를 통해 제시함으로써 학습자의 이해를 돕는다.</td><td rowspan="2">5</td></tr>
<tr><td></td><td colspan="2">■ 적절한 자료 제시
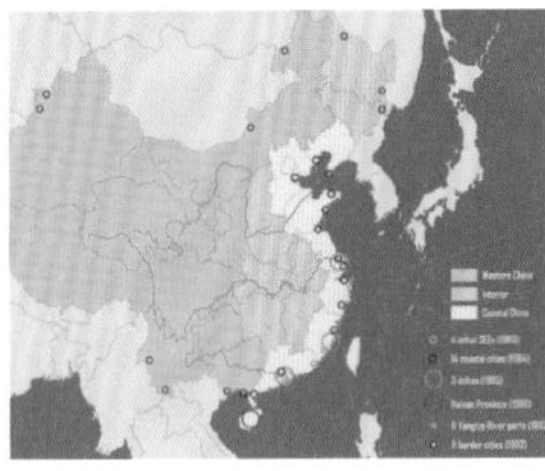
[중국 해안 경제특구]
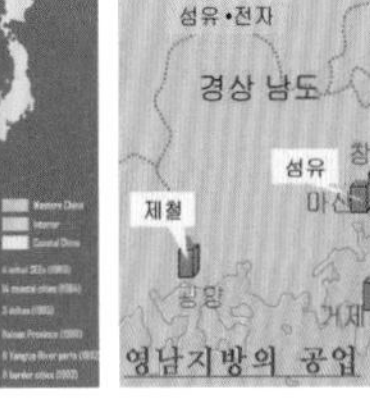

[남동 임해 공업단지]
• 산업이 발달한 지역에서 나타나고 있는 주민 생활과 관련된 사진을 제시하고, 산업이 발달한 이유에 대해 설명해준다.</td><td>글로그스터를 이용해 동영상 및 사진 자료를 제시한다.</td></tr>
<tr><td rowspan="3">지역 변화</td><td colspan="2">해안 지역의 환경오염</td><td></td><td rowspan="3">5</td></tr>
<tr><td>• 해안 지역의 환경오염: 인간의 활동으로 인해서 발생하고 있는 다양한 환경오염에 대해 안내한다.
기름 유출 사고
쓰레기 무단 배출
• 해안 지역의 환경 변화: 해안 지역의 환경 변화에 대해 안내한다.
자원의 고갈
우리나라의 간척사업</td><td>• 환경오염 심각성 인지하기
• 해안 지역의 변화 이해하기</td><td>태안의 기름 유출 사고와 같이 해안 지역에서 발생한 환경오염의 사례를 동영상 또는 사진과 같은 자료를 통해 제시함으로써 학습자의 이해를 돕는다.</td></tr>
<tr><td colspan="2">■ 적절한 자료 제시

[기름 유출 사고]

[해수욕장의 쓰레기]

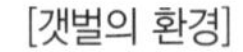
[갯벌의 환경]
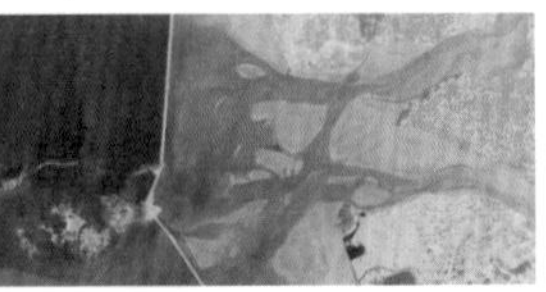
[우리나라의 새만금 간척사업]</td><td>글로그스터를 이용해 동영상 및 사진 자료를 제시한다.</td></tr>
</table>

수업 단계	교사	학생	전략 및 유의점	시간(분)	활용 도구
	• 우리나라에서 실시되고 있는 간척사업과 현황도를 제시하여 학생들에게 정보를 제공하고, 학생들이 간척에 대해 의견을 말할 수 있도록 유도 질문을 준비한다.				
모둠 학습	다양한 해안 지역의 생활		모둠 학습 지도 • 5~6명의 모둠을 구성하여, 우리나라 해안 지역 중 한 곳을 선정하여 설명할 수 있는 자료를 작성하도록 안내한다.	5	
	• 우리나라의 지역 중 한 곳을 선택하여 그곳에서 나타나고 있는 생활에 대해 살펴본다.	• 모둠별 자료 작성			
	자료 작성을 위한 안내 • 교사는 학생들의 모둠별 자료 작성을 위해서 스마트 패드를 자유롭게 이용할 수 있도록 하고, 자료 작성 이후에는 클래스팅을 통해서 모둠별 자료를 발표 또는 공유할 수 있도록 클래스팅의 사용법에 대해 안내한다.				

활용 도구 스마트 패드 스마트폰 컴퓨터 전자칠판

활용 앱 동영상 사진 프레젠테이션 클래스팅 검색 엔진 구글 어스 글로그스터

● 정리

수업 단계	교수·학습 활동		전략 및 유의점	시간 (분)	활용 도구
	교사	학생			
모둠 발표	모둠별 발표 지도 • 학생들이 모둠별 발표 자료를 전자칠판에 전송하여 발표할 수 있도록 지도한다.	내용 확인 및 피드백 • 발표를 통해 서로의 내용을 확인하고 교사의 피드백을 받을 수 있도록 한다.	발표 유도 보상 제시	5	
정보 공유	자료 공유 • 학생들에게 클래스팅의 사용법에 대해 안내하고, 발표를 하지 않은 모둠에 대해서도 자료를 업로드할 수 있도록 지도한다.	자료 올리기 • 모둠별 자료를 클래스팅을 통하여 업로드하고, 이를 공유할 수 있도록 한다.	클래스팅 안내 • 앱 스토어 또는 플레이 스토어를 통해 클래스팅을 설치하고, 가입을 통해 학습자가 작성한 자료를 업로드할 수 있도록 한다.	2	
	■ **클래스팅 사용 안내 지도** [클래스팅 메인 화면] [자료 업로드 화면]				

	• 앱 스토어 또는 플레이 스토어를 통해서 클래스팅을 다운 받는다. • 교사는 학생들에게 계정을 만드는 방법에 대해 안내한다. • 교사는 클래스팅(게시판)의 주소를 공지하여 학생들이 가입할 수 있게 한다. • 가입이 완료되면, 학생들이 자신의 자료를 클래스팅에 올리도록 안내한다.			
차시 예고	다음 차시 예고		3	

활용 도구 스마트 패드 스마트폰 컴퓨터 전자칠판

활용 앱 동영상 사진 프레젠테이션 클래스팅

3) 교수·학습의 고려사항 및 유의점

(1) 교수·학습 내용상의 고려사항

- 정보의 나열만을 통한 암기 위주의 학습이 진행되지 않도록 유의한다.
- 내용의 이해를 위해 정확한 위치와 함께 자료를 제시할 수 있도록 한다.
- 지역의 제시와 함께 지역만의 특징을 소개하여 학생들의 이해를 돕는다.

(2) 교수·학습 방법상의 고려사항

- 협동 학습을 실시할 경우, 학생들의 수준을 고려하여 모둠을 조성한다.
- 협동 학습 시 교사의 개입을 최소화하고 학생들이 자기주도적 학습 습관을 기를 수 있도록 지도한다.
- 모둠별 활동과 관련하여 오개념이 형성될 경우 모둠별 활동에 개입하여 피드백을 할 수 있도록 한다.

(3) 스마트 기기 활용 방법 및 유의점

스마트 패드

- 학생들이 스마트 패드를 사용할 경우 수업과 관련된 행동만을 할 수 있도록 사전에 지도한다.

클래스팅

- 학생들의 성취 수준 파악 및 수업의 진행을 위해 실명으로 가입하도록 지도한다.
- 상대방의 과제물에 대해 댓글을 달 경우에는 상대방을 배려하고 존중하며 다양한 의견을 수용할 수 있는 태도를 가지도록 지도한다.

구글 어스

- 스마트 패드에 구글 어스가 설치되어 있지 않은 경우에는 앱 스토어 또는 마켓을 이용하여 설

치할 수 있도록 지도한다.

- 구글 어스에서 타 사용자가 올린 사진을 볼 수 있도록 사진 기능 활성화를 체크하도록 안내한다.

4) 교수·학습 자료

(1) 평가 기준

<table>
<tr><th colspan="2">평가 범주</th><th colspan="2">수행 내용</th><th>배점</th><th>평가 근거</th></tr>
<tr><td colspan="2" rowspan="3">참여도</td><td>상</td><td>적극적으로 협동 학습에 참여하고 있으며, 자신의 의견을 제시한 횟수가 5회 이상이다.</td><td rowspan="3">20</td><td rowspan="3">관찰
체크리스트</td></tr>
<tr><td>중</td><td>협동 학습에 참여하고 있으며, 자신의 의견을 제시한 횟수가 3회 이상, 5회 미만이다.</td></tr>
<tr><td>하</td><td>소극적으로 협동 학습에 참여하고 있으며, 자신의 의견을 제시한 횟수가 1회 이상, 3회 미만이다.</td></tr>
<tr><td colspan="2" rowspan="3">과정</td><td>상</td><td>수업 내용을 완벽히 이해하고, 준비가 철저하다.</td><td rowspan="3">20</td><td rowspan="3">관찰
체크리스트</td></tr>
<tr><td>중</td><td>수업 내용을 이해하였지만, 준비가 부족하다.</td></tr>
<tr><td>하</td><td>수업 내용을 이해하지 못하고, 준비도 부족하다.</td></tr>
<tr><td rowspan="6">보
고
서</td><td rowspan="3">내용의
완성도</td><td>상</td><td>지역적 특성과 위치를 잘 선정하여 내용을 작성하였다.</td><td rowspan="3">30</td><td rowspan="6">결과 보고서</td></tr>
<tr><td>중</td><td>지역적 특성과 위치를 선정하는 데 어려움이 있지만, 내용을 잘 작성하였다.</td></tr>
<tr><td>하</td><td>지역적 특성과 위치를 선정하는 데 어려움이 있으며, 내용의 작성에 있어서 많이 부족하다.</td></tr>
<tr><td rowspan="3">내용의
논리성</td><td>상</td><td>자신의 의견을 뚜렷하게 제시하여 작성하였으며 내용에 논리성이 있다.
보고서를 이해하는 데 어려움이 없다.</td><td rowspan="3">30</td></tr>
<tr><td>중</td><td>보고서 작성에 논리성이 있지만, 자신의 의견이 결여되어 있다.
보고서를 이해하는 데 어려움이 없다.</td></tr>
<tr><td>하</td><td>자신의 의견도 없으며, 논리성도 결여되어 있다.
보고서를 이해하는 데 어려움이 많다.</td></tr>
<tr><td colspan="4"></td><td>100</td><td></td></tr>
</table>

(2) 웹사이트 리스트

- 구글 맵 maps.google.co.kr

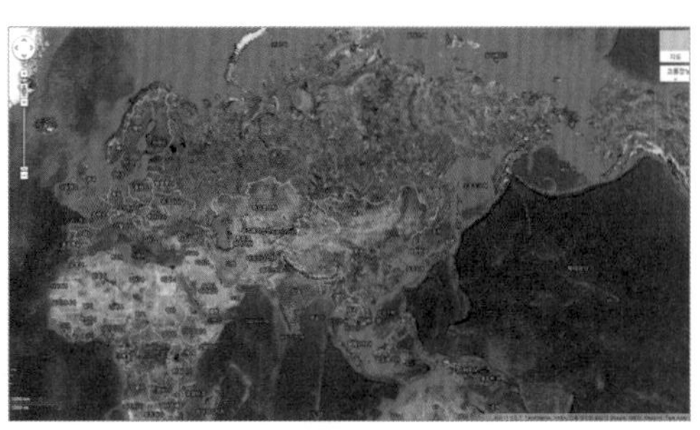

- 글로그스터 www.glogster.com/ssnsj321/sea/g-6kv7onl7fng09u76s9isoa0

- 클래스팅 www.classting.com

(3) 학습지

Ⅲ. 다양한 지형과 주민 생활	1학년 반 번
	이름:

〈지역 이해하기〉

1. 다음의 내용 중 옳은 것은 ○표, 옳지 않은 것은 ×표 해보자.
   ① 해안 지역은 육지와 바다를 모두 이용할 수 있는 지역이다. (○, ×)
   ② 수심이 얕고 조석간만의 차가 큰 곳은 항구가 발달하기 좋은 지역이다. (○, ×)
   ③ 해안 지역에서는 갯벌을 이용하여 천일 제염업이나 양식업을 한다. (○, ×)
   ④ 우리나라의 해안 지역에는 풍부한 원료를 바탕으로 공업이 발달하였다. (○, ×)

2. 아래의 백지도를 보고 빈칸에 알맞은 말을 채워보자.

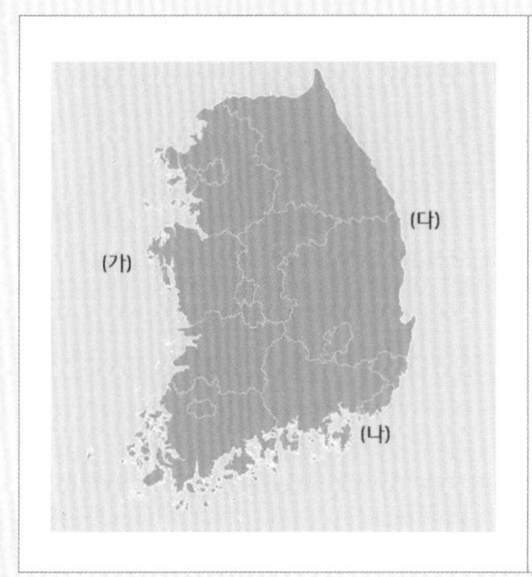

① (가) 지역의 해안은 수심이 얕고 조석간만의 차가 크기 때문에 (　　　)이 세계적으로 잘 발달되어 있다.
② (나) 지역은 편리한 (　　　)을 바탕으로 공업이 발달하여 남동 임해 산업단지가 조성되어 있다.
③ (다) 지역은 깨끗한 바다와 아름다운 해안 경치를 지닌 지역으로 (　　　)이 발달하였다.

3. 아래의 사진과 문제 2의 백지도를 보고 각 지역의 주민 생활에 대해 간략하게 작성해보자.

[갯벌의 발달]

[가두리 양식장]

(가) 지역은 ....

....

[화학단지]

[조선소]

(나) 지역은 ....

....

[관광단지]

[해수욕장]

(다) 지역은 ....

....

4. 갯벌의 보존과 개발에 대해 당신의 선택은?

[갯벌의 생태 환경]

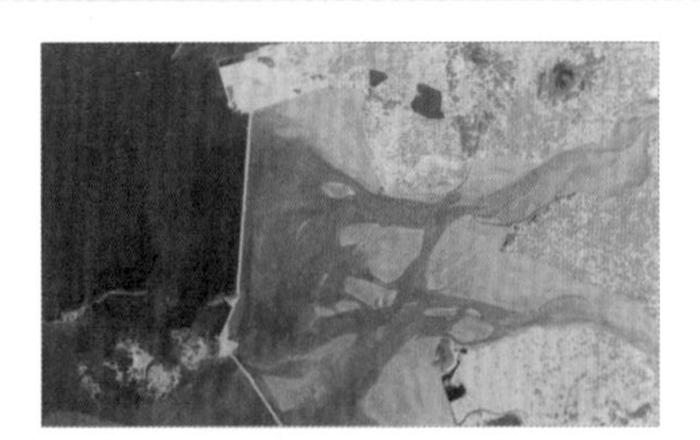
[갯벌의 개발사업(간척)]

① 나는 갯벌을 (보존, 개발)하는 것이 옳다고 생각한다.

② 그러한 이유는 무엇인가?

모둠별 학습 자료

〈갯벌의 간척과 보존〉

1. 갯벌을 보존하는 것과 간척을 할 경우의 장점들에 대해 알아보자.

[갯벌의 보존]

[갯벌의 간척]

2. '갯벌'의 개발과 보존에 대해 개인의 의견을 적어보자.

3. '갯벌'의 개발과 보존에 대해 모둠의 의견을 적어보자.

4. 클래스팅에 모둠별 자료를 업로드해보자.

04 스마트 모델 3: 토의 학습 모형

1. 교수·학습 모형 설명

토의 학습이란 다수의 집단이 서로의 의견을 교환해가면서 바람직한 해결책을 모색해가는 학습의 한 방법이다. 토의 학습 방법을 통하여 개개인은 자신의 의견을 발표하고 남의 의견을 수용하여 공통의 문제에 대해서 합리적이고 가치 있는 결론을 도출해낼 수 있다. 스마트 교육을 통한 21세기 창의적 인재의 목표도 소통과 공유를 통한 창의적 사고력을 갖춘 학생 역량의 강화인 만큼, 토의 학습은 이에 적합한 학습 모형이다. 또한 지리는 과목의 특성상 구체적 개념의 자연지리적 요소와 추상적 개념의 인문지리적 요소가 전체 교육과정에서부터 각 단원의 학습 요소까지 복합적으로 적용되어 있다. 스마트 지리 수업에서도 학생들이 지리 교과의 지식을 귀납적 사고과정과 연역적 사고과정으로 접근하는 것이 중요한 만큼 학습자 간 수준과 능력이 반영된 교수·학습 모형의 개발이 필요하다. 따라서 토의 학습은 이러한 요구에 가장 부합하는 스마트 지리 수업의 교수·학습 모형이라고 할 수 있다.

토의 학습은 교사의 역할과 교사가 제공하는 정보의 양에 따라서 교사 중심의 토의 학습과 학생 집단 중심의 토의 학습으로 구분할 수 있다. 교사 중심의 토의 학습은 교사가 주도권을 가지고 토의를 전개해나가며, 학생들은 교사의 질문에만 응답하고 교사의 판단과 평가를 기대한다. 이에 비해 학생 중심의 토의 학습은 교사의 역할이 축소되어, 교사는 토의를 진행하는 중재자로서의 역할만 한다. 스마트 지리 수업에서 중재자로서의 교사의 역할은 멘토이자 조력자로서, 학생들 스스로 자발적으로 지리 지식 및 내용을 습득할 수 있도록 토론을 진행해야 한다.

본 연구의 토의 학습 모형은 학생 중심의 토의 학습으로서, 교사는 토의 학습 이전에 글로그스터와 PPT를 통해 동영상과 사진과 같은 자료를 제시하고 토의의 장을 구성하지만, 토의 학습이 시작되면 학생들의 활동을 중재하는 중재자로서만 역할한다. 토의 학습을 위해서 학생들은 스마트 기기를 활용하여 자신의 주장을 뒷받침할 수 있는 자료를 스스로 구성하고, 이에 대한 논리적 근거를 작성하여 서로의 의견을 주고받는다. 이러한 학습 방법을 통해 학생들은 스스로 학습할 수 있는 기회를 제공받아 자기주도적인 학습을 할 수 있다. 또한, 작성된 자료는 클래스팅이나 인터넷 카페와 같은 SNS를 이용해 공유하여 다른 학생의 의견을 들어볼 수도 있는데, 이러한 활동을 통해 타인의 의견을 존중할 수 있는 배려와 생각의 장을 넓힐 수 있는 기회를 얻을 수 있다.

본 모형에서는 환경 문제로 인한 선진국과 개발도상국의 갈등을 사례로 사용했으며, 학생들은 선진국과 개발도상국의 입장이 되어서 환경 문제에 대해 서로의 의견을 나누면서 문제를 해결할 수 있다.

2. 사용되는 스마트 기술

도구명	활용 화면	활용 용도	대안 도구
스마트 패드		기존의 컴퓨터를 대신하여 동영상 재생, 인터넷 검색, 필기, SNS 활용 등 다양한 기능을 수행할 수 있다. 정보 검색을 통하여 토의 활동에 필요한 자료를 수집하고, SNS(클래스팅)를 활용하여 학생과 교사 간 정보 공유 및 평가를 하는 데 활용할 수 있다.	컴퓨터
클래스팅		교육용으로 만들어진 폐쇄형 SNS로서, 교사와 학생 간 상호작용과 정보 공유에 활용할 수 있다. 토의 학습 및 탐구 활동 자료를 업로드하고, 이를 공유 및 평가하는 데 활용할 수 있다.	인터넷 카페, 미투데이, 페이스북, 트위터
글로그스터	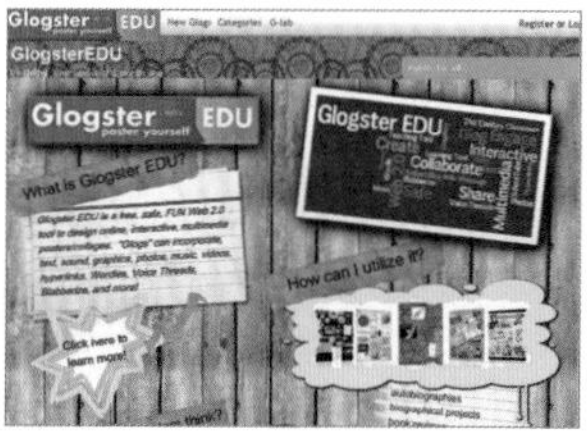	게시판과 같이 학습 내용과 관련된 동영상이나 사진, 문구 등을 하나의 화면에 담아서 공유할 수 있는 프로그램이다. 수업 시작 전에 학생들의 동기 유발을 위해 학습 내용과 관련된 자료를 제시하거나, 수업을 마친 후 정리하는 과정에서 이번 차시에 배운 내용을 다시 한 번 피드백할 때 사용할 수 있다.	프레지, PPT

3. 교수·학습 과정안

1) 교수·학습 과정안 요약

학교급	중학교	학년	1학년	차시	2차시
교과	사회	대단원	Ⅲ. 지역에 따라 다른 환경 문제	소단원	2. 전 지구적 차원의 환경 문제
학습 목표	선진국과 개발도상국에서 발생하는 환경 문제에 대해 파악한다. 환경 문제로 인한 선진국과 개발도상국의 갈등에 대해 이해한다.				
스마트 활동	정보 검색, 자료 공유				
학습자 역량	창의력, 협력, 의사소통, 테크놀로지 리터러시, 자기주도성, 리더십, 책무성				
수업 진행	1단계 학습 목표 인식 → 2단계 문제 인식 → 3단계 문제 해결(토의 학습) → 4단계 평가 및 정리				
준비물	교사	전자칠판, 스마트 패드, 스쿨박스, 앱, PPT			
	학생	스마트 패드, 앱			

2) 교수·학습 과정안

● 도입

수업 단계	교수·학습 활동		전략 및 유의점	시간 (분)	활용 도구
	교사	학생			
수업 준비	스마트 기기 점검 수업 분위기 조성	스마트 기기 점검 수업 준비	학습 분위기 조성	2	
동기 유발	학습 동기 유발 • 동영상(다양한 환경오염) • 사진(환경오염 사진) • 선진국과 개발도상국에서 발생하고 있는 환경 문제와 관련 있는 동영상과 사진을 제시하고, 안내를 통해서 학생들의 학습 동기를 유발한다.	학습 동기 유발 • 동영상(다양한 환경오염) • 사진(환경오염 사진) • 선진국과 개발도상국에서 발생하고 있는 환경 문제와 관련 있는 자료를 보고 현재 발생하고 있는 다양한 환경 문제에 대해 파악한다.	자료 제시 호기심 유발	3	

	■ 적절한 자료 제시 [글로그스터] [잠기고 있는 섬, 투발루] • 교사는 선진국과 개발도상국에서 발생하고 있는 다양한 환경 문제를 글로그스터를 통해서 학생들에게 제시한다.		글로그스터를 이용해 동영상 및 사진 자료를 제시한다.		
목표 제시	학습 목표 제시 • 선진국과 개발도상국에서 발생하는 환경 문제	학습 목표 인지 • 선진국과 개발도상국에서 발생하는 환경 문제	큰 목소리로 따라 읽으며 학습 목표를 인지한다.	2	

활용 도구 스마트 패드 스마트폰 컴퓨터 전자칠판

활용 앱 동영상 사진 프레젠테이션

● 전개

수업 단계	교수·학습 활동		전략 및 유의점	시간(분)	활용 도구
	교사	학생			
문제 파악	환경 문제의 특성 파악하기 • 환경 문제의 지속성 • 환경 문제의 지역성(광범위성)	환경 문제의 특성 이해 • 지속성에 대한 이해 • 지역성에 대한 이해	환경 문제와 관련된 사례 자료를 제시함으로써 학습자의 이해를 돕는다. 유럽 지역에서 발생하고 있는 산성비를 사례로 제시함으로써 환경 문제의 지속성과 지역성에 대해 이해를 돕는다.	8	
	■ 적절한 자료 제시 [유럽 지역의 산성비] [산성비로 인한 조각의 부식]				

교수 활동	학습자 활동	유의점	시간	자료
• 교사는 환경 문제와 관련 있는 사진을 제시하고 설명하면서, 환경 문제의 지속성과 지역 범위에 대해 설명한다. • 유럽 지역의 산성비를 하나의 사례로 제시하여 설명한다.				
배경지식 파악 • 선진국과 개발도상국의 개념 이해 질문 제시하기 • 선진국과 개발도상국이란 무엇인가?	개인별 의견 제시 • 선진국과 개발도상국의 의미 파악하기	학습자의 사전 지식을 파악해 원활한 수업을 진행한다.		
■ **적절한 자료 제시** [런던의 풍경] [중국의 풍경] • 교사는 학생들의 배경지식을 파악한 뒤, 선진국의 발전된 모습과 개발도상국의 발전하고 있는 모습을 제시한다.		선진국과 개발도상국의 개념 및 자료를 제시함으로써 학습자의 이해를 돕는다.	8	
선진국의 환경 문제 ① 원자력 발전소 사고 ② 유조선 사고 ③ 산성비 • 선진국의 환경 문제 사례와 사진을 제시하여 선진국에서 일어나고 있는 환경 문제를 설명한다.	선진국의 환경 문제 • 다양한 환경 문제 이해	런던 및 일본과 같은 선진국의 사례를 제공함으로써 학습자의 이해를 돕는다.		
■ **적절한 자료 제시** [후쿠시마 원전 폭발] [해양 기름 유출] [유럽의 산성비] • 선진국에서 일어나고 있는 환경 문제에 대한 사진과 함께 정확한 지역을 제시한다.		구글 어스 및 지도를 활용하여 선진국의 위치와 함께 사진 자료를 제시할 수 있도록 한다.	8	
개발도상국의 환경 문제 ① 산림 벌채 ② 사막화 ③ 대기오염	개발도상국의 환경 문제 • 다양한 환경 문제 이해	선진국과 비교하여 개발도상국에서 나타나고 있는 환경 문제의 원인에 대해 설명할 수 있도록 한다.	8	

		전략 및 유의점		
	■ 적절한 자료 제시  [인도네시아의 산림 파괴] 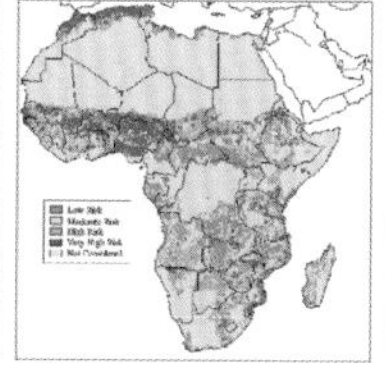 [아프리카의 사막화]  [중국의 스모그 현상] • 개발도상국에서 일어나고 있는 환경 문제에 대한 사진과 함께 정확한 지역을 제시한다.	중국 또는 인도네시아와 같은 개발도상국에서 발생하고 있는 산림 파괴, 스모그 등의 환경 문제와 관련된 자료를 제시한다.		

활용 도구 스마트 패드 스마트폰 컴퓨터 전자칠판

활용 앱 동영상 사진 프레젠테이션 구글 어스

● 정리

수업 단계	교수·학습 활동		전략 및 유의점	시간 (분)	활용 도구
	교사	학생			
내용 정리	내용 정리 • 환경오염의 특성 • 다양한 환경오염 내용 피드백 • 환경오염의 특성 질문	학습 내용 정리 • 질문 내용 대답	학습 내용 정리 질문 유도를 통한 피드백	3	
차시 예고	차시 예고 • 환경오염으로 인한 선진국과 개발도상국의 갈등	다음 차시 내용 인지	교사는 선진국과 개발도상국의 환경오염의 차이 및 갈등 사례를 제시한다.	3	

활용 도구 스마트 패드 스마트폰 컴퓨터 전자칠판

활용 앱 동영상 사진 프레젠테이션

● 2차시: 토의하기

수업 단계	교수·학습 활동		전략 및 유의점	시간 (분)	활용 도구
	교사	학생			
도입	스마트 기기 점검 수업 분위기 조성	스마트 기기 점검 수업 준비		2	

<table>
<tr><td></td><td>학습 동기 유발
• 동영상
• 환경 문제로 발생하는 선진국과 개발도상국의 갈등 문제를 보여주고, 설명을 통해 학생들의 이해를 돕는다.</td><td>학습 동기 유발
• 동영상
• 수업 내용 파악</td><td>자료 제시
호기심 유발</td><td>3</td><td></td></tr>
<tr><td></td><td colspan="2">■ 적절한 자료 제시
[물에 잠기는 투발루] [온실가스를 배출하는 충칭]
[탄소배출권을 거래하는 뉴욕]
• EBS “하나뿐인 지구(지구 온난화와 세 도시의 이야기)”</td><td>“하나뿐인 지구(지구 온난화와 세 도시의 이야기)” 자료를 통해 전 지구적인 환경 문제를 이해하고 환경 문제에 대한 경각심을 가질 수 있도록 한다.</td><td>5</td><td></td></tr>
<tr><td rowspan="2">전개</td><td>환경 문제로 인한 갈등
• 선진국과 개발도상국의 입장 제시
• 갈등을 해결하기 위한 방법 안내
토의 학습 방법 설명
• 토의 학습 역할 분담
• 주제 제시
• 환경 문제로 인한 선진국과 개발도상국의 갈등을 해결할 수 있는 방안</td><td>토의 주제 이해
토의 학습 방법 이해 및 역할 분담</td><td>모둠별 역할 분배</td><td>10</td><td rowspan="2">전자칠판
스마트 패드
사진
동영상</td></tr>
<tr><td>토의 학습 진행</td><td>모둠별 의견 교환</td><td>토의 학습 지도</td><td>15</td></tr>
<tr><td>정리</td><td>역할별 내용 정리</td><td>학습 내용 정리
학습 자료 공유</td><td>학습 내용 정리</td><td>10</td><td>전자칠판
클래스팅</td></tr>
</table>

활용 도구 스마트 패드 스마트폰 컴퓨터 전자칠판

활용 앱 동영상 사진 프레젠테이션 클래스팅 검색 엔진

3) 교수·학습의 고려사항 및 유의점

(1) 교수·학습 내용상의 고려사항

- 환경 문제에 대해서 자료 나열을 통한 암기 위주의 학습이 이루어지지 않도록 유의한다.
- 다양한 환경 문제를 제시하여 심각성에 대해 경각심을 가질 수 있도록 지도한다.
- 선진국과 개발도상국에 선입견을 갖지 않도록 지도한다.

(2) 교수·학습 방법상의 고려사항

- 토의 학습을 실시할 경우, 모둠별로 역할 분담을 할 수 있도록 지도한다.
- 토의 학습에 있어서 교사는 사회자로서 시간 분배 및 질서 유지를 할 수 있도록 한다.
- 토의 학습에 있어서 학생들이 상대방의 의견을 존중하는 자세를 가질 수 있도록 지도한다.

(3) 스마트 기기 활용 방법 및 유의점

스마트 패드

- 학생들이 스마트 패드를 사용할 경우 수업과 관련 없는 행동을 하지 않도록 사전에 지도한다.

클래스팅

- 학생들의 성취 수준 파악 및 수업의 진행을 위해 수업과 관련된 내용에 있어서는 실명으로 가입하도록 지도한다.
- 상대방의 과제물에 대해 댓글을 달 경우에는 상대방을 배려하고 존중하며 다양한 의견을 수용할 수 있는 태도를 가지도록 지도한다.

4) 교수·학습 자료

(1) 평가 기준

<table>
<tr><th colspan="2">평가 범주</th><th colspan="2">수행 내용</th><th>배점</th><th>평가 근거</th></tr>
<tr><td colspan="2" rowspan="3">참여도</td><td>상</td><td>토의 학습에 참여하여 의견을 나눈 횟수가 10회 이상이다.</td><td rowspan="3">20</td><td rowspan="3">관찰
체크리스트</td></tr>
<tr><td>중</td><td>토의 학습에 참여하여 의견을 나눈 횟수가 5회 이상, 10회 이하다.</td></tr>
<tr><td>하</td><td>토의 학습에 참여하여 의견을 나눈 횟수가 1회 이상, 5회 이하다.</td></tr>
<tr><td colspan="2" rowspan="3">태도</td><td>상</td><td>토의 학습에 성실히 임하고 자신의 주장을 내세우면서 상대방의 의견도 존중한다.</td><td rowspan="3">20</td><td rowspan="3">관찰
체크리스트</td></tr>
<tr><td>중</td><td>토의 학습에 성실히 임하고 자신의 주장도 내세우지만, 상대방의 의견은 존중하지 않는다.</td></tr>
<tr><td>하</td><td>토의 학습에 참여하지 않는다.</td></tr>
<tr><td rowspan="6">보고서</td><td rowspan="3">내용의
완성도</td><td>상</td><td>정보의 의미와 중요성을 설명하기 위한 핵심적 개념이 작품에 포함되어 있다.
주제를 완전히 이해할 수 있다.</td><td rowspan="3">30</td><td rowspan="6">결과 보고서</td></tr>
<tr><td>중</td><td>정보의 의미와 중요성을 설명하기 위한 핵심적 개념이 대부분 포함되어 있다.
주제를 이해하는 데 어려움이 없다.</td></tr>
<tr><td>하</td><td>정보의 의미와 중요성을 설명하기 위한 핵심적 개념이 상당 부분 빠져 있다.
주제를 이해하는 데 어려움이 있다.</td></tr>
<tr><td rowspan="3">구조의
논리성</td><td>상</td><td>보고서에 포함된 모든 개념들의 관계가 논리적이다.
주제를 충분히 이해할 수 있다.
설득력이 있다.</td><td rowspan="3">30</td></tr>
<tr><td>중</td><td>보고서에 포함된 대부분의 개념들 간 관계가 논리적이다.
보고서를 이해하는 데 어려움이 없다.</td></tr>
<tr><td>하</td><td>보고서에 포함된 개념들 간 관계 중 논리적으로 적절치 못한 것들이 많다.
주제를 이해하는 데 어려움이 있다.</td></tr>
<tr><td colspan="4"></td><td>100</td><td></td></tr>
</table>

(2) 웹사이트 리스트

- 글로그스터 www.glogster.com/ssnsj321/environmental-problem/g-6kv5sbrobqvdr2m6qqujua0

- 클래스팅 www.classting.com

(3) 학습지

Ⅲ. 지역에 따라 다른 환경 문제	1학년 반 번
	이름:

〈지역 이해하기〉

1. 다음의 지도를 보고 물음에 답해보자.

(1) 선진국과 개발도상국의 주요 환경 문제를 비교하고 이야기해보자.

(2) 환경 문제에 대한 선진국과 개발도상국 간의 갈등을 해결하기 위해서는 어떤 노력을 해야 하는지 이야기해보자.

2. 다음은 선진국과 개발도상국의 환경 문제를 바라보는 시각의 차이이다. 이들의 입장이 되어 자신의 생각을 이야기해보자.

환경 문제를 바라보는 선진국의 시각	환경 문제를 바라보는 개발도상국의 시각
환경 문제가 심각해지면서 삶의 질이 급격히 낮아지고 있어요. 환경을 보전하고 개선하기 위해 우리 모두 노력합시다.	선진국이 먼저 개발을 하면서 환경을 오염시킨 것이 아닌가요? 우리는 먼저 먹고사는 걱정부터 해야 합니다. 이대로라면 발전을 할 수가 없어요.

(1) 선진국과 개발도상국의 입장이 다른 까닭은 무엇인가?

(2) 지속 가능한 발전을 위해서 선진국과 개발도상국은 어떠한 노력을 해야 하는가?

3. 내 주변에서 일어나고 있는 환경 문제를 생각해보고, 이를 해결하기 위한 노력에는 무엇이 있는지 생각해보자.

토의 학습 자료

〈환경 문제에 대한 선진국과 개발도상국의 갈등〉

■ 선진국과 개발도상국에서 발생하는 환경 문제에 대해 알아보자.

선진국에서 발생하는 환경 문제	개발도상국에서 발생하는 환경 문제

(1) 내가 맡은 역할은 무엇인가?

(2) 선진국과 개발도상국 간 갈등이 생기는 원인은 무엇이라 생각하는가?

(3) 갈등을 해결하기 위한 해결책은 무엇이라 생각하는가?

(4) 지속 가능한 발전을 위해서 선진국과 개발도상국은 어떠한 노력을 해야 하는가?

* 클래스팅에 토의 결과를 업로드해보자.

05 e-Book 적용 사례

1. 적용 개요

본 연구에서는 e-Book의 제작에 있어서 기본적인 내용은 교과서를 중심으로 PPT 문서를 작성하고 Fdesk를 활용하여 변환한 후 자료를 추가하여 1차시 분량을 작성하였다. e-Book은 플래시 기반의 실행 파일과 미디어 파일로 구성되어 있는 PC 버전과, 안드로이드 기반의 태블릿 PC나 스마트폰에서 구동이 가능한 안드로이드 버전, 아이패드 또는 아이폰에서 구동이 가능한 iOS 버전 등 총 세 가지로 작성할 수 있다. e-Book을 개발할 때는 다음의 장점을 고려하면 효과적인 수업을 구성할 수 있다.

첫째, e-Book은 여러 방법으로 다양한 자료를 제시할 수 있다. 인쇄물 형태의 교과서로 수업을 진행하는 경우, 학생들은 교과서 내의 사진이나 교사가 제공하는 자료만을 접하기 때문에 자료에 대한 접근성이 취약하고, 수업 시간에 개인의 자료를 구성하는 데 어려움이 따른다. 반면, e-Book을 활용하면 교사가 제시하는 자료도 있지만, 스마트 패드를 활용하여 학생 스스로 다양한 자료를 찾고 이를 구성할 수 있기 때문에 자료에 대한 접근성이 높아질 뿐만 아니라 자기주도적으로 학습을 할 수 있다는 장점이 있다.

둘째, 교사와 학생들의 소통을 위한 네트워크를 제공한다. 학생 개개인이 수행한 탐구 활동 자료를 클래스팅이나 미투데이와 같은 SNS를 활용하여 하나의 게시판에 업로드하고 공유하는 형태는 학생 개인이 수행한 과제 이외에도 다른 학생들의 생각을 공유할 수 있기에 생각을 확장시킬 수 있을 뿐만 아니라 교사의 즉각적인 피드백을 통해서 오개념 형성을 방지할 수 있어서, 수업시간을 좀 더 효율적으로 사용할 수 있다.

2. 적용 방법

(1) 대단원 표지와 단원 내용

본 연구에서 개발한 e-Book은 대단원의 표지와 함께 시작하며, 2쪽에 이 단원에서 배울 내용에 대한 간략한 소개를 두었다([그림 1] 참조).

(2) 개념 안내

3~10쪽에 해당하는 부분은 개념 안내 부분으로서, 위치를 표현하는 다양한 방법인 지리적 위치, 관계적 위치, 수리적 위치뿐만 아니라 경도와 위도의 차이에 따라서 다르게 나타나는 기후나 시간에 대한 기본적인 개념을 소개하였다.

각각의 개념 안내 아래에는 구글 지도를 활용하여 학습한 내용을 즉각적으로 복습할 수 있도록 관련 페이지를 링크하였다. 또한 위도에 따라 다르게 나타나는 기후나, 경도에 따라 다르게 나

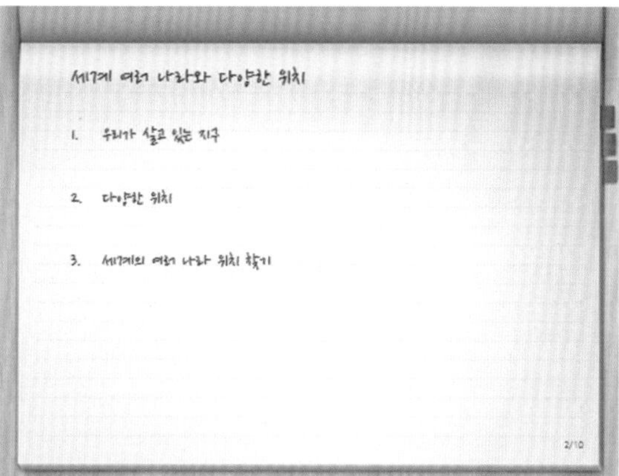

[그림 1] e-Book의 대단원 표지 및 간략 내용 소개(1~2쪽)

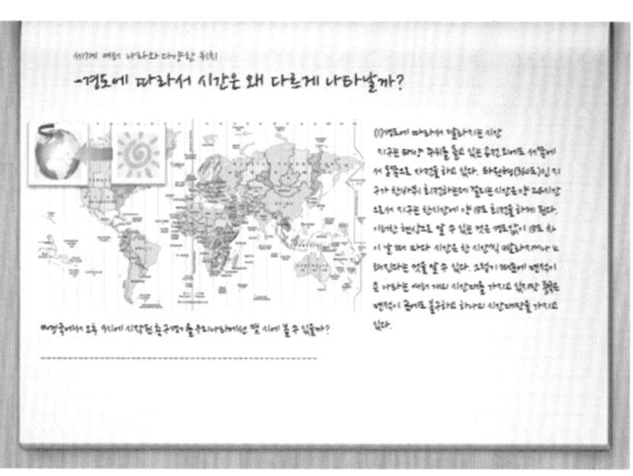

[그림 2] e-Book의 개념 안내 내용

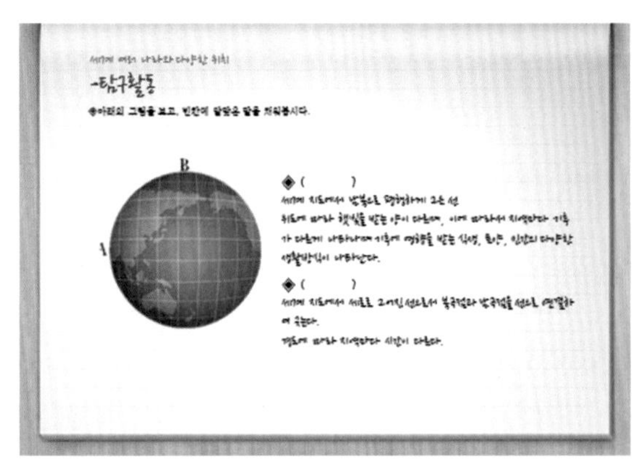

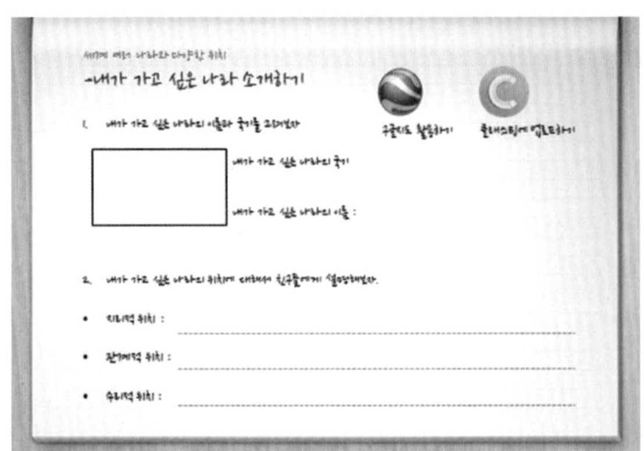

[그림 3] e-Book의 탐구 활동 내용

타나는 시간 등에 대한 내용은 각각의 이미지를 클릭하면 비디오 팝업창을 통해 확인할 수 있도록 하였다.

페이지마다 표시되어 있는 구글 지도 아이콘은 클릭 시 구글 지도로 연결되는 버튼으로서 스마트 패드에 구글 어스가 설치되어 있으면 사용하지 않아도 되지만, 설치되어 있지 않거나 마켓에 구글 어스가 없어서 설치를 할 수 없는 경우에는 구글 지도를 활용하여 과제를 수행할 수 있다.

(3) 탐구 활동

e-Book의 11~14쪽에 해당하는 부분은 문제풀이 부분으로서 구글 지도를 활용하여 세계 여러 나라의 위치를 파악하는 활동을 할 수 있다. 여기서 작성된 자료는 교사의 피드백을 받을 수 있도록 e-Book의 해당 페이지에 클래스팅 아이콘을 두었다.

참고문헌

〈단행본〉

김종욱·주경식·모경환·서정훈·이봉민·김동환·이수화·이현주·조영매. 중학교 사회 1, 교학사.

김종욱·주경식·모경환·서정훈·이봉민·김동환·이수화·이현주·조영매. 중학교 사회 3, 교학사.

놀만 그레이브스 편저, 이경한 역(1995). 지리교육학 강의, 명보문화사.

문택주(2012). 학교 업무에 꼭 필요한 스마트러닝 활용 best 30, 영진출판사.

박인우·강영하·임병노·최영숙·이상수·최정임·조규락(2007). 교수모형, 아카데미프레스.

안창현·문택주(2012). 갤럭시로 다니는 스마트 스쿨, 길벗.

이경한(2009). 사회과 지리 수업과 평가, 교육과학사.

이상우(2009). 살아 있는 협동학습, 시그마프레스.

이상우(2011). 협동학습으로 토의·토론 달인 되기, 시그마프레스.

천세영·김진숙·계보경·정순원·정광훈(2012). 2015 스마트 교육혁명, 21세기북스.

한국교육학술정보원(2011). 21세기 학습자 및 교수자 역량 모델링, 연구보고서 KR2011-2.

Michaelsen, L. K. 저, 이영민·전도근 역(2009). 팀 기반학습, 학지사.

〈논문〉

김경숙·김영훈(2009). 초·중·고 지도교육을 위한 도해력 향상 방안에 관한 연구, 한국지도학회, 9(1), pp.45-61.

이종원(2008). 도해력 다시 보기: 21세기 도해력의 의미와 지리교육의 과제, 한국지리환경교육학회, 19(1), pp.1-15.

Davey, J.(2007). Smart geography: Using smartphones to engage young learners(ECM3), *Primary Geography*, Summer 2007, pp.20-21.

Harper, R. A.(1990). Geography's role in general education, *Journal of Geography*, September 1, 89(5), pp.214-218.

Harper, R. A.(1992). At Issue: What is geography's contribution to general education, *Journal of Geography*, May 1, 91(3), pp.124-125.

Hawkins, G.(1987). From awareness to participation: New directions in the outdoor experience, *Geography, 72*, pp.217-222.

이미지 출처

213쪽 전 세계 다양한 국가 지도 http://upload.wikimedia.org/wikipedia/commons/thumb/8/87/Flag-map_of_the_world.svg/2400px-Flag-map_of_the_world.svg.png

218쪽 세계지도 https://www.lib.utexas.edu/maps/world_maps/txu-oclc-264266980-world_pol_2008-2.jpg

219쪽 우리나라의 위치 maps.naver.com

224쪽 전 지구적 해류 http://www.johomaps.com/world/world_current_ind.html

도쿄의 수산시장 http://www.majiroxnews.com/2011/03/07/sushi-supply-in-jeopardy

225쪽 외로포르트 http://www.nuestromar.org/imagenes/noticias/2009/220409_eurogate.jpg

부산항 http://www.ndaily.kr/newsreader.php?nid=8085&rbid=B000

하와이 http://nokaoi1.files.wordpress.com/2012/02/waikiki-beach-oahu-hawaii.jpg

부산 해운대 http://okstay.com/bbs/board.php?bo_table=photos&wr_id=9&page=2

226쪽 중국 해안 경제특구 https://people.hofstra.edu/geotrans/eng/ch5en/conc5en/China_SEZ.html

남동 임해 공업단지 http://educajin.com.ne.kr/s1/3dan/1-5.htm

기름 유출 사고 http://oilpatchasia.com/2014/01/top-ten-biggest-oil-spills-in-history/

해수욕장의 쓰레기 http://www.seoul.co.kr/news/newsView.php?id=20120812800006

갯벌의 환경 http://mokpo.kfem.or.kr/sub_4/index.php?mode=view&uid=168&start=0&p=1&n=1&where=&keyword=&no=32&PHPSESSID=a069b681455559ece92921713cdfd66e

새만금 간척사업 http://www.kictnet.net/bbs/board.php?bo_table=sub5_6&wr_id=1

231쪽 갯벌의 발달 http://www.aapnews.net/?p=5696

가두리 양식장 http://ehistory.go.kr/page/pop/photo_pop.jsp?photo_PhotoID=28371&photo_PhotoSrcGBN=PT#n

232쪽 화학단지 http://www.newstomato.com/readNews.aspx?no=226510

조선소 http://www.shipbuilding.or.kr/Press/200901/STX_Ship/STX_Ship.html

관광단지 http://okstay.com/bbs/board.php?bo_table=photos&wr_id=9&page=2

해수욕장 http://news.jeju.go.kr/contents/news/search.php?job=detail&ne_seq=5010

갯벌의 생태 환경 http://mokpo.kfem.or.kr/sub_4/index.php?mode=view&uid=168&start=0&p=1&n=1&where=&keyword=&no=32&PHPSESSID=a069b681455559ece92921713cdfd66e

갯벌의 개발사업(간척) http://www.kictnet.net/bbs/board.php?bo_table=sub5_6&wr_id=1

233쪽 갯벌의 보존 http://mokpo.kfem.or.kr/sub_4/index.php?mode=view&uid=103&start=0&p=1&n=1&where=&keyword=&no=69&PHPSESSID=311a6b3522d46476122aa904a0a95e5c

갯벌의 간척 http://www.kyehwado.com/displaypage.php?tid=vil_photo&no=18&start=10&key=&keyfield=

237쪽 잠기고 있는 섬, 투발루 http://islandsfirst.wordpress.com/2008/06/17/funafuti/

유럽 지역의 산성비 http://www.geogonline.org.uk/cep_acidmap.htm

산성비로 인한 조각의 부식 http://prodiipa.wordpress.com/kelas-vii/hujan-asam/peranan-kalor-dalam-kehidupan/

238쪽 런던의 풍경 http://inhabitat.com/europes-tallest-building-tops-out-in-london/shard-tops-out-11/

중국의 풍경　http://environment-clean-generations.blogspot.kr/2011/08/asian-air-pollution-behind-rising.html

후쿠시마 원전 폭발　http://blog.donga.com/sjdhksk/archives/52214

해양 기름 유출　http://www.pbs.org/newshour/updates/25-years-later-scientists-remember-exxon-valdez-spill/

유럽의 산성비　http://www.geogonline.org.uk/cep_acidmap.htm

239쪽　인도네시아의 산림 파괴　http://www.greenfudge.org/2011/11/24/ecocide-indonesia%E2%80%99s-palm-oil-industry/

아프리카의 사막화　http://allthingsgeography.tumblr.com/post/22965085020/desertification-risk-in-africa

중국의 스모그 현상　http://www.chinpia.com/bbs/board.php?bo_table=news&wr_id=4703&sca=%EA%B5%90%EC%9C%A1%2F%ED%99%98%EA%B2%BD&page=3

240쪽　물에 잠기는 투발루　EBS 하나뿐인 지구_지구 온난화의 세 도시의 이야기

온실가스를 배출하는 충칭　EBS 하나뿐인 지구_지구 온난화의 세 도시의 이야기

탄소배출권을 거래하는 뉴욕　EBS 하나뿐인 지구_지구 온난화의 세 도시의 이야기

중등 교육을 위한 스마트 교수·학습 모형
스마트 교육으로 미래 교육을 연다

2014년 7월 15일 1판 1쇄 인쇄
2014년 7월 20일 1판 1쇄 발행

대표저자 강성주
발 행 자 조승식
발 행 처 (주) 도서출판 북스힐
142-877 서울 강북구 한천로 153길 17
등　 록 제 22-457호
전　 화 (02) 994-0071(代)
팩　 스 (02) 994-0073
웹 주 소 www.bookshill.com

잘못된 책은 교환해 드립니다.
값 15,000원

ISBN 978-89-5526-841-6